Paul Verlaine

Dans la collection *Mémoire de la critique*
Série « Colloque de la Sorbonne »

Nerval

Mallarmé

Mme de Staël

L'Allusion dans la littérature

L'Esthétique dans les correspondances d'écrivains et de musiciens (XIXe-XXe siècles)

Victor Hugo
La Légende des siècles

La Vie romantique. Hommage à Loïc Chotard

Les Fleurs du mal

Illusions perdues

Illustrations de couverture :
Verlaine, portrait photographique, BnF, fonds Montesquiou.
Verlaine par Ferdinand Bac, dessin à la plume, 1886.

1, rue Victor Cousin - 75230 Paris cedex 05
ISBN : 2-84050-077-9
ISSN : 1269-7621

Paul Verlaine

Sous la direction de
Pierre Brunel et André Guyaux

PRESSES DE L'UNIVERSITÉ PARIS-SORBONNE
2004

Verlaine dans les méandres de la postérité

Ce n'est pas la première fois qu'on célèbre un anniversaire de Verlaine à la Sorbonne, où s'était déroulée le 16 février 1946 une commémoration solennelle du cinquantenaire de sa mort, sous le patronage du ministère de l'Éducation nationale. On y avait entendu Pierre Emmanuel développer un grand parallèle entre la forte nature de Baudelaire et le faible Verlaine, « *né sous le signe de Saturne,* sans armes pour lutter contre la fatalité »; Fernand Gregh proposer une autre comparaison, entre Mallarmé, l'« artiste suprême », et Verlaine, « dernière grande expression lyrique » de l'humanisme; André Billy raconter les derniers jours du poète, et l'« étrange spectacle » de ses obsèques. À la fin de son allocution, l'auteur des *Propos du samedi* prophétisait en ces termes:

> Il est hors de conteste que, dans la société de demain, un type de poète du modèle de Villon, de Nerval, de Baudelaire, de Rimbaud, de Verlaine ne sera plus tolérable, ni même concevable.

Le ministre de l'Éducation nationale, Marcel Naegelen, clôturait la soirée:

> peut-être n'est-il pas mauvais [...] que s'élève une voix officielle et que le gouvernement à son tour, salue le dévoyé de génie, le maudit au cœur naïf et au casier judiciaire chargé [...].

La prophétie d'André Billy et le ralliement gouvernemental dont témoignait Marcel Naegelen se répondent et se complètent: il n'y a plus de place pour les poètes maudits dans la nation réconciliée avec les dévoyés de génie[1].

1. Les quatre discours prononcés au cours de la cérémonie le 16 février 1946 ont été publiés par le *Bulletin officiel du ministère de l'Éducation nationale* en une plaquette intitulée *Cinquantenaire de la mort de Verlaine.*

Verlaine n'a pas eu de chance : maudit au sens propre, il le reste ou le redevient au moment où l'officialisation est pour un poète une autre forme de malédiction. La France scolaire l'a intégré à son patrimoine.

On ne le lit plus en cachette. Et dans le duel avec d'autres dévoyés, avec Baudelaire, avec Rimbaud, il est vaincu. Les avant-gardes le récusent. Breton n'a pas de mots assez durs, même le Breton consolé de l'après-guerre :

> Il n'y a plus aujourd'hui personne *qui compte* pour porter la moindre attention à l'œuvre et à l'attitude de Verlaine[2].

L'auteur de *Crimen amoris* est coupable de n'avoir jamais été « dans le grand secret de Rimbaud[3] ». Verlaine a tous les torts, d'être un pécheur pour les uns, un catholique pour les autres, de faire « de la musique avant toute chose », d'être instinctif, incertain, indéterminé, — « indéfinissable » disait déjà Gourmont[4].

C'était le but du colloque qui s'est tenu les 5 et 6 avril 1996 à la Sorbonne : contribuer à restaurer Verlaine, à démentir les lieux communs du discrédit paresseux qui l'accable encore, en mettant en évidence ce qui contredit ces lieux communs : l'influence du poète et de sa poétique sur d'autres poètes et la vie de son œuvre à travers d'autres œuvres et à travers les traductions et dans les adaptations musicales, artistiques auxquelles elle a donné lieu.

André Guyaux

2. André Breton, *Flagrant Délit* (1949) ; *Œuvres complètes*, sous la dir. d'Étienne-Alain Hubert, Gallimard, coll. Bibliothèque de la Pléiade, t. III, 1999, p. 824.
3. *Ibid.*
4. Dans le texte sur Verlaine qui clôture le premier *Livre des masques* (1896), paru peu de temps après la mort du poète.

Bertrand Marchal

Verlaine selon Mallarmé

À Rimbaud, qu'il connut à peine, Mallarmé a consacré un texte capital, la lettre à M. Harrison Rhodes, en 1896. Sur Verlaine en revanche, qu'il connut beaucoup mieux et dont il fut infiniment plus proche, il n'a pas laissé de texte comparable. Sans doute a-t-il écrit divers hommages, et notamment un « Tombeau » de Verlaine, mais ces écrits de circonstance n'ont guère retenu l'attention de la critique, qui s'en débarrasse trop vite en parlant du magnifique hommage de Mallarmé sur la tombe de Verlaine exactement comme on parlerait du geste magnifique de Zola vis-à-vis de Dreyfus, bref, en donnant à cette parole une dimension purement éthique. C'est sur ces textes qu'il convient de s'attarder aujourd'hui pour essayer de percevoir, au-delà de l'hommage rendu au poète maudit et à l'ami, ce que fut le Verlaine de Mallarmé.

Sur Verlaine, on connaît de Mallarmé plusieurs textes d'inégale longueur et d'inégales importances :

– L'entretien de Georges Docquois pour *Le Journal* au lendemain de la mort de Verlaine, le 9 janvier[1].

– Le discours prononcé sur la tombe de Verlaine le 10 janvier 1896, et repris dans les « Médaillons et portraits en pied » des *Divagations* en 1897.

– La réponse à l'enquête sur Verlaine parue dans *La Plume* du 1er février 1896.

– Le « Tombeau » publié dans *La Plume* du 1er janvier 1897 pour le premier anniversaire de sa mort, et repris dans l'édition posthume des *Poésies* en 1899.

– Le « Discours au bout de l'an de Verlaine », prononcé sur sa tombe le 15 janvier 1897.

1. Cet entretien, qui ne figure pas dans les *Œuvres complètes*, a été exhumé et reproduit par Michael Pakenham, « Mallarmé nous parle de Verlaine », *Europe*, avril-mai 1976, p. 119-125.

– La lettre-préface, écrite le 16 février 1897, pour le livre de Philippe Zilcken sur *Quinze jours en Hollande*, livre publié en 1897.

– La réponse, datée du 7 avril 1897, à l'enquête sur Verlaine professeur d'anglais, publiée dans *La France scolaire* en mai 1897.

À ces hommages de circonstance tous plus ou moins liés à la mort du Pauvre Lélian, il convient d'ajouter les deux seuls propos sur Verlaine du vivant du poète dans des articles ou des entretiens :

– dans la réponse à l'Enquête de Jules Huret sur l'évolution littéraire en mars 1891 ;

– dans l'article « Vers et musique en France », publié dans le *National Observer* du 26 mars 1892, et repris en 1897 dans « Crise de vers ».

Si l'on néglige, en raison de son caractère plutôt anecdotique, l'enquête sur Verlaine professeur d'anglais, on peut lire sur Verlaine, dans ces textes très divers, trois points de vue différents : une apologie de l'homme Verlaine ; une méditation sur sa destinée posthume ; une appréciation de l'œuvre et de son rôle dans l'évolution littéraire.

L'apologie de l'homme

On ne s'étonnera pas que les premiers mots de Mallarmé, au moment où la nécrophagie journalistique s'empare avec délectation du cadavre, soient d'affection et d'admiration pour l'homme autant que pour le poète, et qu'ils promeuvent, contre un Verlaine scandaleux, un Verlaine exemplaire, et un Verlaine héroïque :

> Apprenons, messieurs, au passant, à quiconque, absent, certes, ici, par incompétence et vaine vision se trompa sur le sens extérieur de notre ami, que cette tenue, au contraire, fut, entre toutes, correcte.
>
> [...] Paul Verlaine, son génie enfui au temps futur, reste héros[2].

Mais Mallarmé n'avait pas attendu la mort de Verlaine pour le proposer en figure exemplaire ; ainsi, dès 1891, répondant à Jules Huret, évoquait-il

> Verlaine, le magnifique Verlaine dont je trouve l'attitude comme homme aussi belle vraiment que comme écrivain, parce que c'est la seule, dans une

2. Mallarmé, *Œuvres complètes*, éd. H. Mondor et G. Jean-Aubry, Gallimard, Coll. Bibliothèque de la Pléiade, 1951, p. 510-511.

> époque où le poète est hors la loi: que de faire accepter toutes les douleurs avec une telle hauteur et une aussi superbe crânerie[3].

Attitude exemplaire, au double sens du mot, parce que Verlaine incarne aux yeux de Mallarmé, comme Edgar Poe, comme Villiers de l'Isle-Adam, le seul héroïsme possible du poète dans la société bourgeoise, celui d'assumer jusqu'au bout la condition à laquelle le voue la société même, et de dévoiler ainsi, ou de mettre à nu, la vraie nature de cette marâtre:

> [...] notre contemporain affronta, dans toute l'épouvante, l'état du chanteur et du rêveur. La solitude, le froid, l'inélégance et la pénurie [...] d'ordinaire composent le sort qu'encourt l'enfant avec son ingénue audace marchant en l'existence selon sa divinité: soit, convint le beau mort, il faut ces offenses, mais ce sera jusqu'au bout, douloureusement et impudiquement.
> [...] sa bravoure [...] devenait ainsi la terrible probité. Nous vîmes cela, messieurs, et en témoignons: cela, ou pieuse révolte, l'homme se montrant devant sa Mère quelle qu'elle soit et voilée, foule, inspiration, vie, le nu qu'elle a fait du poëte[4] [...].

La destinée posthume

Cette méditation sur la place du poète dans la société se prolonge naturellement, dans ces textes d'hommage, par une méditation sur la destinée posthume de Verlaine, celle d'une prochaine assomption glorieuse de l'œuvre, cet « astre mûri des lendemains/Dont un scintillement argentera la foules[5] ». On notera cependant que, si cette image d'une assomption glorieuse de l'œuvre est commune à tous les Tombeaux, le « Tombeau » de Verlaine, dernier des Tombeaux mallarméens, délaisse la rhétorique monumentale de « Toast funèbre » ou du « Tombeau d'Edgar Poe » pour une poésie plus légère, au double sens du mot, c'est-à-dire une poésie plus aérienne, et plus familière. Contre le deuil trop massif du roc noir, cette poésie fait sien le deuil plus immatériel du chant d'un ramier.

3. *Ibid.*, p. 870.
4. *Ibid.*, p. 511.
5. *Ibid.*, p. 71.

Le rôle de Verlaine dans l'évolution littéraire

Une fois la part faite dans ces textes à la mythologie mallarméenne du poète, qu'en est-il de l'appréciation de l'œuvre de Verlaine ? Alors que Mallarmé s'étend assez largement sur l'apologie de l'homme, il est beaucoup moins prolixe sur l'œuvre ; l'ensemble de ses interventions sur le sujet, mises bout à bout, tiendraient en moins d'une demi-page. Ce qu'il y a de plus remarquable, c'est que Mallarmé souligne non pas la diversité ou la dualité de l'œuvre, mais son unité, et que cette réduction à l'unité identifie Verlaine comme l'auteur de *Sagesse.* Dans l'enquête de *La Plume* qui suivit immédiatement la mort du poète, à la question « Quelles sont les meilleures parties de l'œuvre ? », Mallarmé répondit en effet :

> Tout, de loin ou de près, ce qui s'affilie à *Sagesse*, en dépend et pourrait y retourner, pour grossir l'unique livre : là, en un instant principal, ayant écho par tout Verlaine, le doigt a été mis sur la touche inouïe qui résonnera solitairement, séculairement[6].

Quel est ce tout qui, de loin ou de près, s'affilie à *Sagesse*? Mallarmé a déjà répondu sur la tombe de Verlaine :

> Oui, les *Fêtes Galantes, La Bonne Chanson, Sagesse, Amour, Jadis et naguère, Parallèlement* ne verseraient-ils pas, de génération en génération, quand s'ouvrent, pour une heure, les juvéniles lèvres, un ruisseau mélodieux qui les désaltérera d'onde suave, éternelle et françaises [...] [7].

Si l'on note l'omission, dont on ne sait si elle est délibérée, des *Romances sans paroles*, toute l'œuvre de Verlaine grossit l'unique livre, ou l'unique ruisseau. Dans *Sagesse*, toute l'œuvre trouve ainsi à la fois son centre et son unité. Mais dire cela, c'est dire aussi que *Sagesse* n'est pas d'abord, pour Mallarmé, un livre de conversion, de sagesse ou de foi, mais un livre de vers ; c'est dire que l'unité et la continuité de l'œuvre verlainienne sont moins affaire d'inspiration, religieuse ou profane, érotique ou mystique, qu'affaire de rythme et de chant ; *Sagesse* contient en somme toutes les virtualités du chant verlainien.

C'est la raison pour laquelle, dès 1891, à propos de la crise de vers, Mallarmé avait pu répondre à Jules Huret :

6. *Ibid.*, p. 873.
7. *Ibid.*, p. 511.

> En mourant, le grand Hugo, j'en suis bien sûr, était persuadé qu'il avait enterré toute poésie pour un siècle; et pourtant, Paul Verlaine avait déjà écrit *Sagesse* [...] [8].

Sagesse est ici le livre qui contredit par avance la mort hugolienne du vers et en assure ainsi la relève.

Mais s'il est vrai que *Sagesse* est le livre par excellence du chant verlainien, qu'en est-il, pour Mallarmé, de ce chant? Mallarmé, on l'a vu, ne s'étend guère sur l'œuvre de Verlaine, mais la qualification du chant verlainien est encore plus sommaire, puisqu'elle tient à peu près en trois adjectifs: « fluide », « suave », « mélodieux », même si cette fluidité mélodique et suave est acidulée par un jeu subtil de dissonances.

C'est par cette fluidité, en tout cas, que Mallarmé reconnaît à Verlaine un rôle d'initiateur dans la crise de vers du milieu des années quatre-vingt et la tentation du vers libre. À Jules Huret qui lui demandait quelle place revenait à Verlaine dans l'histoire du mouvement poétique, l'auteur de *L'Après-midi d'un faune* répondit en effet:

> C'est lui qui a le premier réagi contre l'impeccabilité et l'impassibilité parnassiennes; il a apporté, dans *Sagesse*, son vers fluide, avec, déjà, des dissonances voulues. [...] le père, le vrai père de tous les jeunes, c'est Verlaine, le magnifique Verlaine [...] [9].

Toute la crise de vers tient ainsi en deux noms, ou deux génies du vers, celui de Victor Hugo, et celui de Verlaine; Hugo qui « rabattit toute la prose, philosophie, éloquence, histoire au vers » et « confisqua chez qui pense, discourt ou narre, presque le droit à s'énoncer[10] », et Verlaine qui retrempa le vers à la source de la mélodie:

> La poésie, riche ainsi qu'elle l'était, jusqu'à l'érudition à l'époque où il parut, Verlaine la retrempa à la source la plus mélodieuse qui fût jamais. Comme on suit un ruisseau, il suivit son âme, très primitive, et très ingénue, et chanta, rejetant tout l'inutile et tout l'excessif du savoir de ce temps[11].

À lire ces variations sur le génie verlainien, on risquerait cependant de n'y voir qu'une banalité, celle qui reconnaît en Verlaine le poète mélodique par

8. *Ibid.*, p. 866.
9. *Ibid.*, p. 870.
10. *Ibid.*, p. 360-361.
11. *Europe*, avril-mai 1976, p. 123.

excellence, et l'inscrit dans une grande tradition française, de La Fontaine à Lamartine. Pour saisir toute la portée de ces lignes d'apparence anodine, il faut retrouver d'abord la juste motivation des métaphores.

Or la métaphore première ici, celle dont découle, si l'on peut dire, la métaphore seconde du ruisseau, est celle du retour aux sources, de la retrempe qui convoque toutes les figures de l'origine : ingénuité, naïveté, primitivité. Retour à la source de la mélodie, mais quelle est cette source ? Cette source porte un nom, l'âme : « Comme on suit un ruisseau, il suivit son âme, très primitive et très ingénue, et chanta ». Mallarmé l'a dit dans « Crise de vers » :

> Toute âme est une mélodie, qu'il s'agit de renouer ; et pour cela, sont la flûte ou la viole de chacune[12].

Cette âme source du chant ou de la mélodie peut évidemment évoquer bien des rêveries romantiques, où Wagner a sa part, sur la liaison originelle de la parole et de la musique, mais elle a un statut tout particulier dans la réflexion mallarméenne. L'âme, ou le Soi, est la source en l'homme de ce que Mallarmé appelle sa divinité, c'est-à-dire cette puissance par quoi l'homme dépasse toujours infiniment l'homme, et qui est le génie symbolique à l'œuvre dans le langage. Lorsque Mallarmé dit à propos de Verlaine qu'« il suivit son âme », ou encore qu'il marcha « selon sa divinité », il dit en somme la même chose.

Retrouver son âme primitive, retremper le vers à sa source, c'est donc se confronter au mystère de l'origine, ce que Mallarmé appelle « le Mystère dans les Lettres » : mystère dans les lettres et mystère de la lettre, mystère de l'infinie fécondité de ces signes primordiaux. Évoquant dans « Crise de vers » l'espèce de libération qui suivit la mort de Victor Hugo, Mallarmé a cette formule qui peut surprendre :

> La variation date de là : quoique en dessous et d'avance inopinément préparée par Verlaine, si fluide, revenu à de primitives épellations[13].

La fluidité découle de ce retour aux sources du langage, de ce retour aux lettres. Telle est bien la modernité de Verlaine, aux yeux de Mallarmé : il est celui, le premier, qui a retrouvé l'initiative de la lettre.

12. Mallarmé, *Œuvres complètes*, éd. cit., p. 363.
13. Mallarmé, *Ibid.*, p. 361.

C'est à partir de cette trilogie originelle de l'âme, de la divinité et des lettres que peuvent se marquer le mieux la proximité de Verlaine et de Mallarmé, et leur différence essentielle. Dans *La Musique et les lettres*, Mallarmé a donné ce raccourci de l'aventure poétique :

> Un homme peut advenir, en tout oubli – jamais ne sied d'ignorer qu'exprès – de l'encombrement intellectuel chez les contemporains [...] s'il a, recréé par lui-même, pris soin de conserver de son débarras strictement une piété aux vingt-quatre lettres comme elles se sont, par le miracle de l'infinité, fixées en quelque langue la sienne, puis un sens pour leurs symétries, action, reflet, jusqu'à une transfiguration en le terme surnaturel, qu'est le vers [...] [14].

Toute l'histoire de l'humanité tient entre les vingt-quatre lettres originelles et les représentations en nombre infini d'une infinité de langues ; et cette histoire peut être revécue poétiquement, c'est-à-dire réfléchie, dans le microcosme du vers. Car le vers est ce qui fait mémoire de la lettre originelle par sa majuscule initiale que Mallarmé appelle sa « clé allitérative[15] » ; et cette logique allitérative, définie comme une « retrempe alternée en le sens et la sonorité[16] », fait du vers « un mot total, neuf, étranger à la langue[17] » ; elle en fait un « terme surnaturel », au double sens du mot terme, mot et fin.

« Un homme peut advenir. » Mais peut-être l'homme en Verlaine n'est-il jamais advenu, comme si celui qui était revenu à de primitives épellations, celui qui, en d'autres termes, avait retrouvé l'enfance de l'art, avait choisi de demeurer en cette enfance ; celui qui « suivit son âme, très primitive et très ingénue, et chanta » était en somme resté « l'enfant avec ingénue audace marchant en l'existence selon sa divinité ».

Le secret de ce génie d'enfance pérennisé se lit peut-être dans les derniers mots prononcés par Mallarmé sur la tombe de Verlaine, dans cette ultime méditation sur son destin :

> [...] sa bravoure [...] devenait ainsi la terrible probité. Nous vîmes cela, messieurs, et en témoignons : cela, ou pieuse révolte, l'homme se montrant devant sa Mère quelle qu'elle soit et voilée, foule, inspiration, vie, le nu qu'elle a fait du poètes [...] [18].

14. *Ibid.*, p. 646.
15. *Ibid.*, p. 654.
16. *Ibid.*, p. 368.
17. *Ibid.*, p. 368.
18. *Ibid.*, p. 511.

Cette Mère majuscule, devant laquelle l'enfant seul a le privilège de se montrer nu, dans son état natif, contient sans doute toutes les figures maternelles, foule, inspiration, vie, et encore la société, mais aussi et peut-être surtout celle qui reste pour Mallarmé la mère par excellence, et qu'il a définie ainsi, avec la même majuscule, moins d'un an plus tôt, dans « Catholicisme » : « [...] la Mère qui nous pense et nous conçoit toujours[19] ». Cette Mère, c'est précisément l'Église, au double sens du mot, c'est Mère-Église, une église mère tout entière consacrée à Marie, une église qui est toujours Notre-Dame, et qui appartient ainsi à un temps lui-même maternel : le Moyen Âge. Mallarmé l'a écrit dans « Magie » :

> Le Moyen-Âge demeure l'époque d'incubation ou mère ; tout depuis est alliage, avec l'antique, pour composer cette vaine, perplexe, toujours échappant Modernité[20].

Cette Mère est sans doute celle contre laquelle le poète se révolte, mais cette révolte même est toujours signe de piété, de piété filiale : « pieuse révolte », dit Mallarmé.

On comprend alors que la reconnaissance de *Sagesse* comme l'œuvre unique de Verlaine ne relève peut-être pas uniquement de considérations sur le vers : on a rappelé plus haut la réponse de Mallarmé à la question portant sur les meilleures parties de l'œuvre de Verlaine. Or cette réponse affiche un minuscule décalage par rapport à la question posée :

> Intéresse – *quelles sont les meilleures parties de l'œuvre*? Tout, de loin ou de près, ce qui s'affilie à S*agesse*, en dépend et pourrait y retourner, pour grossir l'unique livre [...] [21].

Alors que la question appelle un jugement de valeur, Mallarmé déplace la réponse sur le terrain d'un intérêt impersonnel. Si *Sagesse* est ainsi désigné comme le centre d'intérêt de l'œuvre, c'est peut-être parce que toute l'œuvre de Verlaine s'*affilie*, au sens propre du mot, à cette œuvre mère qui se voue, précisément, à retourner aux sources d'un « Moyen Âge énorme et délicat[22] »,

19. *Ibid.*, p. 391.
20. *The National Observer*, 28 janvier 1893. Texte repris ainsi dans *Divagations* : « Le Moyen Âge incubatoire : tout depuis alliage, avec l'antique, pour composer cette vaine, perplexe, nous échappant, modernité » (*ibid.*, p. 399).
21. *Ibid.*, p. 873.
22. Paul Verlaine, *Œuvres poétiques complètes*, éd. Y.-G. Le Dantec et J. Borel, Gallimard, coll. Bibliothèque de la Pléiade, 1962.

pour désigner la figure maternelle par excellence, celle de « ma Mère Marie, Siège de la Sagesse[23] », et celle de l'Église :

> Redevenez les Français d'autrefois,
> Fils de l'Église, et dignes de vos pères[24] !

Toute l'œuvre de Verlaine s'affilie ainsi doublement à *Sagesse*, œuvre mère et œuvre consacrée à la mère, pour faire de Verlaine le génie de l'enfance. Ainsi se marque peut-être, vis-à-vis de Verlaine, la proximité et la distance de Mallarmé : à l'un une divinité traditionnelle et maternelle ; à l'autre le rêve peut-être insensé de faire, par la poésie, par le vers, advenir une autre divinité, la divinité de l'homme, ou ce que Mallarmé appelait en 1869 dans son projet de thèse la divinité de l'intelligence.

Mais le génie verlainien ne se réduit évidemment pas pour Mallarmé à cette ingénuité. Pour évoquer ce qui reste l'essentiel du génie verlainien, il faut revenir une dernière fois sur la métaphore du ruisseau.

Cette métaphore du ruisseau, qu'appelle la fluidité du vers de Verlaine, est toujours liée, on l'a vu, à celle de la source.

Ainsi en va-t-il dans l'interview du 9 janvier :

> La poésie, riche ainsi qu'elle l'était, jusqu'à l'érudition à l'époque où il parut, Verlaine la retrempa à la source la plus mélodieuse qui fût jamais. Comme on suit un ruisseau, il suivit son âme, très primitive, et très ingénue, et chanta[25]...

Ainsi en va-t-il encore dans le discours du 10 janvier :

> Oui, les *Fêtes galantes, La Bonne Chanson. Sagesse, Amour, Jadis et naguère, Parallèlement* ne verseraient-ils pas, de génération en génération, quand s'ouvrent, pour une heure, les juvéniles lèvres, un ruisseau mélodieux qui les désaltérera d'onde suave, éternelle et française [...] [26].

On ne s'étonnera donc pas que cette métaphore du ruisseau réapparaisse un an plus tard dans le « Tombeau » de Verlaine, comme réapparaît l'ingénuité dans l'adverbe naïvement :

23. *Ibid.*, p. 266.
24. *Ibid.*, p. 253.
25. *Europe*, avril-mai 1976, p. 123.
26. Mallarmé, *Œuvres complètes*, éd. cit.

Qui cherche, parcourant le solitaire bond
Tantôt extérieur de notre vagabond –
Verlaine ? Il est caché parmi l'herbe, Verlaine

À ne surprendre que naïvement d'accord,
La lèvre sans y boire ou tarir son haleine,
Un peu profond ruisseau calomnié la mort[27].

L'image du ruisseau dans l'herbe peut évoquer encore toute l'œuvre de Verlaine telle qu'elle se résume dans la chanson bien douce de *Sagesse* :

Écoutez la chanson bien douce
Qui ne pleure que pour vous plaire.
Elle est discrète, elle est légère :
Un frisson d'eau sur de la mousse[28] !

Mais si la métaphore n'a rien d'étonnant, ce qui est étonnant ici, c'est le déplacement de la métaphore, puisque le ruisseau, dans ce poème, métaphorise non plus l'âme ou l'œuvre de Verlaine, mais la mort. Ce « peu profond ruisseau » démystifie sans doute la figure traditionnelle du Styx, et substitue au drame orphique de la descente aux enfers une image toute bucolique de la mort ; mais la logique de la métaphore, qui fait de la mort une source, scelle surtout une forme d'*accord* entre la mort et la naissance (ici présente dans l'étymologie de *naïvement*), entre la fin et le commencement. Par là, le ruisseau évoque moins un écoulement sans fin qu'une espèce de circularité idéale :

– circularité du destin de Verlaine, pour qui la mort est un retour aux sources ;

– circularité de l'œuvre de Verlaine, puisque cette œuvre trouve en *Sagesse* à la fois son origine idéale et sa fin :

> [...] tout ce qui s'affilie à *Sagesse*, en dépend et pourrait y retourner [29].

Et cette double circularité s'inscrit évidemment dans la circularité du vers, puisque le vers n'est rien d'autre, étymologiquement, qu'un retour. Tout, d'ailleurs, dans ce poème est retour, puisqu'il porte la mention « Anniversaire – Janvier 1897 », anniversaire de la mort du poète, retour de l'an.

27. *Ibid.*, p. 71.
28. Verlaine, *Œuvres poétiques complètes*, éd. cit., p. 256.
29. Mallarmé, *Œuvres complètes*, éd. cit., p. 873.

En reprenant la métaphore du ruisseau, le « Tombeau » de Verlaine place ainsi la destinée du poète sous le double signe de la fluidité et de la circularité, et l'identifie à la forme même du vers. En 1895, dans « Magie », Mallarmé avait ainsi défini cette forme du vers :

> Le vers, trait incantatoire ! et, on ne déniera au cercle que perpétuellement ferme, ouvre la rime une similitude avec les ronds, parmi l'herbe, de la fée ou du magicien[30].

Ce cercle magique « parmi l'herbe », c'est exactement ce que dessine le vers 11 du « Tombeau » :

> Verlaine ? Il est caché *parmi l'herbe*, Verlaine

La circularité du destin de Verlaine est ici inscrite dans la circularité de ce vers dont Verlaine est à la fois l'origine et la fin, la clé allitérative et la rime.

Telle est bien la destinée de Verlaine mort, qui s'identifie désormais au génie du vers. Et ce destin posthume s'inscrit dans le nom même du poète : s'il est vrai que Verlaine rime avec haleine, ôtez à Verlaine l'haleine, il reste le vers. Cela, Mallarmé l'avait déjà dit douze ans plus tôt, en remerciant Verlaine pour l'envoi de *Jadis et Naguère*:

> [...] l'étonnant homme sensitif que vous êtes mis à part, il ne sera jamais possible de parler du Vers sans en venir à Verlaine[31].

30. *Ibid.*, p. 400 (nous soulignons).
31. Lettre du 19 décembre 1884 ; *Correspondance*, éd. H. Mondor et L.J. Austin Gallimard, t. II, 1965, p. 276.

Antoine Bertrand

« Pauvre Lélian » et « Grotesquiou »

Dans son *Journal littéraire,* Paul Léautaud rapporte ainsi l'une de ses conversations avec Vallette :

> Je lui ai demandé si, quand Verlaine vivait encore, on se rendait vraiment compte de sa valeur, des gens comme Régnier par exemple, enfin tous ceux qu'il a connus, lui Vallette. Il me répond : « Je crois bien. Absolument. On savait très bien qu'il était un grand poète. Des gens comme Barrès, par exemple. Et Montesquiou ! Seulement, on préférait ne pas le voir. Quand on le voyait, il était généralement plutôt saoul, entouré d'une bande de bohèmes comme lui. Cela n'avait rien d'attrayant[1].

Ainsi qu'en témoignent ces propos, l'une des ironies de la vie de Verlaine fut de susciter tout à la fois l'admiration et le délaissement, l'attachement par son œuvre et l'aversion par sa personne. La misère de ses dernières années fut néanmoins adoucie par l'aide de Montesquiou, grand seigneur – mais aristocrate pour la bohème, essayiste et poète – mais bohème pour l'aristocratie. Cette situation ambivalente du gentilhomme poète exerça les effets les plus contradictoires sur ses contemporains : fascination, mais tout autant préjugés défavorables, railleries, médisances et calomnies.

De fait, il faut admettre que la silhouette originale de Montesquiou prête singulièrement à la caricature, aux transpositions romanesques les plus inquiétantes, et le sobriquet de « Grotesquiou » dont l'affuble Jean Lorrain dans l'une de ses chroniques semble, pour toute une partie de la critique, exprimer de manière synthétique la marginalité dans laquelle il se trouve rejeté. Constatant sa différence, s'estimant incompris, cultivant même les inimitiés avec ferveur comme pour conforter ainsi l'impression de rejet dont il s'estime

1. P. Léautaud, *Journal littéraire,* Mercure de France, 1986, t. II, p. 1217, « Vendredi 3 février ».

affecté, Montesquiou élit l'hortensia bleu, « végétal réfractaire », et la chauve-souris, « oiseau révolté », deux symboles à valeur emblématique qui participent à l'élaboration d'une mythologie personnelle. Dans le même sens, il s'attache aux marginaux, aux parias, dans lesquels il se reconnaît. Il voue en effet un culte fervent aux créateurs négligés par leur époque – le Greco, Bresdin, Monticelli, Hello, Samain, Roussel –, mais aussi à quatre des six « poètes maudits » que Verlaine étudie dans le volume qui porte ce titre : Marceline Desbordes-Valmore, ainsi que trois auteurs avec lesquels il entretient des relations amicales, Villiers, Mallarmé, Pauvre Lélian.

Les chercheurs qui se sont appliqués à reconstituer les différentes phases de l'existence de Verlaine s'accordent pour reconnaître l'aide discrète que Montesquiou apporta et la compassion qu'il témoigna à ce « pauvre vieux bonhomme de lettres, émouvant comme l'épave d'une gondole[2] », allant souvent le réconforter à l'hôpital ou dans ses garnis, et cela jusqu'à la fin.

Averti de la prédilection de Montesquiou pour ses œuvres, Verlaine adresse sa première lettre au gentilhomme en mars 1891 pour savoir s'il souhaiterait se rendre acquéreur d'un manuscrit contenant des choses qui, dit Montesquiou, « ne lui faisaient pas honneur » :

> [...] L'idée d'entrer en relation avec l'auteur des *Fêtes galantes*, sous ce couvert, ou plutôt ce *découvert* pornographique ne me plut aucunement, et je préférai attendre une occasion moins « musée secret » [3].

Verlaine entre effectivement en relation avec Montesquiou en lui proposant « le manuscrit d'un volume absolument inédit[4] ». Peut-être s'agit-il du texte intitulé *D'Auculnes,* ultérieurement imprimé en Angleterre sous le titre *Femmes.* Selon Pierre Petitfils, une copie en avait été proposée à Montesquiou pour sa collection personnelle, « car on le savait en marge de la littérature officielle » : « Il l'avait acceptée en principe, mais Verlaine ne put lui livrer *D'Auculnes* [...] pour la raison qu'Esther et son amant Lacan s'étaient emparés du manuscrit[5] ».

2. *Les Pas effacés*, Émile-Paul frères, 1923, t. II, p. 229.
3. *Ibid.*, p. 230.
4. Verlaine, *Lettres inédites à divers correspondants*, éd. Georges Zayed, Genève, Droz, 1976, « Lundi 9 [mars 1891] », p. 198.
5. P. Petitfils, *Verlaine*, Julliard, 1981, p. 365.

En décembre de la même année, Verlaine propose à Montesquiou de lui soumettre une nouvelle production : *Voyage en France par un Français,* « manuscrit en prose, très sévère, qui ne sera pas imprimé[6] ». Cependant, menacé par Lacan d'être jeté à la rue s'il ne règle pas l'arriéré de son loyer, il obtient un sursis en lui cédant tous droits sur son texte. Lacan propose à son tour le manuscrit au gentilhomme qui, d'après un billet d'Eugénie Krantz à Verlaine, en aurait offert 1500 francs[7]. Les Mémoires de Montesquiou éludent toutes ces transactions et le catalogue de sa bibliothèque ne mentionne aucun ouvrage scabreux dû à Verlaine[8]. Si l'on en croit le gentilhomme, c'est de Londres, sous l'impulsion de son compagnon Gabriel de Yturri, qu'il saisit l'occasion d'être utile au poète en détresse : il répond en effet à la deuxième lettre de celui-ci en lui adressant la somme de cent francs, premier envoi que suivront d'autres secours[9].

La correspondance adressée par Verlaine à Montesquiou couvre une période qui s'étend du 13 juin 1890 au 2 janvier 1896 ; elle comporte 71 lettres ou billets, dont 29 missives adressées à Yturri[10]. Si elle fournit de précieuses indications biographiques sur Verlaine, elle ne présente qu'un intérêt restreint pour la connaissance de la sensibilité esthétique de Montesquiou : sans guère de pudeur, Verlaine entretient celui-ci de ses velléités d'assagissement, de ses ruptures passagères avec ses compagnes que ponctuent des changements d'adresses, conte ses malheurs en noircissant

6. Verlaine, *Lettres inédites à divers correspondants,* lettre du « 17 Xbre [1891] » ; *Voyage en France par un Français* dans *Œuvres en prose complètes* de Verlaine, éd. Jacques Borel, Gallimard, coll. Bibliothèque de la Pléiade, 1978, p. 993-1046.

7. Catalogue Andrieux de la vente de Matarasso, Hôtel Drouot, 3 juin 1972, n° 108.

8. Le catalogue de vente de la bibliothèque de Montesquiou mentionne seulement deux pièces de vers autographes dues à Verlaine : *Le Pinson d'Eugénie,* parue sous le titre *Le pinson d'E...*, *La Plume,* 15 avril 1893, et *À E. K.,* paru dans *La Revue blanche,* avril 1893, textes reproduits en fac-similé dans la brochure intitulé *L'Agonie de Paul Verlaine,* 1890-1896, tirage à part du n° 605 du cat. de vente de la bibliothèque de Montesquiou, t. I, 1923. Verlaine s'excuse dans une lettre datée du « 21 février 1894 » à Montesquiou d'avoir oublié de lui remettre la veille ces deux poèmes qu'il lui avait promis (voir la *Correspondance de Paul Verlaine,* éd. Adolphe van Bever, Messein, t. III, 1929, p. 223-225). Ces poèmes sont recueillis dans les *Œuvres poétiques complètes* de Verlaine, éd. Le Dantec-Borel, Gallimard, coll. Bibliothèque de la Pléiade, 1962, rééd. 1989, p. 585-586 et 590-591.

9. *Lettres inédites à divers corespondants,* lettres du « 17 Xbre [1891] », p. 199, et du « 26 décembre 1891 », p. 200, dans laquelle Verlaine accuse réception de la somme envoyée par Montesquiou.

10. Lettres publiées par A. Van Bever, *Correspondance de Paul Verlaine,* t. III, p. 213-244, lettre du 22 Décembre [1892] » et du « 2 Janvier 1896 ») et par G. Zayed, *Lettre inédites à divers correspondants,* p. 194-242, lettres du « 13 juin [18] 90 » et du « 25 Xbre [18] 95 ».

volontiers sa misère pour éveiller la pitié de son « généreux ami » dont il se borne le plus souvent à solliciter l'aide financière.

Il demeure malaisé de déterminer précisément le montant global des sommes versées par Montesquiou à Verlaine[11]. Les missives de celui-ci accusent réception de sommes dont le montant total s'élève à 450 francs[12], mais il est fort probable qu'il bénéficia de largesses plus conséquentes. Le plus souvent, Montesquiou adresse en effet des sommes de 100 francs à Verlaine, qui le remercie le 23 octobre 1892 pour le troisième envoi de cette même année[13]. À ces envois s'ajoutent de surcroît plusieurs dons destinés à divers achats.

Non content d'aider personnellement Verlaine, Montesquiou accepte en août 1894 de présider, sur la proposition de Barrès, à la formation du comité de quinze souscripteurs qui s'engagent à verser chacun dix francs par mois au poète. Les 150 francs ainsi réunis sont centralisés au *Figaro,* dont le caissier remet le montant à Verlaine le 10 de chaque mois. Montesquiou dut faire une propagande assez active si l'on en juge par la composition du comité[14]. Ses efforts, toutefois, n'eurent pas tous les effets escomptés, car cette pension ne fut pas toujours régulièrement versée, comme en témoignent plusieurs lettres de Verlaine et, plus encore, la confidence que livre Montesquiou dans un passage de ses Mémoires : « je fis ce que je pus, mais ce n'était pas assez, et je m'employai pour ainsi dire vainement à prêcher d'exemples[15] ».

11. Sur les dons de Montesquiou à Verlaine, voir P. Petitfils, *Verlaine, op. cit.*, p. 397, 399, 401, 434, 454.

12. *Correspondance de Paul Verlaine*, éd. Van Bever, t. III, lettre du « 2 janvier [18] 96 », p. 243-244, et Paul Verlaine, *Lettres inédites à divers correspondants*, éd. Zayed, lettre du « 17 Xbre [18] 91, p. 199, du « 16 février [18] 93 », p. 212, et du « 8 août 1894 », p. 226-228.

13. *Lettres inédites à divers correspondants*, lettre du « 23 Xbre [18] 92 », p. 207.

14. Les souscripteurs étaient la comtesse Greffulhe, la duchesse de Rohan, la comtesse René de Béarn, Henry Bauer, Paul Brulat, F. Coppée, Léon Daudet, le Dr. L. Jullien, J. Lemaitre, F. Magnard, O. Mirbeau, R. de Montesquiou, J. Richepin, Sully Prudhomme, M. Barrès (Lettre de Barrès, s. d., communiquant la liste définitive des quinze souscripteurs à Montesquiou, B.n.F., Mss. n. a. fr. 15261, f. 49 — fragment de la plaquette tirée à 300 ex., h. c., donnant des détails complémentaires au n° 605 du cat. de vente de la bibliothèque de Montesquiou, t. I, 1923). Cette liste a été publiée dans la *Correspondance de Paul Verlaine*, éd. Van Bever, t. III, p. 400. Des copies des quatre premières lettres de Barrès à Montesquiou relatives à cette pension figurent dans les Papiers Montesquiou, B.n.F., Mss. n. a. fr. 15261, ff. 34-47 ; elles ont été publiées par G. Zayed dans l'appendice de son édition des *Lettres inédites de Verlaine à Cazals*, Minard, 1962.

15. *Les Pas effacés, op. cit.*, t. II, p. 230.

Verlaine meurt le 8 janvier 1896. Montesquiou rapporte dans ses Mémoires qu'il fut des premiers mandés, à l'heure de son agonie. Les obsèques ont lieu le surlendemain à Saint-Étienne-du-Mont, où Fauré accourt, de son mouvement, pour y tenir les orgues. Le cercueil est hissé sur un corbillard de cinquième classe. Montesquiou relate les différentes phases de cette journée dans « *De Verlanâ* », texte recueilli en 1907 dans *Altesses Sérénissimes*, et conclut son évocation en s'en prenant aux institutions qui ont délaissé le poète en détresse :

> Ce fut vraiment la fête de l'amour et de la mort, comme une suprême *Fête galante* du trépas, à laquelle eut droit celui qui n'avait rien emporté –, ni d'ailleurs regretté – des soi-disant dignités officielles, et à qui s'étaient refusées, non moins obstinément, non moins injustement, les aveugles richesses[16].

Le chef de cabinet d'Émile Combes, ministre de l'Instruction publique, remit à Léon Vanier, éditeur de Verlaine, une subvention de cinq cents francs qui servit à payer une partie des frais d'obsèques. Le surplus, prétendent les chercheurs, en fut réglé par Coppée, Lepelletier, Barrès et Montesquiou[17]. Or deux documents induisent à penser que cette somme fut versée par Vanier. Le premier est une lettre dans laquelle Barrès informe Montesquiou des bruits que fait courir l'éditeur, qui se plaint ou se flatte d'avoir supporté les frais d'enterrement de Verlaine[18]. Le second document est une lettre adressée à Montesquiou par Vanier, qui annonce de nouveaux frais :

> Monsieur,
>
> En réponse à votre lettre du 27 janvier dernier, et après avoir vu monsieur Barrès hier matin, j'ai l'honneur de vous prévenir que les frais de funérailles de Paul Verlaine ont été, par moi, soldés. Il reste pourtant un compte en litige, celui de quelques dettes que notre grand ami a laissées après lui. Elles se montent à 338 F 30 c. réclamées par Madame Krantz, frais de nourriture, loyer, médicaments, etc., dépenses diverses justifiées par une note qu'elle m'a laissée et qui lui aurait été soldée plus tôt si elle n'avait pris un ton pour me la réclamer, qui m'a déplu [...] [19].

16. « De Verlanâ », *Altesses Sérénissimes*, Félix Juven, 1907, p. 216-217.
17. Voir les *Œuvres poétiques complètes* de Verlaine, éd. cit., p. XLVI, et P. Petitfils, *Verlaine, op. cit.*, p. 463.
18. Lettre de Barrès, s. d., mentionnée sous le n° 91 dans *L'Agonie de Paul Verlaine, op. cit.* Une copie est conservée dans les Papiers Montesquiou, B.n.F., Mss. n. a. fr. 15263, f. 110 r°-v°.
19. Lettre du « 9 février 1896 », Papiers Montesquiou, B.n.f., Mss., n. a. fr. 15264, f. 32.

Le jour même des funérailles de Verlaine, Montesquiou publie un article, « Pauvre Lélian », qu'il dédie à Barrès. Peut-être inspiré par l'étude de Jules Lemaitre qui, l'année précédente, rapprochait l'auteur des *Fêtes galantes* de Villon[20], il aborde son sujet en évoquant le délaissement dans lequel mourut Cervantès, à qui il compare Verlaine :

> Une chose inexplicable et qui fait autant d'honneur à l'âme indépendante de Cervantès que de honte au ministre des faveurs royales, c'est l'oubli dans lequel fut laissé cet homme illustre, tandis qu'une foule d'obscurs beaux esprits touchaient des pensions qu'ils avaient mendiées en prose et en vers[21].

S'attachant à dénoncer cette injustice, Montesquiou rapporte les propos d'un contemporain de Cervantès :

> Si c'est la nécessité qui l'oblige à écrire, Dieu veuille qu'il n'ait jamais l'abondance, afin que par ses œuvres, lui restant pauvre, il fasse riche le monde entier[22].

Près de trois siècles après, Montesquiou retrouve dans ce récit l'histoire de Paul Verlaine. S'il admire la manière dont le gentilhomme formule son verdict, il ne peut toutefois se résoudre à admettre que la misère soit une condition nécessaire pour que des écrivains tels que Barbey, Villiers, Verlaine livrent des œuvres de génie. Il appelle en effet ses contemporains à délaisser leur égoïsme et leurs propres épreuves pour s'attacher avec une compréhension sensible et efficace aux misères « d'un supérieur autrui, d'un prochain de génie et de ses détresses sublimes[23] », exhorte les fils de famille à s'ennoblir d'un peu plus de préoccupations de la famille humaine, à entrecouper, sinon à réhabiliter leurs fêtes d'un peu de soin aux « impériaux calvaires » et de la visite « à de certains grabats où des êtres géniaux agonisent ». Parmi ceux-ci, Verlaine lui apparaît l'Antoine Watteau du vers, un poète qui,

> par un miracle d'anomalie et par les douze cents tableaux d'un chemin de croix aux stations de garnis et d'hospices a fait s'égrener tout le chapelet des

20. « Un Revenant », *Le Figaro*, 20 mars 1895, p. 1. Cet article fait partie de l'ensemble des documents réunis par Montesquiou sur Verlaine qui sont mentionnés dans le catalogue de vente de sa bibliothèque, t. I, 1923, n° 605.
21. « Pauvre Lélian », *Le Gaulois*, 10 Janvier 1896, p. 1 – article recueilli dans *Autels privilégiés*, Fasquelle, 1898, p. 93.
22. *Ibid.*, p. 94
23. *Ibid.*, p. 95.

> vains aveux et le rosaire des baisers roses, s'ébruiter toute la musique des harpes en vernis de Martin et des guitares burgautées; a fait se condenser toute la grâce [...] des embarquements pour Cythère [...]; toute la population en saxe, criblée de mouches, pailletée d'affiquets et de fanfreluches, des indifférents et des bergers [...], dont le poète a synthétisé l'élégance en ses derniers poèmes de porcelaine [...] [24].

Montesquiou révèle que, pour se donner l'illusion de ce gentil faste, Verlaine avait instauré dans son exigu logis la manie de dorer au pinceau son modeste mobilier. Ce luxe de misère était encore rehaussé des bariolages de bégonias en carton et des nuances de balais à confettis, contrastant avec les taches crues d'oranges du Jour de l'An présentées sur des tasses retournées.

Montesquiou observe toutefois qu'il est d'autres Verlaine que celui des *Fêtes galantes,* notamment le mystique et le désolé, qu'il évoque en citant des pièces de vers illustrant ces deux facettes. Sans doute tente-t-il ainsi de lutter contre les grossissements de la légende qui présentent Verlaine comme un faune dépravé. Il déclare en effet que ce qu'il sied d'affirmer aujourd'hui,

> c'est en ce poignant désarroi d'existence, le cœur d'excellent et pur aloi qu'était Verlaine, « *l'âme enfantine* » qu'il a chantée, et qu'il remporte entière aujourd'hui, non contaminée par les douloureuses voies traversées [25].

S'il relève « cet émouvant contraste [...] entre une poésie d'éden et une vie d'enfer » ainsi que le lui écrit Proust[26], Montesquiou se refusera toujours à l'accentuer en observant « cette dualité, prodigieuse, chez Verlaine, d'une pareille brute alcoolique et meurtrière et d'un poète d'une spiritualité comme on en a rarement vu[27] ».

Averti de la prédilection de Montesquiou pour l'œuvre de Verlaine, le sculpteur Rodo de Niederhausern présente au gentilhomme un buste du poète, exposé au Salon du Champ-de-Mars de 1893, qu'il se propose de vendre pour la somme de deux louis, en espérant que Montesquiou voudra bien souscrire à une épreuve en bronze. Il peine en effet à la tâche, « étant très miséreux, et ne subsistant que par le dévouement de la tenancière de la taverne Alsacienne-Kerouan », qui lui fait don de sa nourriture. Menacé

24. *Ibid.*, p. 95-96.
25. *Ibid.*, p. 98.
26. Lettre s. d. [vendredi 19 Janvier 1896], *Correspondance de Marcel Proust,* Plon, t. II, 1976, p. 45.
27. P. Léautaud, *Journal littéraire,* éd. cit., t. II, p. 1216, « Vendredi 3 février ».

d'une saisie suivie d'expulsion par son propriétaire, Firmin Didot, il sollicite protection et encouragements[28]. Au mois de juin 1896, il informe Montesquiou de son adhésion au Comité formé le mois précédant par Cazals pour l'érection du monument Verlaine, qu'il doit exécuter. Dans sa dernière lettre au poète, le sculpteur remercie Montesquiou d'adhérer au Comité, et annonce qu'il doit achever son monument pour la date anniversaire de la mort de Verlaine, c'est-à-dire en janvier 1897, malgré un engagement dans l'atelier de Rodin[29].

Le monument ne sera inauguré dans les jardins du Luxembourg que le 28 mai 1911. Ce retard motive la publication, en 1910, d'un recueil de soixante-trois poèmes célébrant l'auteur des *Fêtes galantes, Hommage à Verlaine.* Faisant suite au frontispice représentant le monument de Verlaine, un avant-propos annonce que les poètes, affligés des retards apportés à l'hommage de la place publique, célèbrent corporativement Verlaine, pour qu'il ait au moins sous les espèces du poème et sans plus attendre, sa statue[30]. Montesquiou collabore à cet ouvrage, dans lequel paraît sous sa forme intégrale le poème *Mascarade macabre* dont il avait donné des extraits dans son article « Pauvre Lélian ».

Le temps ne dément pas son attachement à la personne de Verlaine. Encore au mois de janvier 1920, un an avant sa disparition, il publie dans le *Supplément* du *Gaulois* un *Sonnet Anniversaire,* en hommage au poète mort vingt-cinq ans auparavant. Montesquiou y combat la légende qui insiste sur la dépravation de Verlaine et soutient que celui-ci a gardé l'âme naïve de l'enfance malgré les tourments de son existence[31].

S'ils présentent un intérêt biographique, les textes de Montesquieu consacrés à Verlaine ne s'attachent guère aux aspects proprement esthétiques et novateurs de sa poésie. La mention de titres de recueils, la citation de certains vers, les recoupements qui peuvent s'établir avec ses propres motifs d'inspiration, permettent seuls de déterminer les causes de son intérêt pour l'œuvre de Verlaine. Paru un an avant *À rebours,* le sonnet *Langueur,* qui s'ouvre sur le vers fameux: « Je suis l'Empire à la fin de la Décadence », a été considéré comme une synthèse de l'art poétique du décadentisme et suggère

28. Lettres du « 12 octobre 1893 » et du « 14 Xbre 1893 », Papiers Montesquiou, B. n. F., Mss. n. a. fr. 15264, ff. 18-19 et 20-21.

29. Lettre du « 26 [juin 1896] au soir », Papiers Montesquiou, B. n. F., Mss. n. a. fr. 15264, ff. 26-27.

30. *Hommage à Verlaine,* Léon Vanier éditeur-A. Messein successeur, achevé d'imprimer le 25 novembre 1910, p. 7-8.

31. *Le Gaulois du dimanche, Supplément littéraire,* 24 janvier 1920, p. 1.

à ce titre un rapprochement possible entre l'inspiration de Verlaine et celle de Montesquiou, dont les premiers recueils sont jugés décadents par la critique.

En fait, s'il connaît l'ensemble de l'œuvre de Verlaine, Montesquiou s'attache surtout aux premiers recueils. Le titre même des *Eaux-fortes,* dans les *Poèmes saturniens,* suggère une parité d'inspiration avec ses poèmes qui prennent pour prétexte l'évocation de tableaux, gravures et bibelots, et qui font de lui « le poète des collectionneurs », tandis que la section *Melancholia,* du même recueil, emprunte sans doute son titre à une gravure d'Albert Dürer, que Montesquiou admirait beaucoup, en raison de la chauve-souris qui y figure. La mélancolie qui constitue le sujet même de cette partie du recueil de Verlaine, imprègne également toute une partie de l'œuvre de Montesquiou, notamment des *Chauves-souris,* où se retrouve Héliogabale, parmi les personnages de jadis et d'ailleurs qui y sont évoqués.

Si Montesquiou multiplie les allitérations jusqu'au grotesque sans jamais obtenir les effets de la « musique » verlainienne, il ne profite pas moins de ces recherches musicales visant à libérer la poésie de la rhétorique. Mais ce qu'il retient surtout de l'esthétique de Verlaine, c'est le goût de la nuance, de l'équivoque, des états intermédiaires, qui l'incitent à élire les symboles de la chauve-souris et de l'hortensia bleu.

Son recueil de prédilection est à l'évidence celui des *Fêtes galantes,* dont il trouve l'illustration dans les toiles de Watteau et dans les panneaux de son continuateur lointain, Adolphe Monticelli, qui dans ses « jardins d'amour » emplis de « Triboulets et de Méphistos, de pages et d'abbés, de seigneurs et de dames[32] », procède à l'évocation nostalgique d'un âge d'or obsolescent, dévolu aux seuls plaisirs d'une oisiveté insouciante. *Sagesse,* enfin, est le dernier recueil plusieurs fois cité par Montesquiou. Celui-ci ne partage donc pas l'avis de Mallarmé, qui, après une première lecture hâtive ou parce qu'il croit flatter les goûts de son correspondant, lui annonce la parution du recueil en précisant : « [...] c'est fort religieux, et l'on s'y repent des chefs-d'œuvre de jadis[33] ». Mallarmé changera d'opinion, au point de considérer *Sagesse* comme le recueil le plus important de la production verlainienne.

On peut penser toutefois que cet intérêt esthétique de Montesquiou pour l'œuvre de Verlaine se doublait d'un intérêt stratégique. Il est indéniable en

32. « Le broyeur de Fleurs », *Diptyque de Flandre. Triptyque de France,* E. Sansot-R. Auberre successeur, [1921], p. 146.

33. Lettre, s. d. [1880], copie réalisée par H. Pinard, Papiers Montesquiou, B.n.F., Mss., n. a. fr. 15249, f. 145 v°. L'originale a été jointe à un ex. sur Hollande des *Poésies* de Mallarmé, Bruxelles, Deman, 1899 (voir le cat. de vente de la bibliothèque de Montesquiou, t. I, 1923, n° 480).

effet que le gentilhomme retira quelque profit de la protection accordée à Verlaine, élu « Prince des Poètes » en août 1894 à la mort de Leconte de Lisle. Il conserve tout d'abord plusieurs souvenirs de sa fréquentation de Verlaine: outre les lettres de ce dernier qui atteignirent la cote la plus élevée lors de la vente de sa bibliothèque[34], il possède vingt-et-un volumes du poète, dont trois sont assortis d'envois autographes[35]. Cette collection s'enrichit d'une abondante iconographie concernant Verlaine, composée de photographies, de reproductions de dessins du poète lui-même ou d'artistes divers, ainsi que de plusieurs œuvres originales.

Plus importante pour Montesquiou est toutefois la caution qu'accorde Verlaine à son œuvre poétique en la faisant bénéficier de son prestige. Le « Prince des Poètes » s'oppose en effet aux détracteurs du gentilhomme en s'efforçant de démontrer que sa poésie offre « le démenti le plus exquis et le plus haut à ce talent d'amateur qu'on lui attribue dans le monde où l'on est... bête[36] ». Comme Yturri, Montesquiou lui inspire tout d'abord l'une de ses *Dédicaces,* genre que le gentilhomme illustre à son tour avec *Les Paroles diaprées*[37] :

> [...]
> J'admire le penseur subtil et l'âpre esthète
> Des pensers voletant comme chauves-souris,
> Mais j'aime le fin enchanteur aux sorts fleuris[38].

Verlaine consacre également deux artides à Montesquiou. Le premier, intitulé « À propos de Desbordes-Valmore », prend pour prétexte la conférence que le gentilhomme vient de consacrer à la poétesse. Citations à l'appui, Verlaine proclame que ce grand seigneur n'est nullement un amateur, que son imagination, des plus fécondes, se mêle à une érudition profonde et que ses œuvres rassemblent tout à la fois originalité, délicatesse et clarté.

34. Les lettres de Verlaine, mentionnées sous le n° 605 dans le cat. de vente de la bibliothèque de Montesquiou, ont été jointes à des documents concernant le poète, l'ensemble étant adjugé pour la somme de 16 500 francs (voir le Supplément au *Bulletin du Bibliophile,* juin 1923, p. 5).
35. Voir le cat. de vente de la bibliothèque de Montesquiou, t. I, 1923, n°s 606 à 623, t. II, 1924, n°s 1246 à 1248.
36. « À propos de Desbordes-Valmore », *Le Figaro,* 8 août 1894 ; *Œuvres en prose complètes* de Verlaine, 1978, p. 929.
37. Ces textes ont été recueillis avec l'édition définitive des *Perles rouges,* G. Richard, 1910.
38. *Au comte de Montesquiou-Fezensac, La Revue parisienne,* 10 octobre 1893 ; *Œuvres poétiques complètes,* éd. cit., p. 629. La dédicace à Gabriel de Yturri a été publiée dans *La Plume,* le 15 septembre 1893 ; *ibid.,* p. 629-630.

Verlaine est plus réservé dans l'article qu'il consacre en août 1895 à l'étude du dernier recueil publié par Montesquiou, *Le Parcours du rêve au souvenir*. Il déplore en effet la verve parfois trop abondante de l'auteur, mais l'engage à persister dans ce défaut, si c'en est un. Il relève également le goût exubérant de l'allitération, et renonce en définitive à juger si ce nouveau livre est un progrès sur les premières productions de l'auteur. En dépit de ces réserves, il trouve rafraîchissant cet ouvrage, un livre « comme il ne s'en est pas produit depuis longtemps ». Il approuve en effet la justesse des évocations de villes et de pays qui composent la matière de ce recueil de vers « conformes, dans leur structure, aux plus raffinées comme aux plus libres règles de la poétique moderne et actuelle, varié, pittoresque, humain, ce qui ne gâte rien et amusant (dans le sens noble du mot), ce qui sauve tout[39]! »

Montesquiou fut-il un bienfaiteur désintéressé? De même que le comité d'assistance à Verlaine demeura fort discret, il ne fit guère de publicité autour de l'aide qu'il apportait au poète, bien au contraire: deux lettres de Reynaldo Hahn suggèrent même qu'il put chercher à s'arroger l'exclusivité du titre de bienfaiteur de Verlaine. Dans la première, le musicien, mis au courant de la mort de ce dernier, adresse cent francs à Montesquiou, offerts par lui et quelques amis « pour servir à payer une partie de son enterrement ou des autres frais qu'exigent ces instants funèbres [...] [40] ». Dans la seconde lettre, il accuse réception de la somme, que Montesquiou lui a retournée, en regrettant qu'elle ait été inutile. Il vient d'apprendre que plusieurs personnes soutenaient Verlaine, ce qu'il ignorait. Sans doute, convient-il, le gentilhomme lui avait parlé naguère d'une « souscription mensuelle régulière », en promettant de lui fournir de plus amples détails le moment venu, mais il n'en a rien fait. Aussi le musicien demande-t-il à son correspondant la permission de ne point accepter une leçon qu'il ne croit pas mériter[41].

Plus inquiétante encore est la relation, consignée par André Germain, des circonstances qui entourèrent le mariage d'Edmond de Polignac et de Vinnaretta Singer. Déçue par son union avec le prince de Scey-Montbéliard, celle-ci avait fait annuler son mariage et recherchait une personnalité issue de l'aristocratie et susceptible de partager ses goûts. Montesquiou songea à l'unir à son ami Edmond de Polignac:

39. « Deux poètes français. 2.- *Le Parcours du rêve au souvenir* par le comte Robert de Montesquiou-Fezensac », *The Senate*, août 1895.

40. [Janvier 1896], B.n.F., Mss., Papiers Montesquiou, n. a. fr. 15264, f. 12.

41. Lettre du « 11 janvier » [1896], B.n.F., Mss., Papiers Montesquiou, n. a. fr. 15264, ff. 13-16.

Il s'en ouvrit au Prince qui ne repoussa pas une offre tentante et, d'ailleurs, présentée avec tact. L'affaire se traita galamment entre eux. Un cadeau fut précisé, pour le cas où elle réussirait : cent mille francs et qui, disait le Comte-Poète, iraient « au plus grand poète de notre temps, à Verlaine dans la détresse ».

L'affaire ou, plutôt, le mariage, se fit [...]. Le Prince remit gentiment la somme. Et Montesquiou, détaillant l'aventure aux [...] historiographes [...] aurait dit, en manière de conclusion : « Naturellement j'ai gardé les cent mille francs. Mais j'ai donné à Verlaine un très beau foulard, de chez Charvet[42] ».

Une photographie de 1893, année du mariage de Winnaretta Singer et d'Edmond de Polignac, représente en effet Verlaine en candidat à l'Académie française, arborant une superbe écharpe avec le négligé qui sied[43]. Seul André Germain toutefois rapporte cette anecdote, aussi peut-on penser que Montesquiou, comme Baudelaire, prenait plaisir à s'amuser de la crédulité de ses contemporains et à forger sa propre légende en répandant des rumeurs fâcheuses sur sa personne. André Germain lui-même oppose la légende à l'histoire : si aucun document ne fait état des cent mille francs ou de la destination qui leur fut assignée, les lettres de Verlaine attestent en revanche les secours que le gentilhomme lui fit parvenir :

> Montesquiou était presque le seul, en ce temps-là, dans le monde à la fois élégant et lettré, à se soucier de Verlaine et à l'aider efficacement (une Américaine lui apportait, à l'hôpital, des orchidées qu'il était réduit à placer dans son vase de nuit). Que ce trait [...] soit encadré dans ce récit et qu'à cause de pareils gestes, s'il y a quelques péchés à pardonner à « l'oncle Robert », que ces péchés le soient, généreusement[44] !

L'œuvre de Verlaine – et c'est là sans doute la dimension la plus originale de la réception de Montesquieu – est associée par celui-ci à ses pratiques culturelles et à ses autres curiosités esthétiques, à Émile Gallé, Marceline Desbordes-Valmore et Gabriel Fauré.

En 1888, ce dernier publie une réduction pour chœur et piano de sa *Pavane* dans l'*Album* du *Gaulois,* volume offert par le quotidien à ses abonnés. Ni cette première édition, ni les éditions publiées par Hamelle ne

42. « Robert de Montesquiou », texte dactylographié de 33 ff. avec envoi autographe d'André Germain, ff. 15-16, coll. privée.

43. Ce célèbre portrait est reproduit dans le cahier photographique de la bibliographie de P. Petitfils, *Verlaine, op. cit.*

44. « Robert de Montesquiou », cit.

mentionnent le nom de l'auteur du texte, qui a été longtemps attribué à Verlaine, tant il s'apparente, au moins pour le thème, aux *Fêtes galantes.* Or ce texte est une commande de Fauré à Montesquiou[45] qui, depuis deux ans, s'efforçait de favoriser la carrière du compositeur en l'introduisant dans la haute société.

Tout aussi important est le rôle de conseiller littéraire joué par Montesquieu auprès de Fauré, lequel demandait à ses amis de lui signaler toute poésie qui leur semblerait « chantable ». De fait, Montesquiou lui présente Albert Samain, et les lettres que lui adresse le compositeur font souvent allusion à des prêts de livres: Hugo, Desbordes-Valmore et surtout Verlaine. À partir de 1886, une orientation nouvelle apparaît dans le choix des poèmes que Fauré met en musique: il abandonne Sully Prudhomme et Armand Silvestre pour lequel il avait éprouvé une prédilection marquée pendant dix ans, et s'attache aux poèmes inclus dans les *Contes cruels* de Villiers, dont il doit la découverte à Montesquiou[46].

Plus importante est pour le musicien la découverte de l'auteur des *Fêtes galantes.* Dans ses Mémoires, le gentilhomme se vante en effet d'avoir, « le premier, remis aux mains de ce grand musicien le mince volume qui contenait le point de départ d'une collaboration si bien assortie[47] ». Le 9 novembre 1887, le musicien annonce qu'il vient de composer une mélodie sur le *Clair de lune,* du recueil des *Fêtes galantes,* auquel il emprunte *Spleen* l'année suivante et trois mélodies « de Venise » en 1891 : *Mandoline, À Clymène* et « C'est l'extase... ». Il puise les deux autres mélodies du cycle vénitien, *Green* et *En sourdine* dans les *Romances sans paroles*; entre 1892 et 1894, il écrit *La Bonne Chanson,* l'un de ses cycles mélodiques majeurs, et en 1894, *Prison,* poème figurant dans *Sagesse.* En l'espace de sept années, ce sont au total dix-huit poèmes de Verlaine qui l'inspirent[48].

45. Voir les lettres de Fauré à la comtesse Greffulhe, « 29 septembre 1887 », et à Montesquiou des « 29 septembre [1887] », « 30 septembre 87 », « 7 octobre [1887] »; *Correspondance* de F. Fauré, éd. J.-M. Nectoux, Flammarion, 1980, p. 131-132, p. 132-133, 133 et p. 134.

46. Voir J.-M. Nectoux, *Gabriel Fauré, Les Voix du clair-obscur*, Flammarion, 1990, p. 183-184, 351, et la *Correspondance* de G. Fauré, éd. cit., p. 134 et 191-198.

47. *Les Pas effacés, op. cit,* t. II, p. 231.

48. À propos de l'influence de Verlaine sur Fauré, voir J.-M. Nectoux, *Gabriel Fauré, Les Voix du clair-obscur, op. cit.*, chap. X, « Les années Paul Verlaine », p. 179-209. Fauré rencontra le 25 janvier 1891 et lui demanda d'écrire un livret. Le poète proposa au mois d'avril 1891 une nouvelle version des *Uns et les autres* puis au mois de juin *L'Hôpital Watteau,* projet qui n'aboutit pas. Voir la *Correspondance* de G. Fauré éd. cit., p. 162-163, 166, 168, 181 (« 21 janvier 1891 » – « 2 juin 1891 »).

Quittant la musique pour l'artisanat d'art, à travers l'un de ses plus notables représentants, Émile Gallé, force est de constater que l'œuvre de Verlaine, au contraire de celle de Montesquiou, inspire la création d'un nombre restreint de pièces. Gallé, il est vrai, n'apprécie pas toute la poésie de Verlaine, notamment ses *Dédicaces,* comme en témoignent les réserves qu'il formule à propos de celle consacrée à Yturri[49].

Passionné de poésie contemporaine, Gallé puise toutefois dans la poésie de Verlaine quelques motifs d'inspiration, dont témoigne par exemple le vase *Liseron L'octobre,* daté de 1891 et qui porte l'inscription : « Vous vous êtes penché sur ma mélancolie », premier vers du poème sans titre dédié à Fernand Langlois, dans le recueil *Amour.*

Même si les vers de Verlaine ne sont pas fréquemment cités par Gallé, celui-ci nourrit pour le poète une profonde admiration, dont témoignent ses lettres à Montesquiou. Le 8 novembre 1893, Verlaine donna une conférence à Nancy, qu'il répéta le lendemain à Lunéville. Le poète estima que ses conférences avaient été un succès. De fait, les compte rendus de la presse régionale ne lui ménageaient pas les compliments, et la municipalité de Nancy informa même le poète de son intention de donner son nom à une rue de la ville. Gallé, qui avait assisté à la conférence de Nancy, exprima une opinion plus nuancée dans l'une de ses lettres à Montesquiou :

> Nancy X. XI. 93.
>
> Votre souvenir me fut précieux, infiniment cher. Vous vous êtes réjoui à la pensée qu'un des Pairs, Verlaine, viendrait dans ma quasi solitude apporter un rayon de poésie. Étrange être, humanité pitoyable ; déplorable race. Il m'a touché, je le plains beaucoup. Quel navrement moral, physique. Quelle confession que cette conférence ! Toutes les cordes vocales brisées. Nulle diction. Une sourdine de douleur et d'humilité, une voix de sanglots ; une éloquence merveilleusement rentrée ; incontestable sincérité. C'est une pénitence aux marches de Notre-Dame. Toutes les fibres et fraternité de misère sont pincées douloureusement. Ce faune converti par la souffrance, ce Marsyas ligoté, semble toujours prêt à s'évader. Oui, infiniment curieux regard d'être prostré, de tortue, d'orvet qui aurait une âme de torture et de malice. Je le trouve beau et je le respecte. Mais ces humiliations, confessions publiques me causent une peine insupportable. Il se verse le calice et en boit la lie et puis, la bouche amère, dit d'un ton navrant une pirouette finale.

49. Lettre à Gabriel de Yturri, [janvier 1894], « Papiers Montesquiou », B.n.F., Mss., n. a. fr. 15264, f. 117.

> Ce masque aristophanesque, socratique, non passé à tabac, ces moustaches d'insecte, sont inoubliables. J'ai pu causer un peu avec lui. Qu'il mêle affreusement pour mon goût le profane abominable au sacré. Je l'aime cependant parce que je l'aime tant [...] [50].

La conférence fut suivie d'un banquet organisé en l'honneur du poète. Gallé, au nombre des invités, lui offrit en témoignage d'estime un vase décoré de clématites[51], que Verlaine échangea dès son arrivée à Paris contre quarante verres d'absinthe[52]. L'artisan apprit le geste désinvolte du poète et s'en offusqua. À quelque temps de là, il annonça pourtant à Montesquiou que sa rancune s'était dissipée :

> Je n'en veux plus à Verlaine *(celui que vous savez et savons)* depuis que j'ai lu sa récente cantilène, morceau de franc vouloir et gentil sur vos poèmes[53].

Gallé fait sans doute ici allusion à l'article « À propos de Desbordes-Valmore », où Verlaine se livre à l'éloge de Montesquiou en citant, à l'appui de son propos, trois poèmes extraits des *Chauves-Souris* et du *Chef des odeurs suaves.*

Cette résurgence d'intérêt pour Valmore était due à une vaste campagne orchestrée par Montesquieu. À l'initiative de Charles Bodinier, celui-ci avait donné le 17 janvier 1894 une conférence sur la poétesse au « théâtre d'application » de la Bodinière. Le parterre était d'un brillant exceptionnel. Dans ce résumé de la haute société, une surprise cependant, dont témoigne Charles Formentin :

> L'entrée de Paul Verlaine fait sensation : impeccable de tenue et de linge, le poète de *Sagesse* a tout l'air d'un candidat qui fait des visites académiques. Avec un monocle attaché à un gros ruban de soie et un gardénia à la bouton-

50. Lettre d'Émile Gallé à Robert de Montesquiou, adressée de Nancy, le 10 novembre 1893, B.n.F., Mss., « Papiers Montesquiou » n. a. fr. 15266, f. 279.
51. P. Garner, *Gallé*, Flammarion, 1977, p. 128.
52. L'anecdote est rapportée à Goncourt par Jules Rais, qui lui avait demandé de présider le comité nancéen en l'honneur de Verlaine, comité dont Gallé faisait également partie. Goncourt avait accepté. Voir E. et J. de Goncourt, *Journal*, Robert Laffont, coll. Bouquins, 1989, t. III, p. 1254, « Dimanche 15 mars 1896 ».
53. Lettre s. d., Papiers Montesquiou, B.n.F., n. a. fr. 15119, ff. 8-9. Gallé fait sans doute allusion à l'article « À propos de Desbordes-Valmore », *Le Figaro*, 8 août 1894, où Verlaine fait l'éloge de Montesquiou.

> nière, on dirait un boulevardier venu du Royal-Gommeux. Peste ! On a de belles garde-robes à l'hôpital Broussais[54].

Verlaine assista donc bien à la conférence de Montesquiou, qu'il évoque au demeurant dans son article « À propos de Desbordes-Valmore ».

À cette conférence assiste également le sculpteur Édouard Houssin, professeur à l'École nationale de Sèvres. Devinant le parti qu'il peut tirer de l'influence de l'orateur, il l'entretient d'un projet de monument élevé à Valmore, qu'il désire entreprendre[55]. Séduit, Montesquiou se met en relation avec l'administration des Beaux-Arts, la mairie de Douai, organise des souscriptions destinées à recueillir des fonds, souscriptions qui s'avéreront insuffisantes et dont il comblera lui-même le déficit. En marge du comité local formé à Douai, un comité d'honneur, comprenant Verlaine, se constitue à Paris sous la présidence de Sully Prudhomme[56].

Le monument est inauguré le 13 juillet 1896, au cours d'une fête qui revêt les dimensions d'un événement national. À cette occasion, Marguerite Moreno déclame le poème de Verlaine, *Marceline Desbordes-Valmore,* composé à la requête de Montesquiou « pour embellir et harmoniser le festival intime qu'il ne devait présider que de l'au-delà[57] ». On s'est interrogé sur la première publication de ce texte, daté du « 21 avril 1895 ». Montesquiou en a joint le manuscrit à son exemplaire du *Monument de Marceline Desbordes-Valmore,* brochure éditée à l'occasion de cette célébration[58]. Ce poème a paru, avec d'autres textes commandés par Montesquiou, dans le même volume, sous le titre *Poésie de Paul Verlaine,* puis en 1898 dans le recueil d'études de Montesquiou *Autels privilégiés,* et non dans les *Œuvres posthumes. Vers et proses* de Paul Verlaine.

L'œuvre de ce dernier est enfin naturellement associée aux fêtes données par Montesquiou. Se distinguant des divertissements donnés par la haute société, ces fêtes, observent les chroniqueurs, sont de véritables événements artistiques et mondains, destinés à promouvoir les œuvres inconnues et à favoriser les rencontres entre artistes. Hormis une poésie au titre non précisé,

54. « À la Bodinière », *L'Écho de Paris,* 19 Janvier 1894, p. 3.

55. Voir à ce propos cinq lettres d'Édouard Houssin à Montesquiou, B.n.F., Mss. Papiers Montesquiou, n. a. fr. 15045, ff. 47-53, « 17 janvier [1894] » — « 11 Janvier 95 ».

56. Voir à ce propos les documents réunis dans cinq volumes des Papiers Montesquiou, B.n.F., Mss., n. a. fr. 15041 à 15045.

57. « Félicité. Deuxième partie. La fête du 13 Juillet », *Autels privilégiés, op. cit.*, p. 61.

58. *Le Monument de Marceline Desbordes-Valmore, Souvenir de la fête d'inauguration du 13 juillet 1896,* Douai, Imprimerie L. et G. Crépin, 1896.

les textes de Verlaine, déclamés par des actrices de renom lors des fêtes données entre 1894 et 1909, sont tirés de ses premiers recueils poétiques: *Mandoline*, des *Fêtes galantes; Sonnet* et *Green*, des *Romances sans paroles; Lassitude* et *Mon rêve familier*, des *Poèmes saturniens*.

L'ultime grande fête donnée par Montesquiou est au demeurant associée à Verlaine. Trop éloigné de Paris, le Palais Rose, où il s'est installé en 1910, attire un nombre restreint d'amis. Pour ramener l'attention vers le Vésinet, il décide d'organiser un hommage à Verlaine en donnant une représentation de sa comédie en vers, *Les Uns et les Autres*. Un orchestre dissimulé doit jouer des œuvres de Fauré; un buffet de trois cents personnes est apprêté.

Le 26 juin 1912, jour de la fête, un pneumatique contrefaisant l'écriture du poète et adressé au *Gaulois* annonce l'annulation de la réception. La fête est donnée pour les six invités qui ont pris la peine de téléphoner à Montesquiou. En parfait dandy, le poète écarte de son esprit l'idée de se livrer à des enquêtes contraires à sa dignité pour retrouver le coupable. Il adresse toutefois une lettre au *New York Herald*, où il exprime ses doléances et celles de ses invités, privés de la représentation d'une « œuvre ravissante », destinée à fêter un poète mort qu'il voulait honorer[59]. Revenant sur cet incident dans ses Mémoires, il s'étonne d'avoir suscité un mouvement de solidarité, plutôt que les commentaires sarcastiques qu'il attendait, qu'on ait rendu justice à sa reconstitution filiale jusque dans des organes qui ne lui étaient pas favorables. Malgré son impassibilité, Montesquiou est affecté par cet incident qui prélude au déclin de sa situation mondaine. Il en tire cette leçon:

> Quand notre destin a décidé de nous reprendre à un fonctionnement périmé, il procède à l'ablation qui convient, puis cautérise; probablement l'heure avait sonné pour moi de renoncer aux réceptions et aux fêtes[60].

Élisabeth de Clermont-Tonnerre observe en effet que « Montesquiou tint ce coup du sort pour un avis et ferma pour toujours les grilles de son Palais[61] ».

Si l'influence de Verlaine sur Montesquiou apparaît peu sensible, la relation qui unit les deux poètes rend assez fidèlement compte des tendances profondes de ce dernier. L'association de l'œuvre de Verlaine à ses autres

59. « Renseignements mondains. Un danger mondain. Lettre de Robert de Montesquiou au Herald », *The New York Herald*, 2 juillet 1912.

60. *Les Pas effacés, op. cit.*, t. III, p. 188.

61. *Robert de Montesquiou et Marcel Proust*, Flammarion, 1925, p. 157.

curiosités esthétiques témoigne de son effort pour favoriser la rencontre entre les différents domaines artistiques, action qu'il exerce en diplomate culturel et en fédérateur des arts, moins d'ailleurs pour obtenir une synthèse qu'une juxtaposition d'expressions du beau.

À cette entreprise sont associés les artistes réprouvés, les parias de talent, cet attachement s'expliquant par le fait que Montesquiou lui aussi s'estime incompris et réprouvé. À cet égard, la détresse matérielle et morale qui motive la correspondance que lui adresse Verlaine alimente providentiellement ses ressentiments contre l'absence de discernement de l'État et l'indifférence de la haute société.

À sa manière, Verlaine participe également à cette lutte contre cette cécité littéraire. Toute la partie de son œuvre composée, de sa propre initiative, en hommage à celui dont il devait s'estimer le débiteur rappelle la relation qui, sous l'Ancien Régime, unissait les artistes à leurs protecteurs, et met en valeur la relation qui, dès avant 1900, unit à nouveau toute une partie de la bohème littéraire à une certaine coterie mondaine. Une telle relation ne peut s'expliquer seulement par la fortune ou le prestige social de cette coterie ; elle s'appuie tout autant sur la revendication implicite de la qualité d'« arbitre du goût », disparue depuis le XVIIIe siècle, mais renouvelée par Baudelaire et Gautier, et que Montesquieu fait revivre en pleine Troisième République démocratique et industrielle. Si Montesquiou s'attache à Verlaine, n'est-ce pas en définitive parce qu'il reconnaît en lui l'un des continuateurs de la doctrine de « l'art pour l'art », doctrine qui entre en parfaite adéquation avec l'oisiveté propre à sa classe sociale, dont la fonction principale consisterait précisément à opérer une discrimination du beau et à associer intimement ses expressions à l'« art de vivre » ?

Olivier Bivort

Le Verlaine d'Émile Verhaeren

Le 27 février 1893, au cercle Léon XIII de Bruxelles, Verlaine prenait la parole sur son propre itinéraire poétique, « après avoir apporté à la jeune littérature française de Belgique un témoignage de profonde estime[1] ». Il devait renouveler ce salut à plusieurs reprises au cours de sa tournée de conférences en Belgique, et notamment à Anvers, le 1er mars :

> Salut à Van Hasselt et de Coster, précurseurs du mouvement actuel, si intéressant, si beau ! Au puissant et têtu, imperturbablement correct Albert Giraud, au non moins puissant, mais plus souple, plus, peut-être, téméraire aussi Émile Verhaeren, au regretté Max Waller, fondateur de cette aujourd'hui fameuse Jeune Belgique [...] [2].

Suivaient encore les noms de dix-huit poètes et romanciers, parmi lesquels Maurice Maeterlinck, Grégoire Le Roy, Charles Van Lerberghe, Max Elskamp, etc. L'amalgame paraît bizarre aujourd'hui, qui englobe le groupe de *La Jeune Belgique* et les poètes symbolistes, d'autant que, en janvier 1893, la revue bruxelloise venait de couper à nouveau les ponts avec la poésie moderne. Mais Verlaine, conférencier courtois et diplomate, sans doute peu au fait des dissensions littéraires en Belgique, rendait d'abord hommage aux confrères qui avaient bien voulu l'accueillir : en effet, comme le soulignait Henri Carton de Wiart, « tous les lettrés belges, – sans exception, – le fait est rare et doit être signalé, s['étaient] trouvés d'accord pour faire fête à Paul Verlaine : les critiques et les écrivains de toutes les écoles,

1. É[mile] V[erhaeren], « Au cercle Léon XIII : M. Paul Verlaine », *Le Journal de Bruxelles*, 2 mars 1893 ; non recueilli en volume.
2. Conférence au Cercle artistique d'Anvers ; *Œuvres en prose complètes*, éd. Jacques Borel, Gallimard, Bibliothèque de la Pléiade, 1972, p. 902. Henri Mondor cite encore un brouillon de la conférence du 2 mars au cercle des *XX*, à l'occasion de laquelle Verlaine salua Verhaeren, Mockel, Maeterlink et Fontainas (*L'Amitié de Verlaine et Mallarmé*, Gallimard, 1939, p. 212).

depuis ceux de *La Jeune Belgique* jusqu'à ceux de l'art social et du vers libre, jusqu'à ceux des antres officiels[3]! » Il suivait aussi les conseils de Mallarmé, qui l'avait précédé à Bruxelles dans son rôle de conférencier : « Vous partez en Belgique ; voyez-y *La Jeune Belgique,* qui groupe nos amis. Vous connaissez Verhaeren, aussi, et nul doute que vous ne rencontriez Edmond Picard, qui se connait en poète[4] ». Enfin, il saluait en Giraud le critique de son œuvre et l'éditeur de plusieurs de ses poèmes, et en Verhaeren l'un de ses plus ardents défenseurs[5].

Ce séjour de Verlaine en Belgique[6], s'il représentait pour le conférencier une bonne occasion de se renflouer, revêtait pour ses hôtes une signification qui allait au-delà du simple événement culturel. Il n'est pas inutile de rappeler que ce n'est qu'au début des années 1880 que s'est exprimée en Belgique une volonté d'indépendance et de renouveau de la production littéraire. La création de *L'Art moderne* en mars 1881 et celle de *La Jeune Belgique* en décembre de la même année furent à l'origine d'une renaissance artistique sans égale, jamais retrouvée depuis. Guy Michaud a relevé à quel point la littérature belge brûle alors les étapes, « parcourant en moins de dix ans l'itinéraire entier du dix-neuvième siècle français[7] ». Si la profession de foi néo-parnassienne revendiquée par la revue de Waller et Giraud s'avéra nécessaire pour soustraire la littérature belge de l'emprise politique ou nationale à laquelle elle avait été soumise dans la décennie précédente, son intransigeance à la défendre contre toute tentative d'ouverture du champ créatif ne pouvait aussi que susciter polémiques et défections. Ainsi, alors que tous les écrivains de l'époque contribuèrent à la renommée de *La Jeune Belgique,* certains d'entre eux, poussés par la volonté d'affirmer leur propre personnalité et sollicités par de nouveaux moyens d'expression plus en accord avec leur époque, tentèrent de se dégager des limites imposées par la direction de

3. H[enri] C[arton de] W[iart], « Paul Verlaine en Belgique », *L'Art moderne,* 5 mars 1893, p. 76.

4. Lettre non datée [janvier-février 1893], citée par Henri Mondor, *op. cit.*, p. 210.

5. Verlaine publia des textes dans *La Jeune Belgique* en février-mars 1888, mars-avril 1888, novembre 1890 et janvier 1891. Giraud, avec qui il était en relation (voir ses lettres dans Gustave Vanwelkenhuyzen, *Verlaine en Belgique,* Bruxelles, La Renaissance du livre, 1945, p. 114-116), lui consacra une belle étude (« Les poètes baudelairiens : M. Paul Verlaine », *La Jeune Belgique,* 1er mai 1888, p. 159-165). Verhaeren et Giraud seront toujours salués par Verlaine dans sa correspondance avec Carton de Wiart (lettres du 29 juillet 1893 et du 23 décembre 1895, dans « Paul Verlaine en Belgique, souvenirs et documents inédits », *Bulletin de l'Académie royale de langue et de littérature françaises,* février 1931, p. 7 et 13).

6. Voir Gustave Vanwelkenhuyzen, *op. cit.*, p. 135-204.

7. *Le Symbolisme tel qu'en lui-même,* Nizet, 1994, p. 130.

la revue. Parmi les aînés, Émile Verhaeren et Georges Rodenbach se tournèrent peu à peu vers une poésie plus subjective, plus autonome aussi au point de vue formel ; ils furent suivis de Georges Khnopff, Maeterlinck, Grégoire Le Roy, Charles Van Lerberghe, Max Elskamp et tant d'autres, qui formèrent ce mouvement que l'histoire littéraire a retenu sous le nom de symbolisme belge. Des revues accueillirent ces écrivains favorables au nouveau courant : *La Basoche* (1884-1886), *L'Élan littéraire* (1885-1886) et surtout *La Wallonie*, fondée en 1886 par le principal théoricien du symbolisme en Belgique, Albert Mockel : elle fut le bastion doctrinal du mouvement jusqu'à son dernier numéro en 1892. Il faut enfin souligner l'importance du courant naturaliste et l'émergence, au début des années quatre-vingt-dix, d'une conscience littéraire d'inspiration catholique, également favorables à la littérature nouvelle. *L'Art moderne* (1881-1914), dirigé par Edmond Picard et Octave Maus (lequel était précisément à l'origine de l'invitation de Verlaine en Belgique) représentait le courant de l'« art social » ; cette revue s'ouvre au symbolisme vers 1887, accueillant Verhaeren dans le comité de rédaction à partir du 1er janvier 1888. Cette connivence entre le naturalisme et le symbolisme, inconnue en France, est un des traits originaux du mouvement belge. Quant aux jeunes écrivains catholiques regroupés après le Congrès de Malines de 1891, ils se firent progressivement les défenseurs du symbolisme dans les colonnes du *Drapeau* (1892-1893), de *Durendal* (1894-1919) ou du *Spectateur catholique* (1897-1898).

C'est dans ce contexte, tout à fait particulier, qu'il faut étudier les conditions de la réception de Verlaine en Belgique. Car il y a matière à essai : il n'est pas une revue belge de l'époque, de quelque bord qu'elle soit, qui ne cite le poète : pas moins d'une centaine d'articles et comptes rendus portant sur Verlaine et son œuvre paraissent en Belgique entre 1885 et 1900. Ils mettent en évidence, à côté de l'information bibliographique, au-delà des sympathies ou des réticences, les termes d'un débat qui a partie liée avec la modernité et avec l'identité même du fait littéraire dans ce pays. Cette double dimension, critique et historique, a été idéalement illustrée par un écrivain qui, tout en élaborant une œuvre puissamment originale, ne s'est jamais départi de son intérêt pour Verlaine : Émile Verhaeren. Sa position d'« ambassadeur » de la culture belge à Paris[8], ses relations personnelles avec le poète français et son combat pour l'art moderne font de lui un témoin

8. Voir Vic Nachtergaele, « Émile Verhaeren et les milieux littéraires parisiens (1880-1914) », dans *Les Relations littéraires franco-belges de 1890 à 1914*, éd. Raymond Trousson, Éditions de l'Université de Bruxelles, 1984, p. 77-84.

privilégié de la place et du rôle occupés par Verlaine en Belgique à la fin du siècle dernier.

On ne sait pas exactement quand et à quelle occasion Verlaine et Verhaeren se sont rencontrés pour la première fois. Le poète belge fit de fréquents voyages à Paris dans les années quatre-vingt; il semble qu'il soit entré en contact avec son aîné fin octobre 1886, peut-être à l'un des mardis de Mallarmé[9]. Il n'est pas impossible non plus que cette rencontre ait eu lieu par l'intermédiaire de son ami Georges Khnopff, à qui il a relaté par le menu les épisodes de son séjour à Paris à cette époque. Rodenbach excepté, Khnopff était un des rares poètes belges en relation avec Verlaine depuis 1884; cette année-là, il avait été pris à partie par la rédaction de *Lutèce,* qui l'avait accusé d'avoir « emprunté » l'esprit et les tours des *Fêtes galantes* dans des poèmes parus dans *La Jeune Belgique* (15 août-15 octobre 1884). Khnopff avait répondu directement à Verlaine, dans une lettre que publia *Lutèce* (28 décembre-4 janvier 1885). Quelques mois plus tard, il prenait la défense du poète français dans les colonnes de *L'Art moderne* (27 septembre 1885), en réponse à une diatribe menée par Edmond Picard contre les écrivains symbolistes[10]; il devait encore correspondre avec Verlaine à la fin de cette année-là (voir *infra,* appendice n° 2). C'est en tous cas à l'automne 1886 que Verlaine apparaît dans la correspondance de Verhaeren comme quelqu'un qu'il connaît: le poète belge remet à Khnopff les « amitiés de Ghil d'abord, et nombreuses et sincères et pures de ce grand et merveilleux enfant: Paul Verlaine qu'avant hier, Ghil et moi, nous avons piloté dans Paris, à la recherche d'un photographe pour faire paraître un portrait de Verlaine dans les prochains *Écrits* », ajoutant un peu plus loin: « Huysmans, Villiers, Mallarmé et Verlaine sont décidément les plus intéressants Parisiens d'aujourd'hui[11] ». À son retour en Belgique, Verhaeren maintient le contact

9. Hypothèse de Jacques Marx, *Verhaeren: biographie d'une œuvre,* Bruxelles, Académie royale de langue et de littérature françaises, 1996, p. 269. Aucun document ne nous permet d'établir que Verlaine (revenu temporairement Cour Saint-François entre le 2 septembre et le 5 novembre de cette année-là) ait fréquenté les mardis de Mallarmé en octobre 1886. Une lettre de Verhaeren à Georges Khnopff du 24 octobre 1886 ne mentionne pas (encore) Verlaine parmi les relations du poète *(ibid.,* p. 263).

10. « Essai de pathologie littéraire », série d'articles publiés dans *L'Art moderne* entre le 19 juillet et le 27 septembre 1885.

11. Lettre non datée, publiée dans *Audace,* Vol. 16, 1970, n° 1, p. 81-82 [première publication: *Lettres à Georges Khnopff;* éd. Jean de Beucken, Bruxelles, Éditions du Balancier, 1947]. Verhaeren collabora aux *Écrits pour l'art,* la revue de René Ghil, dès le premier numéro (janvier

par écrit : on ne connaît aujourd'hui qu'une seule lettre (partiellement inédite) de Verlaine à Verhaeren, toujours datée de cette période. Le ton en est plutôt neutre, Verlaine répondant à l'envoi des *Calvaires,* un poème publié par Verhaeren dans *La Vogue* (n° 7, 29 novembre-6 décembre 1886) à la suite de deux de ses propres textes[12]. Les deux poètes restèrent en relation, comme en témoignent quelques envois de livres[13] ou même des rencontres[14], jusqu'à la visite de Verlaine à Bruxelles, en février-mars 1893. Il est probable que Verhaeren assista aux quatre conférences de Verlaine dans la capitale : celle du lundi 27 février au cercle Léon XIII, celle du jeudi 2 mars au cercle des XR, celle du 3 mars au cercle artistique et littéraire et celle du 6 mars à la Conférence du Jeune barreau ; mais il ne rendit compte que des deux premières dans la presse[15]. À la mort de Verlaine, Verhaeren publia un grand article nécrologique en première page de *L'Art moderne,* qui parut bordé de noir pour l'occasion[16]; il répondit aussi à l'enquête de *La Plume* sur « les

1887) ; une série de portraits photographiques fut publiée dans les six premières livraisons, de janvier à juin 1887 (Ghil, Stuart Merrill, Mallarmé, Vielé-Grifflη, Henri de Régnier, Villiers) mais aucune photographie de Verlaine ne figure dans cette revue, qui lui était par ailleurs peu favorable. Le seul séjour de Verhaeren à Paris qui coïncide à l'époque avec une période où Verlaine n'est pas à l'hôpital nous porte à dater la lettre du mois d'octobre 1886, contrairement à la date proposée [1887] par Béatrice Worthing dans son introduction à Émile Verhaeren, *Paul Verlaine,* Aiglemont, Mont Analogue, 1993, p. 8.

12. *À un mort et Séguidille,* publiés avec un surtitre : *Amour-Parallèlement.* Le premier sera recueilli dans *Amour* (la pièce XXII de *Lucien Létinois), le* second dans *Parallèlement* (la pièce II de *Filles).* Contrairement à ce qu'écrit Béatrice Worthing, « le reste » de cette lettre ne commente en rien « dans le plus infime détail un article que Verhaeren lui [à Verlaine] avait consacré dans *L'Art moderne* » (*op. cit.,* p. 9) ; de même, Verlaine n'y « répudie » en aucune façon « non seulement *Parallèlement,* mais même toute son œuvre, depuis les *Poèmes saturniens* jusqu'à *Jadis et naguère* » ! (Jacques Marx, *op. cit.,* p. 269). Voir cette lettre en *appendice,* n° 1.

13. « à Émile Verhaeren/bien confraternellement/Paul Verlaine » dans un exemplaire des *Chansons pour elle* (1891). Envoi reproduit par David Gullentops, *Inventaire de la bibliothèque d'Émile Verhaeren,* Les Lettres modernes, coll. Les carnets bibliographiques des Lettres modernes, 1996, p. 107.

14. Dans une lettre datée 25 octobre 1889, Verhaeren annonce à Edmond Deman qu'il rendra visite à Verlaine à Broussais le « lendemain » (dans *Le Salon Émile Verhaeren,* donation du président René Vandevoir au Musée Plantin-Moretus à Anvers, Antwerpen, Museum Plantin-Moretus, 1987, p. 530 et n° 553/13).

15. « Au cercle Léon XIII : M. Paul Verlaine », art. cité ; « Conférence de M. Paul Verlaine aux *XX* », *Le Journal de Bruxelles,* 4 mars 1893 (non recueilli en volume) et « Paul Verlaine », *La Nation belge,* 5 mars 1893 (publié en plaquette : Émile Verhaeren, *Paul Verlaine,* Liège, Dynamo, coll. Brimborions, 1950 et Mont Analogue, cit., mais incomplet de l'*incipit*).

16. « Paul Verlaine », *L'Art moderne,* 12 janvier 1896 ; recueilli dans *Pages belges,* Bruxelles, La Renaissance du livre, 1926, p. 185-189.

meilleures parties de l'œuvre de Paul Verlaine et son rôle dans l'évolution littéraire » et sur sa succession au titre de prince des poètes[17].

Début février 1896 eut lieu, à la mémoire du poète, une séance à la Maison du Peuple de Bruxelles : Edmond Picard, Émile Verhaeren et Henri Carton de Wiart prirent successivement la parole, évoquant la période parnassienne de Verlaine pour le premier, la métrique et les rapports entre poésie et musique pour le second, le poète chrétien pour le dernier[18]. À la fin de l'année, Verhaeren adhéra au Comité de patronage destiné à « représenter les admirations et l'amitié fidèles à Paul Verlaine et à son œuvre[19] ». Un comité belge pour le Monument de Paul Verlaine fut formé fin février 1897, suite à un voyage de Cazals à Bruxelles ; une soirée de soutien fut organisée à la Libre Esthétique le 25 mars 1897 par Octave Maus et Verhaeren lui-même. Verhaeren, Carton de Wiart, Charles Morice et le vicomte de Colleville (qui représentait Camille Lemonnier, indisposé ce jour-là) y prirent la parole[20]. La poétique verlainienne sera encore à l'ordre du jour pour Verhaeren en mars 1900, lorsque, invité au Taylorian Institute d'Oxford pour y parler de la poésie française contemporaine, il indiquera le rôle de précurseur joué par Verlaine, citant de nombreux passages de son œuvre[21]. Enfin, une des dernières manifestations de Verhaeren à la mémoire de Verlaine fut sa participation – poétique, cette fois – à l'*Hommage à Verlaine* publié par Messein en 1910[22].

17. [Deuxième congrès des poètes], *La Plume*, 1er-28 février 1896, p. 114, non recueilli.
18. Voir Jean Maira, « Verlaine à la Toison d'or », *La Libre Critique*, 16 février 1896 et [Fernand Clerget], *Paul Verlaine et ses contemporains par un témoin impartial*, Bibliothèque de l'Association, 1897, p. 56 (mais Clerget confond la Maison d'art et la Maison du Peuple). Le texte de la conférence de Verhaeren a été publié dans *Impressions*, Mercure de France, t. III, 1928, p. 69-75 et dans Émile Verhaeren, *Paul Verlaine*, La Centaine, 1928, p. 35-49.
19. La liste de ce comité est reproduite dans [Fernand Clerget], *op. cit.*, p. 73-74.
20. Voir, pour le compte rendu de cette journée : *La France scolaire*, février-avril 1897, p. 31-32 et Charles Morice, « Pour Paul Verlaine (à la Libre Esthétique) », *Le Spectateur catholique*, mai 1897, p. 233. D'après ces relations, il apparaît clairement que l'important article sur Verlaine publié par Verhaeren dans *La Revue blanche* du 15 avril 1897 (« Paul Verlaine », p. 409-412, recueilli dans *Impressions*, *op. cit.*, t. III, p. 59-68 et dans *Paul Verlaine*, *op. cit.*, p. 11-31) constitue le texte même de l'intervention de Verhaeren à cette manifestation. Contrairement à ce qu'affirme Béatrice Worthing (*op. cit.*, p. 10), cette conférence n'eut pas lieu aux *XX* en 1892, mais bien cinq ans plus tard. On pourra lire les interventions de Charles Morice et du vicomte de Colleville dans *La France scolaire*, cit., p. 33-38, celle de Carton de Wiart dans *Le Spectateur catholique*, cit., p. 234-246 et celle de Lemonnier dans *Le Mercure de France*, mai 1897, p. 299-302.
21. Inédit en français, le texte de cette conférence a été publié en anglais dans *The Fortnightly Review*, April 1901, p. 723-738 sous le titre « French Poetry of To Day ». Voir l'*appendice* n° 3.
22. « Au temps où le poème exaltait le regard… », p. 295.

Si l'année 1886 est le grand moment du symbolisme français, elle est aussi celle du « tournant symboliste » de Verhaeren. En juin, il se dégage de l'emprise parnassienne de *La Jeune Belgique,* publiant un compte rendu des *Cantilènes* de Moréas dans *L'Art moderne,* où il exprime déjà une part importante de son *credo* poétique, revendiquant la liberté de l'artiste et l'affranchissement des règles[23]. Verhaeren, qui ne partage pas les théories de Picard sur la décadence et le symbolisme, est en partie responsable de la critique littéraire à *L'Art moderne* et c'est lui qui se charge de prendre contact avec les éditeurs et les directeurs de revues parisiens pour assurer à la revue un service de presse régulier. Son choix est aussi, à ce moment, clairement orienté vers la nouvelle littérature :

> J'écrirai à Hubert d'inscrire et le *Scapin* et *Le Symboliste* au nombre des services de presse. J'ai également fait des démarches — et elles ont abouti — pour obtenir les livres publiés par Quantin et Giraud. J'ai veillé à ce que Lemerre, Ollendorf, Marpon et Vanier nous continuent leur service. Cela sera fait. J'irai demain chez Brunoff[24].

Il faut cependant distinguer le Verhaeren critique et journaliste du Verhaeren poète. Ainsi, en parlant de son « tournant symboliste », je me réfère plus à son attraction pour les nouvelles expériences poétiques et à sa foi dans la modernité qu'à son éventuelle adhésion aux manifestes de la nouvelle école. L'époque est aux bouleversements, Verhaeren en est enthousiaste, passionné qu'il est d'avant-garde, en littérature comme en peinture. Il a pu subir un moment l'influence du décadentisme, comme le soutient Jacques Marx[25], – encore que sa nature y soit étrangère ; il a pu flirter quelque temps avec l'Idée et la Suggestion, – quoique son art soit profondément enraciné dans le réel[26]. Mais c'est d'abord un indépendant. Si l'on veut lui

23. « Plus de liberté, que diable ! et, somme toute, plus de liberté pour aboutir parfois à plus de logique. Autant de sentiments, autant de rythmes et de tournures ; autant de sensations, autant de différentes correspondances dans les rimes et les architectures des strophes ». (« *Les Cantilènes,* par Jean Moréas », *L'Art moderne,* 27 juin 1886 ; recueilli dans *Impressions, op. cit.,* t. III, p. 117-124).
24. Lettre à Octave Maus datée Paris, 23 octobre 1886, publiée par Fabrice van de Kerckhove, « Au cœur de la correspondance », dans *Émile Verhaeren, un musée imaginaire* Paris-Bruxelles, Réunion des musées nationaux-Archives et Musée de la littérature, coll. Les Dossiers du musée d'Orsay, 1997, p. 59.
25. *Verhaeren, op. cit.,* p. 211 et sq.
26. Sur le « symbolisme » de Verhaeren, les avis sont partagés ; je suivrais la mise au point de Jean Robaey, *Verhaeren et le symbolisme,* Modena, Mucchi, coll. Percorsi, 1996, p. 7-10 et 28-41. Ce

donner une paternité, c'est du côté de Victor Hugo qu'il faut la chercher, comme il l'a déclaré lui-même à plusieurs reprises[27]. En contact avec Vanier depuis son compte rendu des *Cantilènes,* Verhaeren ne manque pas de solliciter l'éditeur des symbolistes pour qu'il lui envoie ses nouveaux titres. C'est une réponse de Vanier, datée du 28 septembre 1886, qui est à l'origine de son premier article sur Verlaine : l'éditeur lui annonce la parution prochaine de « deux nouveaux volumes de prose de Verlaine : *Louise Leclercq* et *Les Mémoires d'un veuf,* sans compter la réimpression des *Fêtes galantes* » ; et Vanier d'ajouter : « Paul Verlaine est, et restera, je le crois bien, le plus fort du groupe symbolique que les journaux s'amusent à intituler décadent[28] ». Verhaeren devait connaître l'œuvre de Verlaine avant 1886 : il avait collaboré à *L'Artiste* en 1878, la revue de Théodore Hannon qui avait (re)publié un an plus tôt *Chevaux de bois (Romances sans paroles).* En 1884, année de la redécouverte de Verlaine, il recensait *À rebours,* et l'on sait le rôle qu'a joué le roman de Huysmans dans la divulgation de l'œuvre verlainienne ; il était aussi en relation avec Barrès et se faisait envoyer *Les Taches d'encre*[29]. Plus tard, collaborateur à *L'Art moderne,* il avait pu s'intéresser à la polémique engagée par Picard à l'encontre des poètes nouveaux ; ami intime de Georges Khnopff, il avait pris connaissance de *Sagesse,* des *Poètes maudits,* de *Jadis et naguère*[30].

Il faut s'interroger sur les motivations qui l'ont poussé à se pencher sur l'œuvre et la figure de Verlaine à partir de 1886 et avec la constance qu'on verra ; d'autant que, depuis cette date et jusqu'à la mort de Lélian, leur parcours diverge à plus d'un endroit : alors que le Belge se dégage de l'emprise d'un moi envahissant pour ouvrir son œuvre à l'homme et à la vie, Verlaine se perd de plus en plus en ratiocinations, exposant au grand jour ses

livre contient aussi un chapitre sur Verlaine (p. 118-124), qui consiste moins en une lecture qu'en une paraphrase des conférences de 1896 et 1897 recueillies dans le t. III des *Impressions.*

27. Voir Jean Robaey, *op. cit.*, p. 87-89

28. Lettre publiée par Gustave Vanwvelkenhuyzen, *op. cit.*, p. 110-111. Elle est encartée dans un exemplaire des *Mémoires d'un veuf,* dédicacé par Vanier à Verhaeren (Bruxelles, Archives et Musée de la littérature [FS XVI 1019]).

29. Quelques pages sur Verlaine furent publiées dans « La folie de Charles Baudelaire », *Les Taches d'encre,* 5 décembre 1884. Sur les circonstances de la réception de Verlaine en 1884, voir *Paul Verlaine,* Presses de l'Université de Paris-Sorbonne, coll. Mémoire de la critique, 1997. Le compte rendu d'*Á rebours* a paru dans *Le National belge* du 9 juin 1884 (recueilli dans *Impressions, op. cit.*, t. III, p. 209-213). Sur les relations avec Barrès, voir David Gullentops, *op. cit.*, p. 138.

30. Verhaeren ne lut-il les *Romances sans paroles* qu'au moment de la réimpression du recueil, en 1887 ? (voir sa lettre à Vanier d'octobre 1887, dans *Le Salon ÉmileVerhaeren, op. cit.*, p. 588).

petites misères quotidiennes; tandis que celui-là revendique une totale indépendance des formes, celui-ci revient petit à petit sur ses audaces passées, affirmant bien haut son respect de la tradition au nom de la clarté française. Car Verhaeren n'est ni un disciple, ni un épigone de Verlaine. Quoiqu'on ait pu rapprocher *Les Apparus dans mes chemins* (1891) de *Sagesse* (1880), ou *Les Heures claires* (1896) de *La Bonne Chanson* (1869) [31], leur esthétique, leur perception du monde et leurs idéaux diffèrent sur plus d'un point. Il faut croire Huysmans qui, remerciant Verhaeren pour l'envoi des *Soirs*, lui assène ce « compliment »:

> Mais, si je trouve ce volumiculet – PERSONNEL – chose rare, non, unique, en Belgique où, passez-moi le mot, c'est le plagiat de Verlaine et de Leconte de Lisle, à d'INTEMPÉRANTES doses, je m'insurge, en revanche, contre les répétitions de mots genre de cette vaginite aiguë, de ce parfait con qui se dit nommé Moréas[32].

Enfin, les différences d'âge et de génération (Verlaine, né en 1844, publie son premier recueil en 1866, Verhaeren, né en 1855, fait paraître *Les Flamandes* en 1883), les diverses conditions de l'évolution littéraire en Belgique et en France et le singulier itinéraire de Verlaine sont à l'origine d'un décalage entre les deux figures et peut-être même à la base d'une légère méprise: entre 1886 et 1896, Verlaine est perçu pour ce qu'il n'est déjà plus, et l'on attend de lui des déclarations de principes qui ne correspondent plus tout à fait à son esthétique du moment.

Le compte rendu des *Mémoires d'un veuf* et de *Louise Leclercq* parut en liminaire dans *L'Art moderne* du 14 novembre 1886, sans nom d'auteur, comme il était de règle dans la revue[33]. C'est une des rares recensions de l'époque qui s'attache à dégager la nouveauté et l'originalité stylistiques de la prose de Verlaine, un des aspects toujours aujourd'hui parmi les moins étudiés de son œuvre:

31. Lettre d'Edwards Osman à Verhaeren du 18 janvier 1897 [FS XVI 111/2], lettre de Charles Guérin du 1er février 1897 [FS XVI 148/497], lettre de Jules Romain [début 1897; FS XVI 148/1054]; voir aussi Percy Mansell Jones, « Baudelaire, Verlaine et Verhaeren », *The Modern Language Review*, Vol. XXXI, No. 3, July 1936, p. 294-299.

32. Lettre du 14 janvier 1888 [FS XVI 148/548].

33. « Livres nouveaux de Paul Verlaine ». Non recueilli; des extraits en avaient été publiés par Adolphe Van Bever et Maurice Monda dans leur *Bibliographie et iconographie de Paul Verlaine*, Messein, 1926, p. 30-31.

> Le style de M. Verlaine est d'une entière simplicité. Des raccourcis? peu, mais excellents; des mots familiers? en masse, presque des mots et des locutions d'enfant, des tournures un peu peuple. [...] Style nouveau, trempé à la source de Jouvence des idiomes. [...] M. Verlaine, tant en prose qu'en vers, est un manieur de verbes, exquis.

Mais en rappelant, par le biais d'une longue citation de Banville, les libertés métriques et la musicalité des premiers recueils de Verlaine, Verhaeren saisit surtout l'occasion de fustiger les arrière-gardes parnassiennes dans des termes qui rappellent son discours sur les *Cantilènes*:

> La poésie parnassienne régulière, tirée au cordeau, toute en rimes et en angles, correcte comme un faux col neuf et bourgeoise comme un habit noir irréprochable sera définitivement, d'ici à peu de mois, le jeu de patience de collégiens que ni Lamartine ni Musset n'amusent.

Qu'on ne s'y trompe pas: en Belgique, ce débat n'est pas clos (il ne le sera qu'en 1897!) et Verhaeren poursuit une polémique qui aboutira à sa rupture, en janvier 1887, avec l'équipe de *La Jeune Belgique,* défenseur en titre de l'esthétique parnassienne. C'est que sa critique est au service d'une cause (la défense de l'art moderne et de la liberté de l'artiste) et qu'elle s'insère dans une problématique qui dépasse son objet: la controverse sur le respect des règles et sur le traditionalisme[34]. Le cas de Verlaine, dégagé très tôt des modèles parnassiens, convient à merveille à Verhaeren pour illustrer son programme de renouvellement des formes; c'est pourquoi celui-ci ne manquera jamais de souligner, aux temps forts de la polémique et tant qu'elle restera d'actualité en Belgique, la rupture significative du poète avec sa première manière. On n'explique pas autrement pourquoi Verhaeren revient encore sur la question du Parnasse en 1896, dans son article nécrologique de *L'Art moderne*: la mort de Verlaine coïncide alors avec les derniers épisodes de la bataille pour le modernisme en Belgique. *La Jeune Belgique,* dirigée cette année-là par Iwan Gilkin, n'en finit plus d'attaquer les émules de la poésie nouvelle et de dénoncer « l'invasion des Barbares dans la littérature française »; Verhaeren, à la pointe du renouveau littéraire belge[35], n'épargne pas ses adversaires:

34. Ainsi Verhaeren écrivait-il à Georges Khnopff, à propos de son propre compte rendu des *Cantilènes*: « dans mon article j'outre très fort mes idées antiparnassiennes. Peut-être qu'il te déplaira. Les dernières phrases vont même au-delà de ma pensée » (lettre sans date [1886], dans *Audace,* cit., p. 71).

35. Pour marquer l'importance de son action, un banquet sera organisé en son honneur par les jeunes revues, dont *L'Art jeune* et *Le Coq rouge,* le 20 février 1896.

> Avec Rimbaud il a été le premier à tailler dans les règles et à briser les moules de la poésie banale et quelconque des parnassiens. Il a cassé les marbres angulaires du sonnet impeccable et s'est aperçu le premier que tout le luxe des rimes et des strophes froides quoique pavoisées, n'était que toc et loques. Il a repoussé tout cela, à coups de pied. Dès *La Bonne Chanson,* rien ne reste en lui du poète uniquement formiste qu'il était aux débuts. Alors déjà Leconte de Lisle devait lui apparaître: un pasteur d'alexandrins pesants[36].

La polémique rebondit aussitôt: l'article que publie Iwan Gilkin dans *La Jeune Belgique* pour commémorer la disparition de Verlaine est une réponse directe au panégyrique de Verhaeren, mais il soulève aussi une question concernant la juste place de Verlaine dans l'évolution de la poésie française et au sein de l'école moderne. Gilkin accuse en effet ses adversaires de récupération indue: « quand les Symbolistes et les Vers-libristes commencèrent leur étourdissante campagne pour la destruction de la poésie française, ils s'emparèrent de Verlaine et le forcèrent à marcher à leur tête ». Sa démonstration, qui porte en grande partie sur la versification, est aussi partisane: « Verlaine passe pour un grand inventeur en cette matière [la versification]; mais rien n'est moins exact »; comme les recueils précédents, « *Sagesse* ne renferme guère que des vers réguliers. Rien de plus parnassien, rien de moins neuf au point de vue de la métrique[37] ». Bref, Verlaine « n'a pas rompu, si ce n'est dans ses derniers ouvrages, la versification régulière; mais il a amolli la phrase jusqu'à la dissoudre[38] ». La controverse ne s'éteint pas, qui continue à faire des affinités parnassiennes de Verlaine l'enjeu d'un débat culturel national, d'autant qu'en mai 1895, après une brève tentative de rapprochement, *La Jeune Belgique* avait redoublé ses attaques contre les modernes. Les conférences commémoratives organisées en février 1896 à la Maison du Peuple sont donc encore subordonnées à ces problèmes, tant par Picard, qui ouvre la séance en parlant du premier Verlaine, que par Verhaeren, qui se charge d'expliquer en quoi son art se différencie de ceux de Leconte de Lisle, de Gautier ou de Heredia. Les charges qu'elles contiennent à l'endroit des parnassiens n'ont pas d'autre objectif, à cette date et dans ce contexte, que de condamner les positions de *La Jeune Belgique:*

36. *Pages belges, op. cit.*, p. 186-187.

37. Verhaeren avait écrit: « Dans *Sagesse* [...] la prosodie est violemment prise à partie et bien des règles niées ».

38. Iwan Gilkin, « Paul Verlaine », *La Jeune Belgique,* 2e série, 18 janvier 1896, p. 2-5.

> L'art compassé, mesuré, régulier et presque toujours frigide des Parnassiens, leur programme de perfection extérieure, leur science, leur habileté, leur violente dextérité, devaient lui être antipathiques, ou tout au moins inutiles. Autant ils peinaient sur leurs vers, autant, lui, les faisait-il naturellement, sans presque le savoir[39].

La pensée et l'œuvre de Verlaine ont-elles réellement été détournées de leur dimension originale pour servir les intérêts des poètes symbolistes, comme le prétendait Iwan Gilkin? Il est certain que la question du Parnasse, dont les constituants ne sont pas faux, a été exploitée en dehors de ses limites. Mais on ne peut en dire autant d'un autre débat, fondamental celui-là dans l'histoire de la poésie moderne: la versification. La libération du vers, si farouchement combattue par Gilkin et ses pairs, est un des chevaux de bataille de Verhaeren, et celui de la plupart des poètes symbolistes. Le poète belge fut critiqué pour sa versification « relâchée » dès 1886[40], avant qu'il ne devienne un ardent défenseur du vers libre, vers qu'il usa avec un talent et une virtuosité remarquables à partir des *Flambeaux noirs* (1891) [41]. Or, quoi qu'en pensât Gilkin, on sait le rôle déterminant joué par Verlaine dans l'évolution du vers français, et ceci en dépit de sa méfiance à l'égard du vers libre, qu'il tolérait mais ne pratiquait pas. Ainsi Gilkin a-t-il beau jeu de renvoyer dos à dos Verlaine et les vers-libristes en reprenant à son compte les critiques du poète sur la nouvelle prosodie[42]. Car Verhaeren ne s'est pas fait faute de souligner les réticences de son aîné, regrettant qu'il n'ait pu franchir ce pas: « sans aller aussi loin dans les réformes que ceux qui sont venus après lui, il leur souriait sans cesse et toute son âme était avec eux. Le vers libre était un cheval qu'il n'osait monter, disait-il, mais dont il admirait l'allure[43] ». La question du vers libre étant d'actualité aussi bien en Belgique qu'en France, c'est précisément le sujet que Verlaine aborda lors de sa conférence aux *XX*, le 2 mars 1893. Le texte de cette causerie n'ayant pas été conservé,

39. *Impressions, op. cit.*, t. III, p. 72.

40. Albert Giraud, « *Les Moines* d'Émile Verhaeren », *La Jeune Belgique*, 5 juillet 1886, p. 303-309. Dans ce recueil, Verhaeren avait mêlé des vers de mesures différentes, entre autres paires et impaires.

41. Sur la question du vers libre chez Verhaeren, voir notamment « Confession de poète », *L'Art moderne*, 9 mars 1890, recueilli dans *Impressions*, Mercure de France, t. I, 1926, p. 9-16 et « Leconte de Lisle. Le vers prosodique et le vers libre », *L'Art moderne*, 12 août 1894, recueilli dans *Impressions, op. cit.*, t. III, p. 97-103.

42. Dans « Le vers libre », *La Jeune Belgique*, août 1895, p. 315-321.

43. *Pages belges, op. cit.*, p. 187. Voir aussi *Impressions, op. cit.*, t. III, p. 74: « Verlaine n'a point tenté le vers libre, bien qu'il ait tout fait pour le préparer et le rendre inévitable ».

voici le précieux témoignage de Verhaeren, qui reflète le contraste entre les deux poètes sur ce problème:

> [...] M. Verlaine a indiqué, avec les précautions oratoires les plus sournoisement nuancées, son opinion sur le vers libre, « qu'il ne faut pas confondre, déclare-t-il d'un air bon enfant, avec le poème en prose, je le dis sans malice ».
>
> « Se faisant l'avocat du diable », il a donné à entendre, que selon lui le vers français traditionnel « comporte toute liberté ». Il applaudit aux témérités des autres, mais personnellement il préfère se restreindre; il « espère » que les « tentatives » nouvelles aboutiront mais il a parfois des remords, se demandant s'il n'a pas contribué « à déchaîner la tempête ».
>
> Il était curieux de recueillir ses déclarations, très carrées sous leur capitonnage d'euphémismes. Sans doute la question ne peut être tranchée par un argument d'autorité; mais il faut reconnaître qu'en cette matière l'autorité de M. Verlaine est des plus considérables, car il est l'un de ceux qui se sont servis avec le plus d'art de cet instrument infiniment délicat, le vers français[44].

Le vers libre justement mis à part, l'apport de Verlaine à l'évolution du vers français est en tout point reconnu par Verhaeren, qui n'hésite pas à parler de la « révolution profonde » opérée par lui sur la prosodie de son temps. C'est que la destruction *(sic)* de la versification classique est, pour Verhaeren, un des passages obligés de la modernité poétique. Et ce sont les Rimbaud, Laforgue, Corbière et Verlaine qui l'ont préparée: « les modernes se sont attaqués aux assises mêmes [de la prosodie], à la rime et à la métrique. Cela n'a l'air de rien: c'est énorme[45] ». Verhaeren attribue à Verlaine trois innovations essentielles: « il a détruit le prestige de la rime et lui a enlevé son rôle de reine du vers, ce qui est capital; il a eu le pressentiment de l'évolution actuelle par l'introduction, dans l'art, de la musique verbale et surtout par l'essai du rythme qui constitue pour les nouveaux venus l'essence même de leur poétique[46] ». On aura reconnu là deux des préceptes d'*Art poétique,* publié une première fois en 1882 mais composé en 1874 et destiné à *Cellulairement*; Verlaine devait par la suite tempérer ce programme de jeunesse, tout en ne manquant pas pour autant de rappeler sa contribution à l'« élargissement de la

44. « Conférence de M. Paul Verlaine aux *XX* », art. cité.
45. « Jules Laforgue: *Les Derniers Vers* », *L'Art moderne,* 30 novembre 1890; recueilli dans *Impressions, op. cit.,* t. III, p. 154-155.
46. *Impressions, op. cit.,* t. III, p. 75.

discipline du vers[47] ». Il ne fait pas de doute qu'*Art poétique* a joué un rôle de manifeste pour la jeune génération littéraire des années quatre-vingt ; c'est en ce sens que le poème est encore perçu par Verhaeren au début du XXe siècle, lui qui, au moment de le citer dans une conférence, en parle comme d'une « nouvelle réforme prosodique » et d'une « théorie de la forme » qui permit aux écoles modernes de s'affirmer[48]. Le savoir faire de Verlaine, « un des plus parfaits artistes du vers français[49] », réside enfin pour Verhaeren dans sa capacité à adapter, dans des contextes différents, le vers à l'idée : dans *Colombine (Fêtes galantes),* « la mesure de chaque strophe est adaptée à sa signification légère, rapide et pirouettante[50] » ; dans *Langueur (Jadis et naguère),* « nul n'a mieux compris le vers traînant, lassé, fatigué, bâillant, qui peint l'ennui de nos cerveaux et de nos cœurs[51] ». On voit ce qui retient Verhaeren : une prosodie qui soit moins tributaire des modèles et des formes fixes, mais qui reflète d'abord un état d'âme, une situation, une idée. En bref, une subjectivité, et partant, une liberté métrique.

Ainsi, si les réflexions nombreuses de Verhaeren sur la versification de Verlaine rencontrent ses propres préoccupations, elles sont aussi l'expression d'un juste tribut rendu à l'art du poète français : l'abandon de la rime riche et de l'alternance obligatoire des finales, le déplacement ou l'élimination pure et simple de la césure et la mobilité des coupes, la redécouverte et l'utilisation des vers de mesure et de nature différentes, tous principes reçus et exploités par Verhaeren, sont à mettre au crédit de Verlaine depuis les années soixante-dix. Quant à la recherche rythmique, à la base de la prosodie de Verhaeren pour qui le rythme est l'expression même de l'idée et de la pensée[52], elle aussi une des conquêtes de Verlaine. Ainsi Robert de Souza, dans son grand ouvrage sur *Le Rythme poétique,* lui a-t-il reconnu ce pas en avant : « rythmiquement, *Sagesse* est une œuvre capitale. [...] C'est la première œuvre qui témoigne d'une certaine conscience de la sourde évolution dont la progressivité sapait d'âge en âge la base trop massive et primitive du vieil alexandrin[53] ».

47. Réponse à l'enquête de Jules Huret *(L'Écho de Paris,* 19 mars 1891) dans *Œuvres en prose complètes,* éd. cit., p. 1135. Voir aussi « Un mot sur la rime » (*Le Décadent,* 1er-15 mars 1888, *ibid.*, p. 696-701) et « Critique des *Poèmes saturniens* » (*La Revue d'aujourd'hui,* 15 mars 1890, *ibid.*, p. 719-723).

48. « La poésie française d'aujourd'hui », cit., voir *appendice* n° 3.

49. « Au cercle Léon XIII : M. Paul Verlaine », art. cité.

50. « La poésie française d'aujourd'hui », cit., voir *appendice* n° 3.

51. « Livres nouveaux de Paul Verlaine », art. cité et *Impressions, op. cit.*, t. III, p. 66-67.

52. Voir par exemple la réponse de Verhaeren à l'*Enquête internationale sur le vers libre* de Marinetti, (*Poesia,* gennaio 1906).

53. *Le Rythme poétique,* Perrin, 1892, p. 155.

Être soi-même, telle est la condition première du poète, et pour Verlaine, depuis *Sagesse,* et pour Verhaeren, après *Les Moines*: pour ces deux romantiques tardifs, lyriques avant tout, le moi et l'expérience individuelle sont les principes fondamentaux de leur art. Avant que sa poésie ne se fonde sur un savoir collectif ou qu'elle n'acquière une dimension sociale, le poète des *Flambeaux noirs* manifestait d'ailleurs des aspirations très proches de celles de Verlaine à la même époque[54]. Lorsque Verhaeren reconnaît en Verlaine « le poète le plus subjectif qu'il y ait[55] », il entend montrer que celui-ci cherche en lui son inspiration mais aussi sa technique : « le poète a besoin, et par conséquent il a le droit, de se dire et de se traduire entièrement, et c'est le fond même de sa nature qu'il consulte pour créer son mode d'expression[56] ». La nature et le tempérament de Verlaine l'ont porté à élaborer une poétique personnelle, en dehors des écoles, libérée des canons esthétiques, où la forme est « nécessairement souple, aisée, ductile, émue[57] » : « étant lui-même un instinctif, un simple et naïf audacieux, [il a] pench[é] naturellement vers toutes les manifestations, même extrêmes, de l'individualisme[58] » ; étant un « musicien et un émotionnel », il [a] « spiritualis[é] la langue ; les nuances, les flexions, les fragilités des phrases le tentèrent[59] ». Bref, Verlaine aurait exprimé ses sensations sans trop se soucier du poids de la norme, sa sensibilité et son génie étant les premiers garants de son travail poétique. À la différence d'un Jules Lemaitre qui voyait en lui un poète inconscient de son art et ignorant les règles, Verhaeren lui reconnaît une volonté déterminée de donner forme à ses intuitions, – je dirais *en dépit* des contraintes. À une époque où le scandale formel existe et pèse de tout son poids sur la réception des œuvres, une telle démarche, dont les deux hommes firent d'ailleurs plus d'une fois les frais, relève d'une conscience particulièrement aiguë de la modernité :

> [...] C'était un révolté actif contre le *déjà su*, le *déjà vu*, le *déjà lu*. [...] Maintenant que le voilà mort et qu'on tâche de le définir au mieux, il apparaît comme un exemplaire unique de la sensibilité merveilleuse de l'instinct, qui, elle, vaut mieux que tous les calculs et que toutes les raisons du monde, puisqu'elle importe seule, dès qu'on innove en art et qu'on se veut libre pour créer[60].

54. Voir entre autres la pièce XVIII de *Bonheur* (datée juillet 1890) et, pour Verhaeren, sa « Confession de poète » (1890) dans *Impressions, op. cit.*, t. I, p. 13.
55. « Au cercle Léon XIII : M. Paul Verlaine », art. cité. Voir aussi *Impressions, op. cit.*, t. I, p. 13.
56. *Impressions, op. cit.*, t. III, p. 70.
57. *Ibid.*, p. 72.
58. « Conférence de M. Paul Verlaine aux *XX* », art. cité.
59. *Impressions, op. cit.*, t. III, p. 63-64.
60. « Paul Verlaine », *L'Art moderne,* art. cité.

Cette image d'un Verlaine « affranchi » de toute règle, volontairement en dehors des écoles, en révolte permanente contre la tradition, correspond-elle à la réalité? Oui et non. L'insistance de Verhaeren peut sembler, en 1896, quelque peu forcée. Elle l'est sans doute à nos yeux, nous qui considérons aujourd'hui la production du dernier Verlaine comme inférieure à celle de ses premières années. Or, Verhaeren ne se fait pas faute de critiquer les défaillances de la récente poésie verlainienne. Recensant *Amour*, par exemple, il note que « si l'on réfléchit à ce que doit être un livre, on ne se peut défendre d'un jugement total défavorable » et que « ce défaut résulte du talent même de l'auteur, talent de prime-saut, de vagabonde inspiration et de bonne aventure, quelquefois de mauvaise [61] ». Verhaeren n'aurait-il retenu que la leçon du premier Verlaine, qu'un critique définissait encore comme un « novateur à outrance » en 1882[62]? Verlaine lui-même semblait, quelques années plus tard, considérer sa part de révolte comme de l'histoire ancienne. C'est un des paradoxes de sa carrière: il est reconnu comme chef de file alors qu'il n'innove pratiquement plus et après qu'il a abandonné une manière qui le rendait unique aux yeux de ses cadets. Pourtant, ce sont eux qui l'élisent Prince des Poètes, en 1894. On aurait d'ailleurs quelque difficulté à saisir les raisons de l'engouement pour Verlaine dans les années quatre-vingt-dix si on ne s'en tenait qu'à son œuvre publiée à ce moment-là: c'est *Sagesse*, composé en grande partie vingt ans plus tôt, qui est, de loin, le recueil préféré de cette génération[63]. Bien sûr, la résurrection de l'idéalisme et de la foi n'est pas étrangère à ce choix, mais le recueil est aussi le premier témoignage poétique spirituel du XIXe siècle qui se distingue des clichés et des formes de la littérature religieuse traditionnelle; la nouveauté et l'originalité sont d'ailleurs les aspects de l'œuvre qui retiennent particulièrement l'attention de Verhaeren:

> [...] Les *Romances sans paroles* et surtout *Sagesse* s'affirment indépendantes dans la littérature française. Ces œuvres ne sont plus sujettes; elles sont reines. Elles vivent d'un art inédit et spécial [...] [64].

61. « Deux volumes de vers », art. cité.
62. Charles Morice, « Boileau Verlaine », *La Nouvelle Rive gauche*, 1er-8 décembre 1882.
63. Voir « Résultats du congrès des poètes », *La Plume*, 1er-28 février 1896, p. 67, et *passim*. Verhaeren répondit aussi à l'enquête lancée par la revue (p. 114, non recueilli): « *Sagesse* domine, à mes yeux, toute l'œuvre de Verlaine. C'est la couronne blanche. Pour d'autres livres, *Romances sans paroles* et *Jadis et naguère* me sollicitent. Je suis requis par leur forme nouvelle et révolutionnaire. Toutefois, c'est bien plus qu'une forme, c'est toute l'âme sanctifiée d'un héros que je trouve dans *Sagesse* ». Toujours sur *Sagesse*, voir aussi *Impressions*, *op. cit.*, t. III, p. 64-67.
64. *Impressions*, *op. cit.*, t. III, p. 61.

Si l'œuvre marquante de Verlaine appartient déjà au passé, sa *leçon* reste par contre bien vivante : je veux parler de cette liberté de la création qu'il n'a cessé de revendiquer. Verhaeren insiste à bon droit depuis 1886 sur l'indifférence de Verlaine à l'égard des chapelles et des théories littéraires. Il est un fait que si Verlaine a pu se laisser embrigader, le plus souvent par opportunisme, par tel ou tel chef de file et dans tel ou tel mouvement (Baju et le décadentisme, Morice et le symbolisme, Moréas et l'école romane, Bouhélier et le naturisme...), il s'en est toujours dégagé au moment où on lui forçait la main, lorsqu'on l'obligeait à suivre ou à cautionner des principes dont il n'avait cure[65]. Son extrême bienveillance à l'égard des jeunes écrivains et son sens de la dérision ne pouvaient que lui attirer les sympathies des nouveaux venus sur la scène littéraire ; sa méfiance à l'égard des théories et des formules et son ouverture d'esprit ont dû lui assurer leur attachement[66]. Lorsque l'on sait, en sus, que Verhaeren lui-même n'a cessé de revendiquer une poésie libérée des théories et dégagée des cénacles[67], on mesure à quel point les déclarations et les attitudes de Verlaine ont pu le toucher ; c'est donc en ce sens que l'on peut comprendre, avec lui, le côté « révolutionnaire » de Verlaine en 1894.

On touche ici à la partie la plus originale et la plus objective du jugement critique de Verhaeren : au-delà du militantisme, au-delà des intérêts personnels, celui-ci reconnaît en Verlaine une qualité historique que la distance ne nous permet que difficilement d'apprécier aujourd'hui : sa modernité. Car si Verhaeren fut le poète du modernisme, il fut aussi le champion de la modernité. Une modernité qui ne se confond pour lui ni avec l'actualité, ni avec l'innovation *stricto sensu* : elle réside d'une part dans l'affranchissement des règles et dans la capacité de l'artiste à imposer son génie aux formes, elle dépend d'autre part du lien établi entre sa conscience et les aspirations de son

65. « Il sait bien qu'on lui attribue une *école*. Une école, à lui Verlaine ! » (*Les Hommes d'aujourd'hui*, [1885]) ; « le mot école m'a toujours fait rire » (Conférence de La Haye, 1892) ; *Œuvres en prose complètes*, éd. citée, p. 769 et 883.

66. « Ce qui est beau et bon est beau et bon parce que et quoique. Voilà je pense une formule à n'embêter personne et ce serait la mienne si j'en avais » (lettre à Gustave Kahn d'août 1887 ; *Correspondances*, éd. Ad. Van Bever, 1929, t. III, p. 188) et : « Je n'aurai pas fait de théorie. C'est peut-être naïf, ce que je dis là, mais la naïveté me paraît être un des plus chers attributs du poète, dont il doit se prévaloir à défaut d'autres. Et jusqu'à nouvel ordre je m'en tiendrai là. Libre à d'autres d'essayer plus. Je les vois faire et, s'il faut, j'applaudirai » (« Critique des *Poèmes saturniens* » (1890) ; *Œuvres en prose complètes*, éd. citée, p. 720-721).

67. Voir Jean Robaey, *op. cit.*, p. 15, 21, 71, 81.

temps[68]. Or, ces deux conditions, qui sont effectivement les clés du renouvellement poétique de la fin du dix-neuvième siècle, Verhaeren les a reconnues en Verlaine : il a circonscrit son rôle dans l'évolution des formes, il a perçu l'accord intime qui existait entre son œuvre et les préoccupations de son époque :

> Un grand poète est celui qui mêle sa personnalité si profondément à la beauté qu'il imprime à celle-ci une attitude nouvelle et désormais éternelle. D'abord il semble ne confesser, n'extérioriser, n'exalter que lui-même ; mais il se trouve que cet être choisi est tellement d'accord avec les idées de son siècle, avec l'incessante évolution de l'humanité qu'il s'affirme : la conscience de tous. Il y a communion, échange, harmonie. Il y a individualité et universalité confondues[69].

On ne peut certes estimer l'importance de Verlaine en Belgique à travers une seule figure, fût-ce-t-elle celle d'Émile Verhaeren. Verlaine a joué malgré lui un rôle de catalyseur dans l'histoire littéraire de la Belgique, longtemps après que Verhaeren et les premiers poètes symbolistes eurent saisi son importance et revendiqué leur dette à son égard. Il est encore, au début du XXe siècle, à la source de deux des motifs principaux du post-symbolisme belge : la chanson populaire et le catholicisme naïf. Des poètes comme Max Elskamp, Grégoire Le Roy, Victor Kinon ou Thomas Braun lui sont certainement redevables d'une partie de leurs thèmes et de leurs formes. Il faut donner acte à Verhaeren d'avoir largement contribué à promouvoir et à assurer cette présence de Verlaine en Belgique ; la sensibilité des poètes a fait le reste. Car Verhaeren s'est bien gardé de surfaire le rôle de Verlaine : Laforgue, Corbière et Rimbaud ont pour lui autant contribué, sinon plus, à révolutionner le langage poétique de leur temps. Il a donné à Verlaine, ainsi qu'à Mallarmé, une place charnière dans l'histoire littéraire, « pont à double rampe qui conduit de la poésie parnassienne à celle d'aujourd'hui[70] ». Il lui a adressé enfin cet éloge qui sonne aujourd'hui comme le témoignage d'une reconnaissance historique définitive :

68. Voir le projet de réponse de Verhaeren à une enquête du *Figaro* sur *Les Conquêtes du XIXe siècle* (1900), dans *Le Salon Émile Verhaeren, op. cit.*, p. 248. Je remercie Fabrice van de Kerckhove d'avoir attiré mon attention sur ce texte et de m'avoir fait part de ses réflexions sur ce travail.

69. *Impressions, op. cit.*, t. III, p. 62.

70. « La poésie », *L'Art moderne*, 4 janvier 1891 ; recueilli dans *Impressions, op. cit.*, t. III, p. 180.

Il a été celui qui a rendu l'école moderne possible. Aujourd'hui, on va bien au-delà de la limite où il s'est arrêté, car le chemin est long, on pourrait même dire qu'il est infini. Mais c'est Paul Verlaine qui nous l'a indiqué, et qui, de ses propres mains, a soulevé la barrière qui en barrait l'entrée[71].

71. *Ibid.*, p. 75.

Appendices

I. Lettre de Verlaine à Émile Verhaeren, 31 décembre 1886[72].

Paris le 31 Xbre 1886

Cher Monsieur,

Je suis bien sensible à vos excellents souhaits. Oui, que « Jésus me soit Jésus ». C'est de résignation et d'esprit chrétiens que j'ai besoin, sérieusement, dans les crises de toutes sortes dont je ne sors plus depuis des années. Et ce sera d'esprit chrétien que mon prochain livre de vers, *Amour,* sera, comme *Sagesse* et plus tard *Bonheur,* pénétré. Quant à *Parallèlement,* en dépit des quelques exemples que vous en connaissez, *la ballade Sappho,* les pièces de *la Vogue,* etc. ça sera en quelque sorte, de concert avec mes premières poésies, depuis les *Poèmes saturniens* jusqu'à *Jadis et naguère* le soubassement, les pieds d'argile de mon tout petit colosse[a] d'œuvre. (Je m'en suis d'ailleurs expliqué assez en long dans *Pauvre Lelian* (*Vogues* du commencement.)

[f° 1 v°] Parlant de çà, — il y a dans mes derniers vers de la *Vogue* beaucoup d'erreurs qu'il faut corriger comme suit :

- *Car mon fils béni...* .... *à l'abri*	} une strophe

et un tiret entre *Ivry* et *commune*:
Sur le territoire d'Ivry -
- Commune.........
et *abri* sans virgule
.... *à l'abri*

2 *Du flot* etc.

Du flot des multitudes bêtes, les Dimanches[b], etc en distiques, comme, *Je laisse les charniers etc*

72. En partie inédite. Deux feuillets écrits *recto-verso,* papier d'écolier quadrillé, 13,5 x 21, datée Paris, 31 Xbre 1886, sans nom de destinataire [Émile Verhaeren]. Elle est encartée dans un exemplaire de *Sagesse* lui ayant appartenu. Bruxelles, Bibliothèque royale Albert Ier, Archives et musée de la littérature [FS XVI 362/2]. Mention dans Stéphane Zweig, *Journaux 1912-1940,* éd. Knut Beck, trad. Jacques Legrand, Belfond, 1986, p. 42. Publication partielle et fautive dans David Gullentops, *Inventaire de la bibliothèque d'Émile Verhaeren, op. cit.*, p. 106. Voir le facsimilé, p. 62-64.

- Ami............
- Alors..........
- Le désir.......
- Comme.........
- Ame..........

3 Où *ton corps a planté sa tente*, et non *son*

4 *Les fleurettes du jardinet* (sans virgule)

5 *Les couronnes....*
.... *brutal.* } une strophe

6 *Ame vers Dieu, pensez à moi* et non *penses*

—

....

1 *Ah, ton corps noir et rose*
Et clair de lune...........
2 ... *tout ton corps que j'adore*! et non?

3 *Dans leurs jeunes ébats*, virgule

[f° 2 r°] Et mes meilleurs bravos pour vos beaux *Calvaires.* J'ai aussi un Calvaire dans *Amour*[73]. Çà a paru autrefois dans *Lutèce.* « *It is referring to a* » « calvaire » sis dans une église à Arras, (St Géry) qu'il faut absolument voir si jamais vous passez par là. Il n'est peut-être que temps, peut-être aussi trop tard, le curé semblant disposé il y a pas mal d'années déjà à remplacer par un calvaire en pierre, *chic,* cet admirable chef d'œuvre de quand ?, en bois peint mais luxueux jadis, d'ailleurs[d] passé par de nombreuses cachettes sous la Révolution[e]...

Je vais mieux. On me promet une guérison, la marche! pour dans à peu près 3 mois. Ce n'est pas court!!

Mille remerciements à M. Khnopf pour son mot affectueux. Je lui écrirai quelque jour. Quels espèces de renseignements désire-t-il sur moi? Je suis à sa disposition entière selon l'usage qu'il désire en faire. Qu'il me renseigne d'une ligne[74].

73. *Un crucifix,* publié d'abord dans *Lutèce,* 22-29 juin 1883 et recueilli dans *Amour* (1888).
74. Verlaine et Khnopff ne se souvenaient-ils pas d'une semblable requête faite un an plus tôt par le poète belge, et à laquelle le Français avait répondu? Voir ci-dessous (n° 2) la lettre en question.

[f° 2 v°] Et je vous envoie mon meilleur « bon an »!
A vous de cœur
P. Verlaine

Hôpital Broussais
Salle Follin, lit 6.
96 rue Didot.
14e arrt
Paris.

a. Colosse *surcharge un autre mot* b. Dimanches *surcharge* jeudi c. corps *surcharge peut-être* cœur d. ~~ayant~~ d'ailleurs e. *La majuscule surcharge une minuscule.*

II. Lettre de Verlaine à Georges Khnopff, 29 décembre 1885[75]

Paris le 29 Xbre 1885.

Monsieur,

Je me mettais en devoir de répondre à votre lettre du 27 8bre (excusez le long retard: toujours souffrant, quoiqu'en voie de guérison) quand j'ai reçu votre carte et les bons vœux dont je vous remercie cordialement.

Pour les particularités miennes que vous me demandez, je ne puis mieux vous adresser qu'à Vanier, éditeur, 19 quai St Michel, qui vous enverra, contre 10c et le port, le n° des *Hommes d'aujourd'hui* qui contient mon portrait charge et une notice très complète. Il paraîtra bientôt dans la même collection un Mallarmé avec également tous détails désirables. Je n'ai pas là d'*Hommes d'aujourd'hui,* alité forcément que je suis, sans quoi je vous eusse envoyé le n° me concernant, bien entendu.

Ne se publie-t-il pas, périodiquement à Bruxelles une espèce de recueil collectif de vers spéciaux, de *Parnasse satyrique*?

Veuillez m'édifier sur ce point avec adresse, prix, etc., et agréer mes bien sympathiques civilités

P. Verlaine
6, cour St François, rue Moreau, Paris.

75. Inédite. Bruxelles, Bibliothèque royale Albert Ier, Archives et musée de la littérature, 1 feuillet *recto-verso,* enveloppe conservée [ML 2205/2]).

III « La poésie française d'aujourd'hui »
Conférence au Taylorion Institute, Oxford, mars 1907 (Extraits) [76]

[f 8] Autant vous saisissez en cette lente et apaisante lamentation le deuil longitudal des vocables [Verhaeren avait cité Hugo], autant vous surprendrez en cette fête galante de Verlaine, la prestesse, et, pour ainsi parler, la gaminerie de la phrase. Les mots y sont falots, dansants. La mesure de chaque strophe est adaptée à sa signification légère, rapide, et pirouettante. Vous voyez et entendez la scène, avant de la comprendre. On dirait d'une ombre chinoise vite apparue, vite disparue. Voici :

[f 9] [V. cite les quatre premières strophes de *Colombine*] [77]

Oui, en de tels poèmes, les mots vivent comme le prétend Hugo. Ils opéreraient leur magnétique influence même sur des esprits qui n'entendraient point le français ; ils seraient compris [...] comme un grattage de guitare ou un entrechoquement de castagnettes [...].

[f 14] [...] Les *Correspondances* de Baudelaire renferment une théorie des idées, l'*Art poétique* de Verlaine, une théorie de la forme. Hugo avait décortiqué l'alexandrin, il y avait circonscrit son effort, Verlaine s'en prend à toutes les gammes du vers, surtout aux vers impairs de sept ou neuf syllabes. Il leur infuse une grâce inédite, une fluidité insoupçonnée. Leur asymétrie lui plaît, leur déséquilibre leur ôte de leur pesanteur. Une simplicité inconnue pénètre les poèmes, une enfance nouvelle rayonne. Les strophes s'allègent, se volatilisent. [f 15] Les romantiques étaient coloristes, les parnassiens sculpteurs, Verlaine se dit musicien. Il veut la compénétration des arts, comme Baudelaire voulait la compénétration des sens, L'une théorie amène l'autre.

Voici, condensée en quatrains[a] la nouvelle réforme prosodique :

[f 15-16 : Verhaeren cite les premier, sixième, septième, huitième et neuvième quatrains *d'Art poétique*[78]] [b]

La rime, comme vous le voyez, est prise à partie. Sainte Beuve et Banville la considéraient comme la seule harmonie du vers français.

76. Inédit en français le texte de cette conférence a été publié en anglais dans *The Fortnightly Review*, April 1901, p. 723-738 sous le titre « French Poetry of To Day ». Je reproduis ici des extraits du ms. (Bruxelles, Bibliothèque royale Albert Ier, Archives et Musée de la littérature [FS XVI 1198-199]), en particulier les ff 8, 9, 14-18.

77. Avec quelques « licences » (en dehors de la ponctuation) : v. 13 : « – Do, mi, sol, mi, la ! – » ; v. 15 : « Rit et chante ».

78. Avec quelques variantes de ponctuation.

[f 17] Sainte Beuve écrit :

Rime, qui donnes leurs sons
Aux chansons,
Rime, l'unique harmonie
Du vers, qui sans tes accents
Frémissants
Serait muet au génie

(Joseph Delorme) [79]

Verlaine, tout au contraire, instaure l'harmonie dans le vers tout entier, dans la douce succession de ses syllabes, dans la variété des mesures, dans la souplesse de toute la chanson[c].

Il admet des poèmes sans rime, il se contente de l'assonance. Hugo, sans en être l'esclave, était encore le serviteur de la rime dite riche, de la rime s'appuyant sur les consonnes[d] autant que sur la voyelle finale. Le merveilleux, subtil et naïf chanteur des *Romances sans paroles* et des *Fêtes galantes,* tourne le dos, à un tel luxe faux et baroque. Il va, insouciant de l'or des rimes ; léger d'artifice et de complexité. Il est le simple berger qui regarde l'étoile[e] et non pas le solennel roi mage dont les strophes métalliques et lourdes s'enferment dans de lourds et métalliques coffrets. Et son voyage vers l'astre s'il n'éblouit point, finit du moins par un agenouillement plus sincère et plus profond que tout autre.

Toutes ces réformes, depuis Hugo jusque Verlaine n'étaient somme toute, que latérales. Elles modifiaient plus qu'elles ne transformaient, mais elles rendirent possible [f 18] grâce à leur lente continuité, une réforme plus profonde[f]. Ce furent comme je vous le disais[g] les récentes écoles modernes, celle du vers libre pour les uns, celle du symbolisme pour les autres, celle de la décadence pour certains, qui la réalisèrent. Jamais autant de noms divers ne furent donnés à des groupements d'art. Mais qu'importe : ces étiquettes tomberont toutes, le jour où l'œuvre des poëtes novateurs se fondra dans le mouvement total de la littérature. [...]

a. condensée en ~~neufs~~ quatrains – b. *Les deuxième, troisième, quatrième et cinquième sont barrés sur le ms.* – c. de toute la ~~forme~~ – d. *Verhaeren avait d'abord écrit* consonances – e. l'étoile ~~de l'art~~ – f. *Au lieu de* mais elles rendirent..., *Verhaeren avait d'abord écrit*/elles présageaient une réforme plus profonde, une réforme de principes. – g. Comme je vous le disais *ajoute dans l'interligne.*

79. C'est la première strophe de *À la rime.*

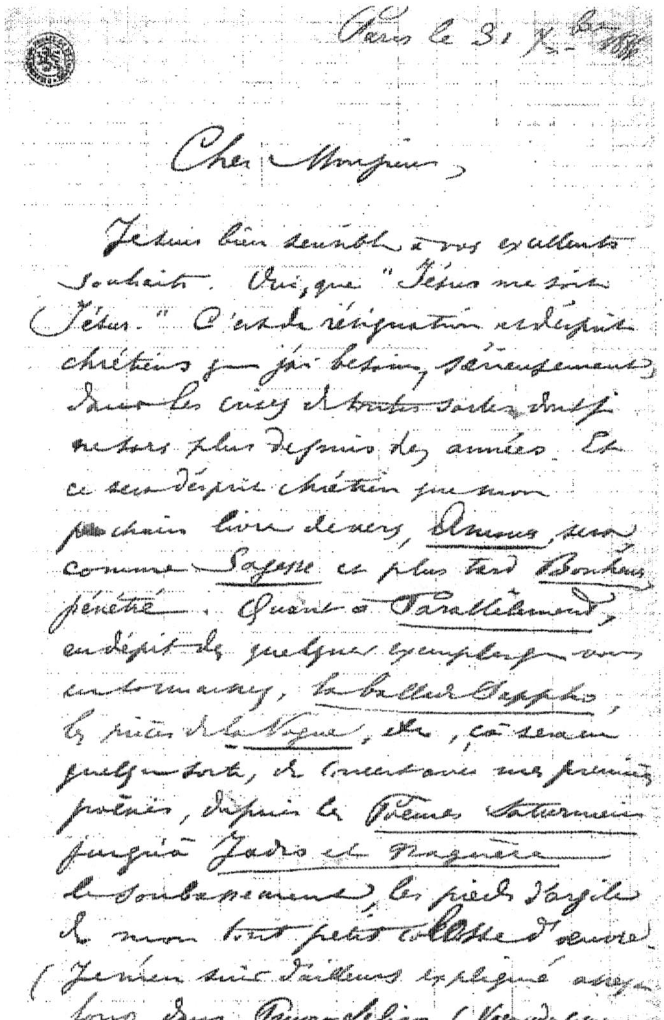

Paris le 31 X-bre 1886

Cher Monsieur,

Je suis bien sensible à vos excellents souhaits. Oui, que "Jésus me soit Jésus." C'est de résignation et d'esprit chrétiens que j'ai besoin, sérieusement, dans les crises et toutes sortes dont je ne sors plus depuis des années. Et ce sera d'esprit chrétien que mon prochain livre de vers, Amour, sera comme Sagesse et plus tard Bonheur pénétré. Quant à Parallèlement, en dépit de quelques exemples vous en donnant, la belle Sappho, les pièces de la Vogue, etc., ce sera en quelque sorte, et continuant mes premiers poèmes, depuis les Poèmes saturniens jusqu'à Jadis et naguère le soubassement, les pieds d'argile de mon tout petit colosse d'œuvre. (Je m'en suis d'ailleurs expliqué assez long dans Pauvre Lelian (Vogue du commencement)

Lettre de Verlaine à Verhaeren, 31 décembre 1886
(Bruxelles, Bibliothèque royale, Archives et musée de la Littérature).

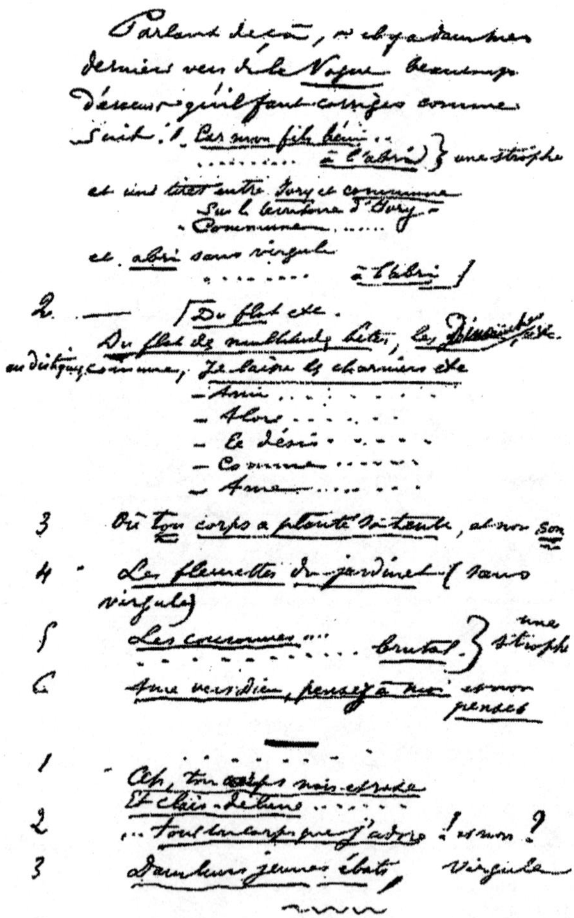

Parlant de ça, il y a dans mes
derniers vers de la Vogue beaucoup
d'erreurs qu'il faut corriger comme
suit : 1. Car mon fils bien..
.... à l'abri } une strophe
et une tiret entre Ivry et commune
Sur le territoire d'Ivry —
— Commune ......
et abri sans virgule
.... à l'abri /
2. —— [Du flot etc.
Du flot des nubilités bêtes, les Dimanches, etc.
ou distique comme, Je laisse les charniers etc
— Ami ....
— Alors ....
— Et désir ....
— Comme ....
— Ame ....
3 Où ton corps a planté sa tente, et non son
4 · Les fleurettes du jardinet (sans virgule)
5 Les couronnes .... brutal. } une strophe
6 Ame vers Dieu, pensez à moi et non pensés

——

1 · ....
Ah, ton corps noir et nuls...
Et clair de lune ....
2 ... Tout ton corps que j'adore ! et non ?
3 Dans leurs jeunes ébats, virgule

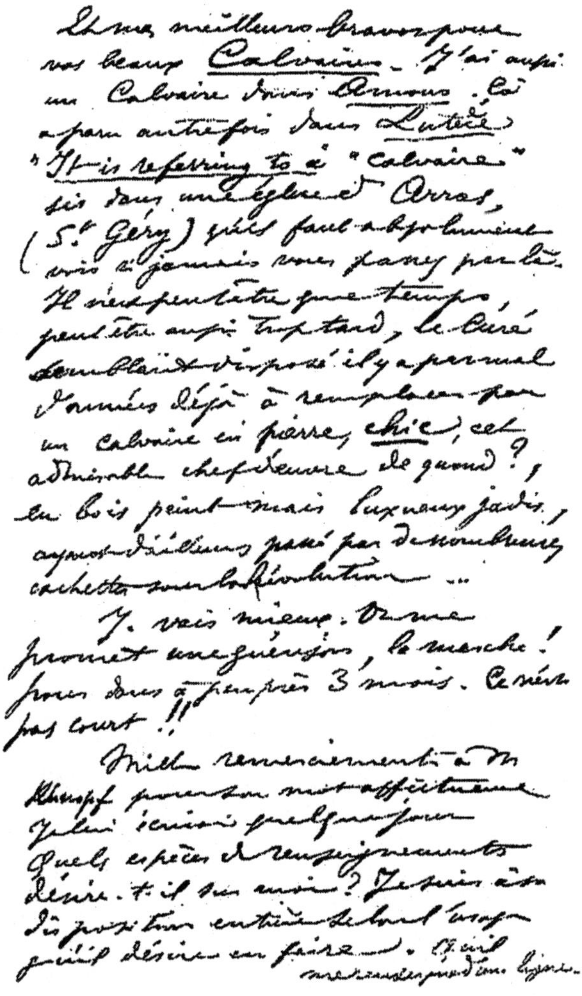
Et mes meilleurs bravos pour
vos beaux Calvaires. J'ai aussi
un Calvaire dans Amour. Cà
a paru autrefois dans Lutèce
"It is referring to a "Calvaire"
sis dans une église d'Arras,
(St Géry) qu'il faut absolument
voir si jamais vous passez par là.
Il n'est peut-être que temps,
peut-être aussi trop tard, le Curé
semblait disposé il y a pas mal
d'années déjà à remplacer par
un Calvaire en pierre, chic, cet
admirable chef-d'œuvre de quand?,
en bois peint mais luxueux jadis,
ayant d'ailleurs passé par de nombreuses
cachettes sous la Révolution ...
J. vais mieux. On me
promet une guérison, la marche!
pour dans à peu près 3 mois. Ce n'est
pas court !!
Mille remerciements à M
Khnopff pour son mot affectueux
Je lui écrirai quelque jour
Quels espèces de renseignements
désire-t-il de moi? Je suis à sa
disposition entière de tout usage
qu'il désire en faire. Et qu'il
me les envoie par deux lignes.

Marie-Claire Bancquart

Anatole France et « le meilleur poète de son temps »

En janvier 1896, après avoir assisté à l'enterrement de Verlaine en compagnie de l'écrivain Maurice Beaubourg, Jules Renard confie à son journal ses impressions sur le discours prononcé par Maurice Barrès. Il a, écrit-il, « admirablement parlé des jeunes, bien que Beaubourg prétende qu'il ait un peu tiré à lui la couverture, car c'est plutôt Anatole France qui a fait Verlaine[1] ». Cette opinion est tellement imprévue pour ceux qui, après un siècle, se contentent de connaître l'épisode appelé « affaire du Parnasse » et les indignations qu'il a soulevées chez des commentateurs comme Henri Mondor, qu'ils pourraient se demander s'il s'agit d'une boutade. Lisons donc dans la *Revue bleue* du 1er mars 1890 l'article du jeune critique André Maurel intitulé « Une souscription » : il y déplore que si peu d'écrivains installés soient des admirateurs de Verlaine, même parmi ses anciens compagnons du Parnasse :

> Seul parmi ceux-ci, M. Anatole France proclame aujourd'hui la grandeur de Paul Verlaine, qui, l'autre jour encore, lançait un si beau cri d'amour, si tendre et si touchant, vers son ami, parce que lui aussi est de ceux qui s'attendrissent aux émotions et aux idées des hommes. Les autres suivirent la fortune de MM. Coppée et Mendès et, à la faveur des quinze années d'absence de leur frère, l'oublièrent.

Décidément, il y a lieu de revoir et de nuancer certains jugements sur les relations entre Verlaine et France. Tentons de décrire au juste celles-ci, puis assistons à l'entrée de Verlaine dans l'œuvre, non plus critique, mais littéraire, d'Anatole France.

Les écrivains, tous deux nés en 1844, se sont connus, à ce que dit Verlaine[2], en 1865 environ, « chez un ami commun, Destailleurs, notre ancien camarade

1. Jules Renard, *Journal*, janvier 1896.
2. Verlaine, « Anatole France », *Les Hommes d'aujourd'hui*, n° 346.

de classe à Edmond Lepelletier, qui se trouvait également là, et à moi. » Verlaine est attiré au cours de cette première entrevue par l'indépendance d'esprit de France, qui, alors que bat son plein la mode de l'érudition et de la subtilité, déclare son goût pour Alexandre Dumas père et pour Lamartine. Puis Verlaine et France se rencontrent dans le salon de la marquise de Ricard, en compagnie bien entendu de Louis-Xavier de Ricard et aussi d'Adolphe Racot, et dans le salon de Nina de Callias. Milieu de jeunes gens républicains, avec de sérieuses nuances : Verlaine est plutôt hébertiste, Racot radical, Ricard et France girondins. Ils s'entendent cependant dans leur opposition à l'Empire et dans leur appartenance au mouvement parnassien, dont il ne serait pas mauvais de refaire l'histoire. À cette époque, il est encore plein de dynamisme. On verrait bien, à lire les revues contemporaines, que s'il exige, à l'inverse des romantiques, rigueur dans la versification et resserrement dans l'expression, il est néo-romantique par ses révoltes contre le monde et par son appel à l'idéal.

Verlaine, France et Ricard collaborent dès le début de 1867 à l'une de ces revues, *La Gazette rimée*, dirigée par Luzarche, un de leurs amis. Verlaine y publie par exemple, en mai, le poème « Appel », repris dans *Jadis et naguère* sous le titre « Les Vaincus » (« Au combat, au combat ! Car notre sang qui bout/A besoin de fumer sur la pointe des glaives »). En mars, France y fait paraître « Denys, tyran de Syracuse », et en juin « Les légions de Varus », poèmes dont les titres sont suffisamment éloquents. Les deux écrivains sont animés d'une estime réciproque. Nous en avons des preuves. En février 1867, cette fois dans la « Revue des livres » du *Chasseur bibliographe*, France rend compte des *Poèmes saturniens*, dans un esprit favorable à l'antiacadémisme. Il approuve Verlaine d'écrire en comptant « pour peu l'usage, la tradition, le génie de la langue et les exigences du goût français ». Cependant, une réserve, et qui donne à sentir une différence d'esthétique, sur « une langue par moments obscure et entortillée », et sur l'esprit « un peu enfiévré » de cette poésie verlainienne. France est visiblement plus proche que Verlaine des canons parnassiens : clarté, apparence impassible. Du côté de Verlaine, nous pouvons citer un curieux document non daté, mais remontant sans doute à 1868, date de la publication des *Intimités* : une carte du *Parnasse* dressée en manière de carte du Tendre et offerte par Verlaine à François Coppée[3]. À l'Ouest se trouve la mer de l'Ennui, dans laquelle se jette le fleuve Mérat grossi de la rivière Arène. À l'Est, dans l'Océan du Génie, se jettent Leconte de Lisle, Heredia, Anatole France, et Coppée avec sa rivière des *Intimités*.

3. Vente Andrieux, 27 juin 1932.

Amitié donc. Elle ne laisse pas d'être griffue, comme il arrive entre littérateurs. Quand en 1869 Anatole France, au mieux avec Nina de Callias, est supplanté par Charles Cros, il semble qu'un incident ait éclaté, au cours duquel France n'a pas fait bonne figure : bousculé, ou frappé par Cros, il n'a pas riposté[4]. Lâcheté ? Dédain de façons de vivre bohèmes, dont il voulait se démarquer ? On imagine en tout cas les cancans du petit milieu. Verlaine se rappellera bientôt cet épisode, car la Commune va totalement l'opposer à son ancien ami. On connaît la position de Verlaine. France, au contraire, a été tellement frappé par les violences auxquelles il assistait qu'il a qualifié la Commune de « folie furieuse[5] », et qu'il est devenu pour un temps un républicain des plus modérés. Une lettre de Verlaine à Émile Blémont de juillet 1871 contient des sarcasmes contre « France-ô-ma patrie et autres bons petits camarades[6] ». Du coup, à Valade, le même mois, Verlaine écrit : « Je suis heureux comme un France qu'on souffletterait[7] ». À Lepelletier, en octobre 1872, il parle de gens « coutumiers du coup de pied au cul, comme plusieurs France (Anatole) [8] ». Ne doutons pas que quelque chose de ces propos ait filtré jusqu'à France !

De toute manière, au moment où Verlaine adresse des vers au comité de lecture chergé d'admettre les poèmes du troisième recueil du *Parnasse contemporain*, en 1875, il est politiquement opposé à France. Et il vient de subir une condamnation de droit commun. En ce temps-là, ce n'est pas du tout un motif pour se faire classer parmi les poètes à publier… Bien au contraire. Ajoutons qu'Anatole France, chargé avec Banville et Coppée d'examiner les textes, soutient vigoureusement une poétique de la syntaxe forte et de la clarté d'expression, qui en 1865 était sans doute féconde, mais qui, dix ans après, sent peut-être la convention. L'idéal de France, à ce moment où il est imprégné de la pensée de Goethe, va vers une poésie cosmique, qui dirait, selon cette esthétique, et de façon impersonnelle, l'esprit de l'univers. Il rejette Mallarmé pour ces raisons, ô combien injustement ! Quant à la contribution de Verlaine, comprenant en particulier le beau sonnet « Beauté des femmes, leur faiblesse », plus tard inséré dans *Sagesse*, France ne l'exclut pas seulement au nom de l'esthétique, mais pour les motifs que nous avons évoqués tout à l'heure. Ses notes de lecture sont toutes brèves[9], et quand il

4. Voir Jacques Suffel, *Anatole France*, Le Myrte, 1946. p. 54.
5. *Les Désirs de Jean Servien, Œuvres*, Gallimard, coll. Bibliothèque de la Pléiade, t. I, 1984, p. 424.
6. Verlaine, *Correspondances*, éd. Adolphe van Bever, Messein, t. I, p. 120.
7. *Ibid.*, p. 258.
8. *Ibid.*, p. 48.
9. Voir Henri Mondor, *L'Affaire du Parnasse*, Fragrance, 1950.

refuse, virulentes (« Non nul » — « Non, pas de goût »). Sur Verlaine : « Non, l'auteur est indigne, et les vers sont des plus mauvais qu'on ait vus ». Exclusion infiniment regrettable, mais qui pourrait ne pas mériter la condamnation sans appel que nous savons. D'abord parce qu'il est facile de se faire prophète du passé : sans doute trouverait-on dans les maisons d'édition d'aujourd'hui des notes de lecture signées de noms illustres, qui sembleront iniques à la postérité... Ensuite, France n'était pas seul dans cette affaire : il a eu le tort d'écrire, alors que ses deux compagnons se contentaient d'émettre un vote. En ce qui concerne Verlaine, ils se sont bel et bien abstenus. Enfin, et surtout, la suite des événements a montré une telle évolution dans le jugement d'Anatole France, qu'il serait bon de ne pas s'arrêter à l'affaire du Parnasse.

France a cessé en 1878, et pour sa vie, d'écrire des poèmes, au moment même où il faisait décidément partie des poètes reconnus, après le succès des *Noces corinthiennnes*. La prose était plus propice à son projet d'exprimer le monde selon une dialectique des contraires. Rapidement, il a senti les bornes de l'esthétique parnassienne, fondée sur l'usage des règles poétiques fixes et sur l'impersonnalité des sujets. Ce n'est pas ici le lieu de retracer son évolution. Mais nous en marquerons le terme, en citant l'article publié par France dans *Le Temps* du 27 mars 1887 :

> Une des choses qui me semblent le plus échapper sur la terre à la certitude humaine, c'est la qualité d'un vers. J'en fais une affaire de goût et de sentiment. Je ne croirai jamais qu'il y ait rien d'absolu à cet égard[10].

Et France de montrer que Leconte de Lisle, « sous toutes les formes qu'il évoque avec une prodigieuse puissance, ne peint que lui seul ». Le 2 septembre 1888, il écrit :

> N'enfermons pas la poésie dans d'étroites formules. Les formes d'art et les sentiments esthétiques changent d'une génération à l'autre. Pourquoi seules la rime et la césure seraient-elles fixes dans l'écoulement éternel des choses[11] ?.

Ce n'est pas à dire que France approuve l'obscurité, qu'il juge forcée et cherchée, de l'école symboliste. Mais il en vient à penser que les Parnassiens

10. Recueilli dans *La Vie littéraire*, tome I.

11. Lignes non reprises de cet article du *Temps*, partiellement repris dans le tome II de *La Vie littéraire*.

ont une responsabilité dans ces excès : « Nous avons voulu écrire mieux que ceux qui écrivent bien. Nous avons mis l'art au-dessus et en dehors de toutes choses ; nous nous sommes considérés comme des mandarins[12] ». Rien d'étonnant dans la réaction des jeunes littérateurs, qui « font de l'art un grimoire et se croient magiciens ». À leur tour, ils pèchent par vanité : « On a beau m'expliquer bardocuculé, torcol, vidasser et frisselis [s'écrie France], je reste troublé et je crains qu'on ne se moque de moi ». C'est alors que le nom de Verlaine et le nom de Rimbaud viennent sous sa plume, car il juge que ces poètes sont dans le vrai de la langue :

> Il y a dans la langue décadente deux ou trois jolis néologismes. *Amène*, par exemple, du latin *amoenus*, agréable. Le mot est de M. Paul Verlaine qui, d'ailleurs, parle une langue intelligible et parfois même très simple, et qu'il faut mettre tout à fait à part. [...] *Nitide*, pour dire resplendissant, ne me déplaît pas non plus. « Ses anges, ses Jésus et ses vierges nitides », a dit Arthur Rimbaud et le vers est joli.

N'oublions pas, pour mesurer la portée de ces lignes, que la tribune littéraire du *Temps* est l'une des plus importantes de Paris, et s'adresse à la grande bourgeoisie. En dehors des revues littéraires spécialisées, on ne cite guère alors Verlaine, dont la réputation paraît sulfureuse, et moins encore Rimbaud.

Du côté de Verlaine, cette année 1888 est aussi celle des relations favorablement reprises. Dans une série de monographies sur les contemporains, *Les Hommes d'aujourd'hui*, Verlaine a écrit un numéro sur Rimbaud (le numéro 318), un autre sur Anatole France (le numéro 346). Il y remémore leur rencontre, puis :

> La guerre de 1870, celle plus cruelle encore de 1871, et leurs conséquences, dispersion d'un groupe jusque-là serré, *Le Parnasse contemporain*, par l'exil, les positions acquises et un tas d'*et coetera*, me firent perdre France, que je n'ai plus revu depuis ces lointaines années, mais qu'a fidèlement applaudi dans ses si légitimes succès mon admiration toujours accrue.

Verlaine loue le « beau génie délicat et fin » du poète que fut France, et son art « sublimé de philosophie comme alexandrine » ; puis le romancier qui renouvelle le genre, et le chroniqueur du *Temps* qui rend service contre les routines : par exemple, écrit Verlaine, contre « les saloperies antiwagnétiennes de mai dernier », dans un « morceau désormais proverbial ». Il s'agit d'un

12. *Le Temps*, 27 octobre 1888. Article non repris en volume.

article intitulé « Confidences d'un des manifestants de l'Éden[13] », dans lequel France, prenant parti pour la liberté de l'art, fait parler ridiculement l'un des manifestants nationalistes qui rendirent impossible la représentation de *Lohengrin* à Paris. Verlaine en arrive ensuite à la nouvelle école poétique : il proclame qu'il est partisan de la pleine liberté en matière de rimes ou d'assonances, et nomme avec éloges Gustave Kahn, Laforgue, Moréas, comme Régnier et Tailhade. Même la subtilité de Charles Morice et l'obscurité de René Ghil ont de quoi plaire. « Je suis sûr qu'Anatole France, si compétent, est de mon avis, malgré les réserves que sa situation littéraire presque officielle peut lui imposer de faire pour bien faire ». On verra, si l'on veut, dans cette phrase finale, un appel intéressé. Mais le ton général de la monographie est sans aucun doute amical.

À partir de 1889, Anatole France dédie en trois ans quatre des chroniques du *Temps* à Verlaine : connaissant le retentissement de ces chroniques, et le public auquel elles s'adressent, on est bien tenté en effet de dire, comme le compagnon de Jules Renard, que France « fait » Verlaine, ou du moins qu'il contribue puissamment à le « faire » ! 13 mai 1889[14] : le critique oppose à certains symbolismes contournés Verlaine, « cet être inquiet, tout de génie, ce poète nu, étalant en vers gauches et pourtant exquis sa laideur bizarre, sa monstrueuse impudeur, sa pauvreté touchante, son repentir aussi sincère que son impénitence. Monstrueux, ingénu, vrai, celui-là est un poète ». France définit alors Verlaine comme « un Villon mystique ». 23 février 1890 : un portrait de Verlaine aujourd'hui. « À le voir, on dirait un sorcier de village. Le crâne nu, cuivré, bossué comme un antique chaudron, l'œil petit, oblique et luisant, la face camuse, la narine enflée, il ressemble, avec sa barbe courte, rare et dure, à un Socrate sans philosophie et sans la possession de soi-même ». Puis France entreprend de retracer la carrière du poète et de le consacrer. Verlaine est, écrit France, « le poète le plus singulier, le plus monstrueux et le plus mystique, le plus compliqué et le plus simple, le plus troublé, le plus fou, mais à coup sûr le plus inspiré et le plus vrai des poètes contemporains[15] ». Dans les *Fêtes galantes*, il se montre « un de ces musiciens qui jouent faux par raffinement », avec « tel coup d'archet » qui soudain « vous déchire le cœur ». France parle de sa disparition de quinze ans comme d'une vie « dans cet air épais, muet de toute lumière, où le Florentin vit les

13. *Le Temps*, 8 mai 1887 ; repris dans *La Vie littéraire*, tome V.
14. Article non repris en volume.
15. « Un poète à l'hôpital, Paul Verlaine » ; repris sous le titre « Paul Verlaine » dans *La Vie littéraire*, tome III.

pécheurs charnels qui soumirent la raison à la convoitise ». Le voici désormais « aussi sincère dans le péché que dans la faute », qui « en accepte les alternatives avec une cynique innocence », écrivant des vers mystiques à côté de vers voluptueux : tel est l'esprit du recueil *Parallèlement*.

> Il est fou, dites-vous ? [poursuit France s'adressant à ses lecteurs] Je le crois bien [...] Mais prenez garde que ce pauvre insensé a créé un art nouveau et qu'il y a quelque chance qu'on dise un jour de lui ce qu'on dit aujourd'hui de François Villon auquel il faut bien le comparer : « C'était le meilleur poète de son temps ! ».

15 novembre 1891 : il s'agit cette fois de *Mes Hôpitaux*, « petit livre écrit selon une syntaxe absurde et ridicule avec une musique merveilleuse qui déchire le cœur », écrit France. Il donne du poète le portrait suivant :

> J'ai dit tout à l'heure que Verlaine est un cynique. J'aurais tout aussi bien fait de dire : c'est un mystique. Il n'y a pas si grande distance des uns aux autres. La ressemblance entre des philosophes comme Antisthène ou Diogène et les moines mendiants de l'Italie chrétienne est telle qu'elle a frappé même ceux qui ne voulaient pas la voir. [...] Saint François l'aurait reconnu, n'en doutez point, pour un de ses fils spirituels [...] et qui sait si Paul Verlaine, sous la bure, ne serait pas devenu un grand saint, comme il est devenu parmi nous un grand poète.

C'est dans cet article que nous pouvons observer à propos de Verlaine le commencement d'un travail de l'imagination de France : il va faire dériver le personnage vers des motifs qui hantent sa propre œuvre, mais ne sont peut-être pas spécifiquement verlainiens, comme le franciscanisme. Mais il retient d'abord, pour faire entrer Verlaine dans la cohorte de ses héros ambigus, la double nature du poète, mauvais garçon et pieux. 19 avril 1891 : sous le titre « Paul Verlaine, *Bonheur* », paraît dans *Le Temps* un article dans lequel quelques lignes sont consacrées au nouveau recueil de Verlaine, dont France vante le sens exquis de la prière, mais où il trouve « plus de gargouilles encore que de vierges et de séraphins ». Pour l'essentiel, l'article présente un conte où Verlaine est mis en scène. Nous connaissons celui-ci : sous le titre « Gestas », et sans la référence explicite à Verlaine, il a été publié dans *L'Étui de nacre*[16]. Gestas, selon la tradition, est le nom du larron qui fut crucifié à la droite de Jésus, et qui obtint d'être sauvé. Bon larron d'aujourd'hui, Gestas,

16. *Œuvres*, éd. cit., t. I, p. 940-946.

qui va d'hôpital en chambre sordide, et de café en café, ressent souvent à la fin de ses libations un profond dégoût de lui-même. Se trouvant un soir dans cet état d'esprit sous le porche d'une église, il lui vient le besoin de se confesser. Pas de confesseur dans l'église. Il en exige un à grands cris, et ne réussit à attirer qu'un sacristain à qui il déclare : « Je te dis que je veux me réconcilier avec le bon Dieu, nom de Dieu ! » Jeté dehors, il noie sa déception dans l'absinthe. Mais sans doute sera-t-il sauvé. « *Gestas, dixt li Signor, entrez en paradis* » : c'est par cette citation d'un vieux mystère que se termine le conte, au cours duquel une mention de François Villon a déjà fait entendre une note médiévale. Ainsi entre dans l'œuvre proprement littéraire de France, et sous cette forme mixte de la chronique qui se développe en récit, très courante chez les écrivains d'alors, ce personnage dont « il était écrit sur sa face camuse qu'il serait un pécheur charnel, mais qui a la foi, la foi simple, forte et naïve ». Anatole France était depuis sa jeunesse hanté par ce type de personnages ambigus, faunes canonisés par le Moyen Âge, courtisane devenue sainte, comme cette Thaïs qui, avant le roman bien connu, est l'héroïne d'un de ses poèmes de 1867.

Bientôt, Verlaine va devenir chez France un personnage de roman. C'est lui en effet qui inspire en grande partie le Choulette du *Lys rouge*, paru en 1893. L'inspiration est aisément reconnaissable : Choulette médite un recueil de poèmes pieux, *Le Jardin clos*[17], après avoir publié *Les Blandices*, œuvre renfermant « la description de toutes sortes d'amours », et il fréquente une fille, Maria, dont il estime qu'elle est « la sainte et la martyre qui expie les péchés du peuple[18] ». Vivian Bell déclare qu'il est « le poète français qu'elle goût [e] le mieux après François Villon[19] ». Cet « homme de génie » possède « une laideur pittoresque » ; il est « plein de vices sincères et d'innocence[20] ». Il admire Joseph de Maistre[21]. Il a des visées académiques après avoir publié son *Jardin clos*[22] : or, Verlaine a en 1893 adressé une lettre de candidature à l'Académie française.

Mais Choulette est un Verlaine poussé aux extrêmes : extrême de l'innocence, extrême de la chair. C'est pourquoi France l'a doté d'un franciscanisme qui n'est pas proprement de Verlaine, plus porté à lire sainte Thérèse et

17. *Œuvres*, éd. cit., t. II, 1987, p. 457.
18. *Ibid.*, p. 385.
19. *Ibid.*, p. 409.
20. *Ibid.*, p. 395.
21. *Ibid.*, p. 397.
22. *Ibid.*, p. 520.

les psaumes anglais que les *fioretti*. Choulette, qui prononce sans cesse l'éloge de la pauvreté, veut absolument faire un pèlerinage à Assise. Il porte un cordon qu'il assimile à celui de saint François[23]. Il ajoute à son *Jardin clos* un « Verger de sainte Claire[24] ». Qui plus est, son franciscanisme est fortement teinté de tolstoïsme : il attaque la société d'argent née de la Révolution, et la fausse égalité qui y règne, car le pauvre y soutient le riche ; il déteste le gouvernement de médiocres qu'établit selon lui la démocratie moderne. Il appelle un autre régime, né de la divine pitié.

À travers ce personnage qui est en grande partie un Verlaine hyperbolique, Anatole France a posé un problème qui lui tenait à cœur, et qui n'avait rien de verlainien ; peut-on prétendre ébranler la société quand on en fait une critique sévère, mais qu'on vit à ses crochets, comme c'est le cas de Choulette ? La réponse de France est évidemment négative, ce qui va bien dans le sens des attaques auxquelles il se livre d'autre part contre le tolstoïsme à la mode. Il lui reproche de se couper du réel, et d'ailleurs d'ériger en conduite de vie le retour à une innocence primitive à propos de laquelle il nourrit les plus forts doutes, tenant l'homme pour un méchant animal qu'on civilise à force de temps et de peine. Pourtant, d'un autre côté, France tient la société contemporaine pour inique, et s'interroge sur l'action qui serait nécessaire : on sait que l'affaire Dreyfus, quatre ans après la publication du *Lys rouge*, va lui apporter une réponse au moins provisoire.

Choulette, donc, c'est Verlaine et ce n'est pas Verlaine. Mais Verlaine a bel et bien permis à France de le créer, en lui offrant le modèle vivant et admiré d'un *homo duplex* dont l'idée le poursuivait depuis ses débuts d'écrivain. À travers ses articles de critique et leur métamorphose en littérature de création, nous pouvons suivre les étapes d'une glorification du poète, puis de la naissance d'un mythe Verlaine. Au lieu de se crisper sur la seule « affaire du Parnasse », n'est-il pas infiniment plus juste, mais aussi plus fécond, de retracer la courbe des rapports entre les deux écrivains, et de montrer qu'ils n'ont pas seulement été occasionnels, puisque Verlaine, de son vivant même, a été intégré comme personnage dans l'œuvre d'Anatole France ?

23. *Ibid.*, p. 396.
24. *Ibid.*, p. 520.

Catherine Boschian-Campaner

Le Verlaine de Francis Vielé-Griffin

Parmi les plus beaux hommages rendus à un poète figure celui de l'Américain Francis Vielé-Griffin à l'auteur des *Romances sans paroles*: « Pour moi, affirme-t-il, sans Verlaine je n'aurais pas songé à écrire en français[1] ». Né à Norfolk, en Virginie[2], arrivé en France à neuf ans, Vielé-Griffin a composé, dans cette langue exclusivement, des recueils de vers, *Les Cygnes* (1887 et 1892), *Joies* (1889), *La Clarté de vie* (1897) et *La Partenza* (1899), ainsi que des légendes et des drames lyriques tels que *Phocas le jardinier* ou *L'Amour sacré*. Le poète fut également un critique avisé et, en tant que théoricien, l'un des plus ardents défenseurs du vers libre qu'il pratique à partir de son recueil *Joies*. Ses croyances en matière de poétique, il les affirme en particulier dans les *Entretiens politiques et littéraires* (1890-1893) dont il est cofondateur avec Henri de Régnier et Paul Adam, une revue placée sous le signe du vers libre et de l'anarchie, qui, d'après Vielé « ébranla beaucoup de convictions assises, inquiéta quelques consciences et donna la chair de poule à beaucoup d'imbéciles[3] ». Pour ce poète franchement anticonformiste, la lecture de Verlaine, en 1886, joua le rôle d'une révélation; d'où naquit une admiration qui ne sombra cependant jamais dans l'adulation littéraire. Au fil des ans, Vielé en témoignera avec constance dans les revues auxquelles il collabore en particulier dans *Art et critique*, les *Entretiens politiques et littéraires* déjà cités, *Le Mercure de France*, *La Revue verlainienne*, *Vers et prose*, et *La Phalange*.

Constantes et sans démesure, l'éloge que Vielé-Griffin fait de Verlaine ne s'apparente pas au dithyrambe de circonstance: étranger à tout opportunisme littéraire, Vielé admirait Verlaine avant que cela ne soit dans l'air du temps. Voilà qui explique sa juste indignation devant le revirement de ceux

1. Vielé-Griffin, « Verlaine », *La Guirlande de Verlaine*, Genève, 1926, p. 20.
2. Pour la biographie de Francis Vielé-Griffin, consulter Henry de Paysac, *Francis Vielé-Griffin poète symboliste et citoyen américain*, Nizet, Paris, 1976.
3. Cité *ibid.*, p. 121.

qui attendirent la mort du poète pour l'honorer. Francis Vielé-Griffin fait part de son sentiment dans *Le Mercure de France* de février 1896[4] où il qualifie le cortège accompagnant le cercueil de Verlaine d'« unique dans son étrangeté hétéroclite[5] ». Déclarant avoir, lui, « répugné d'élever la voix au lendemain des obsèques de Paul Verlaine », il dénonce ceux de ses contemporains qui se sont répandus en discours et articles indécents en regard du peu d'estime qu'ils témoignaient au poète de son vivant. Vielé-Griffin rappelle avoir aimé les vers de Verlaine dès 1886 et cite au nombre des zélateurs sincères Moréas, Barrès, Adam, Charles Morice et Tailhade. Amer, il se montre déçu par l'attitude de François Coppée, qui « dans un discours revu en fiacre pendant la cérémonie, donna un touchant rendez-vous au poète “qui l'avait appelé à son lit de mort” », ajoutant : « malheureusement, la légende du cri : “François, François...” n'est rien moins qu'authentique[6] ». D'après lui, François Coppée « qui prodigua à Verlaine du génie sur sa tombe, ne lui en accordait guère dans les journaux[7] ».

Se livrant à une revue de presse où il attaque *Le Figaro*, *Le Gaulois* et la *Revue bleue*, Vielé transforme cet article nécrologique destiné au *Mercure de France* en un pamphlet où il éreinte au passage parnassiens et naturalistes. Il égratigne nommément Zola en évoquant l'article du *Figaro*[8] dans lequel, « il justifie enfin ses précautions académiques de l'exemple ambitieux du Pauvre Lélian “qui voulait faire ses quarante visites” » Vielé-Griffin se montre spécialement affecté par deux articles, l'un du *Figaro* décrétant que les adeptes de Verlaine « n'ont rien à voir avec sa gloire », l'autre du *Gaulois* où les symbolistes sont accusés d'avoir empêché la vente de sa poésie « en persuadant au public que ses vers étaient obscurs ». Enfin, s'adressant à l'auteur d'un article anonyme de la *Revue bleue*, il conclut :

> Non, Monsieur, (je regrette que vous dissimuliez un nom à retenir), on est plutôt fier d'avoir concouru à une œuvre de justice et de réparation ; ces dix ans de luttes ne furent pas vains, puisqu'ils ont valu à un poète des obsèques que ne connurent pas les mânes de vos morts officiels et patentés[9].

4. Vielé-Griffin, « Autour d'une tombe », *Le Mercure de France*, février 1896. Repris dans *Tombeau de Verlaine*, textes réunis par Jacques Drillon, Gallimard, 1995, p. 64 à 70.
5. *Ibid.*, p. 67.
6. *Ibid.*, p. 65.
7. *Ibid.*, p. 67.
8. Zola, *Le Figaro*, 8 janvier 1896, repris dans *Tombeau de Verlaine*, *op. cit.*, p. 71-75.
9. « Autour d'une tombe », *op. cit.*, p. 69.

En 1886, Francis Vielé-Griffin, dont la curiosité pour Verlaine avait été éveillée par ses discussions avec des collaborateurs de *Lutèce*, achète dans une des galeries de l'Odéon un exemplaire des *Fêtes galantes*. Le vendeur, qui fait peu de cas de ce volume défraîchi — il s'agit très probablement de la première édition parue à compte d'auteur en 1869 —, le lui cède pour la moitié de son prix. À cette époque, « la gloire de Verlaine n'existait encore qu'en puissance[10] ». Dès la lecture des *Fêtes galantes*, il choisit Verlaine, son aîné de vingt ans, « comme Maître verbal[11] »; une reconnaissance qui va le conduire à rencontrer le poète cour Saint-François en compagnie de Henri de Régnier, son ami depuis le collège Stanislas[12]. L'entrevue fera l'objet de deux articles de Vielé-Griffin: « Notes inédites sur Paul Verlaine », publié en novembre 1901 dans *La Revue verlainienne* et « Quelques figures symbolistes », dans *La Phalange* du 15 juillet 1908.

Vielé y brosse une description misérabiliste de la cour « aux larges pavés gras de lessive et de déchets alimentaires », dominée par le chemin de fer[13]. Il insiste sur le caractère sordide du logis – « C'était sinistre[14] », écrit-il –, et déclare avoir vu avec beaucoup d'émotion, sur une table portant des livres, ses premières plaquettes de poésie. La pauvreté des lieux sur laquelle Vielé a renchéri est ensuite transfigurée par un accueil qui, affirme le critique, « ne fut pas sans grâce ni sans dignité[15] ». Verlaine, charmant, fait l'honneur aux deux jeunes gens d'évoquer ses goûts en se livrant à l'éloge de Lamartine et de Tennyson[16] et rappelle avec fierté sa visite à Hugo, lequel avait déclamé par cœur – bien longtemps avant que le public ne les découvre – vingt vers des *Romances sans paroles*.

Dans l'article de *La Revue verlainienne*, Vielé s'attarde sur l'aspect physique du poète; construisant son portrait en clair-obscur, il l'organise sur des effets de contraste:

> À contre-jour [...] son crâne dénudé se cercle d'une lueur de halo, ses yeux s'enfoncent plus profondément sous ses sourcils en broussailles; une

10. Vielé-Griffin, « Quelques figures symbolistes, Verlaine: la chanson », *La Phalange*, 15 juillet 1908, p. 15.
11. *Ibid.*.
12. Dans *La Mêlée symboliste* Ernest Raynaud déclare avoir présenté Vielé à Verlaine. Raynaud et Vielé-Griffin ont effectivement dû se rendre ensemble chez le poète, mais plus tard.
13. Vielé-Griffin, « Quelques figures symbolistes [...] », art. cit., p. 15-16.
14. *Ibid.*, p. 16.
15. *Ibid.*
16. *Ibid.*, p. 17.

barbe pathétique, un foulard blanc, une houppelande; la voix très douce, la main délicate, et au milieu de cette misère – disons le mot – une distinction qui défiait tout luxe[17].

Sensible à l'« aristocratie conférée par la création poétique », Vielé résume ses impressions de cette rencontre en parlant de « luxe moral », d'« opulence du cœur » et de « faste vital[18] ». La description et le portrait présentés par Vielé s'apparentent à ceux que l'on retrouvera sous la plume de nombreux poètes tels que Pierre Louÿs[19]. En effet, l'exaltation de la misère du cadre où évolue Verlaine, qu'il s'agisse de la cour Saint-François ou de l'hôpital Broussais, deviendra un lieu commun visant à faire ressortir le génie anticonformiste du poète.

La rencontre sera suivie de quelques autres, moins satisfaisantes pour le poète de *Joies*. Verlaine se montrera quelque peu agacé par les manières bourgeoises de Vielé-Griffin:

> J'ai su, écrit ce dernier, que la hauteur juvénile de mes cols immaculés le révoltait jusqu'à l'injustice et qu'il en était arrivé à mettre en doute mes facultés intellectuelles[20].

Le 12 octobre 1887, Henri de Régnier confiera à Vielé:

> Il paraît que le cher Poète [Verlaine] est assez loin d'avoir une grande affection pour toi et pour moi. Il a manifesté son étonnement à Vanier, que « riches comme nous étions », nous n'eussions rien fait pour lui pendant qu'il était à l'hôpital[21].

Des contacts ultérieurs avec Verlaine dissuaderont les deux amis de multiplier les visites: en janvier 1892, le même Régnier écrit à Vielé:

> Nous irons voir Verlaine ensemble à Paris, si tu veux, mais cette vue est si peu de notre goût, à l'un et à l'autre, que je crois que nous y renoncerons d'un commun accord[22].

17. *La Revue verlainienne*, n° 1, novembre 1901, p. 12-14.
18. *Ibid.*
19. Pierre Louÿs, « Paroles de Verlaine », *Vers et Prose*, octobre-décembre 1910, p. 1.
20. Vielé-Griffin, « Quelques figures symbolistes [...] », art. cit., p. 18.
21. Lettre inédite de Régnier à Francis Vielé-Griffin, Archives Lavaud, citée par Raffaele Scalamandrè dans *Francis Vielé-Griffin e il platonismo*, Rome, Edizioni di storia e di letteratura, 1981, p. 44.
22. Cité *ibid.*, p. 45.

Guy Lavaud : un poète dans le sillage du symbolisme. R. Scalamandrè, Nizet, 1984

Les réticences des deux amis s'accentueront avec le temps, ce que Vielé-Griffin justifie en racontant sa dernière entrevue avec Verlaine, décevante, en 1893 :

> Faut-il voir dans une sorte de bravade qui était familière à Verlaine, l'explication de l'étrange scène qui s'ensuivit ? Toujours est-il que joignant les talons et redressant sa taille, Paul Verlaine, prit la position du soldat sans armes, les bras allongés au long du corps et le regard à vingt-cinq pas, puis, d'une voix de théorie : « Je viens de publier *Liturgies intimes* » — un temps — et, dans un grand salut militaire, la main au chapeau, le coude haut : « Mes meilleurs vers ! » Je balbutiai interloqué, mais Verlaine aussitôt : « On les trouve chez Vanier » [...] « On peut souscrire »... Verlaine s'empara alors du louis que Vielé tendait à Vanier pour la souscription en disant : « On peut verser sans inconvénient entre mes mains ! [23] »

Vielé-Griffin ne tiendra pas rigueur à Verlaine de son comportement étrange et parfois un peu agressif ; s'il qualifie l'homme de « rancunier et impulsif », l'accueil qu'il fait à son œuvre poétique n'en sera pas le moins du monde altéré. D'ailleurs l'aigreur dont fait preuve Verlaine à l'égard de Vielé-Griffin et Henri de Régnier en raison de leur aisance financière ne contamine pas son jugement critique, puisqu'il les met au nombre des poètes les plus prometteurs de leur génération[24], non sans réserves : en 1891, interviewé dans *Le Figaro* par Adolphe Possien qui lui demandait quels étaient les jeunes destinés selon lui à poursuivre les traditions de la littérature française, Verlaine répondit :

> – Je vous ai nommé Jean Moréas et Charles Morice, je continuerai par de Régnier, Francis Vielé-Griffin ; celui-ci a l'effort difficile, son origine étrangère — Griffin, ~~rappelons-le~~, est Américain — le pousse peut-être à être plus symboliste que nature. Tous deux, tout en ayant une valeur incontestable comme poètes, feraient difficilement, pour le moment, une œuvre de longue haleine en prose[25].

23. *Ibid.*, p. 18. Il s'agit de la seconde édition des *Liturgies intimes*, parue chez Vanier, avril 1893.
24. En 1888, paraît dans le n° 326 des *Hommes d'aujourd'hui* un article élogieux sur Francis Vielé-Griffin, signé Pierre et Paul, que l'on a attribué à tort à Verlaine ; l'auteur en serait Léon Vanier.
25. *Le Figaro*, n° 35, 1891. 4 février Décadents & Symbolistes Une conversation avec M. Paul Verlaine.

NUMP-1139?

Vielé-Griffin feindra d'interpréter « plus symboliste que nature » comme un éloge dont il remerciera en mars 1891[26]. L'auteur de *Sagesse* se montrera élogieux en rendant hommage aux jeunes poètes qu'il apprécie, dans une conférence à La Haye, où il citera comme de « vaillants ouvriers en vers, Vielé-Griffin, Stuart Merrill, deux Américains maniant le français superbement[27] ».

Intéressé par les œuvres de ses jeunes contemporains, Verlaine n'a cependant pas l'âme d'un mentor. La rareté des allusions qu'il fait à son art permet d'assurer que le poète ne fut pas doublé d'un pédagogue. Vielé le confirme :

> Quelle que fût notre admiration pour la chanson de Paul Verlaine, nous ne pouvions nous illusionner jusqu'à confondre la cour Saint-François avec le jardin d'Académus[28].

Mais il ne relègue pas Verlaine au second plan. Très indépendant, il n'avait que faire de la scission déclarée par René Ghil. Simplement, il s'était rendu compte que la fréquentation de Verlaine l'instruirait moins sur l'art du poète que la lecture de ses œuvres. Car contrairement à Mallarmé, Verlaine a transmis son héritage poétique presque à son corps défendant, par ses vers essentiellement. Parmi tous ses poèmes, l'*Art poétique* est reconnu comme le plus explicite en matière de théorie. Lorsqu'il paraît dans *Paris moderne*, le 10 novembre 1882, il passe presque inaperçu ; c'est à partir de sa publication en recueil, dans *Jadis et naguère*, en 1885, qu'il semble exercer une influence. Vielé ne dut le lire que quelques années plus tard, lors de sa réédition dans *La Plume* du 15 mai 1891. Il n'en fera état qu'en 1905, date à laquelle il lui attribuera un caractère de manifeste informel :

> Verlaine fut notre dernier grand poète en date : son *Art poétique* reste comme la préface nécessaire aux œuvres bigarrées qui ont suivi la sienne[29].

En 1908, il ajoutera : « ce que nous lui devons [à Verlaine] c'est l'*Art poétique*, élargi de tous ses commentaires[30] ». De cet *Art poétique*, le plus important lui paraît l'invitation au lyrisme :

26. « Qu'est-ce que c'est ? », *Entretiens politiques et littéraire*, n°12, 1er mars 1891, p. 65.
27. Verlaine, « Deuxième conférence faite à La Haye », 1892 ; *Œuvres en prose complètes*, éd. Jacques Borel, coll. Bibliothèque de la Pléiade, Gallimard, 1972, p. 888.
28. « La discipline mallarméenne », *La Phalange*, 15 mai 1907, p. 953.
29. *Vers et Prose*, mars 1905.
30. « Quelques figures symbolistes [...] », art. cit., p. 20.

> « De la musique avant toute chose », avait dit Verlaine, et il s'agissait de syllabes chantantes[31].

Il n'empêche que Vielé a souhaité connaître les conceptions poétiques de cet auteur qui ne se répandait pas en théories sur son art. En 1887, il demande à Verlaine « un exposé de principes », à quoi le poète répond :

> Tout est bel et bon qui est bel et bon, d'où qu'il vienne et par quelque procédé qu'il soit obtenu. Classiques, romantiques, décadents, symbolistes, assonants ou, comment dirai-je, obscurs exprès, pourvu qu'ils me foutent le frisson ou simplement me charment, font tous mon compte[32].

Par ces propos où il se montre résolument sensualiste, Verlaine entend afficher sa totale indépendance et son mépris pour toutes les écoles littéraires. Voilà qui est à rapprocher de ce que l'auteur de *Romances sans paroles* écrivait au sujet des rimes dans un article sur Anatole France :

> Liberté absolue, telle est ma devise si j'avais à en avoir une – et je trouve bon tout ce qui est bon, en dépit et en raison des règles. Les rythmes en assonances de Kahn, de Laforgue, de Moréas, de Vignier, me ravissent tout de même que ceux en vers plus ou moins traditionnels, avec ou sans césure, à rimes riches ou suffisantes de Régnier, Vielé-Griffin, Laurent Tailhade, Ernest Raynaud, Stuart Merrill, Vanor, de tant d'autres déjà glorieux ou vers la gloire[33].

Partageant l'opinion de Verlaine concernant les critères permettant d'évaluer la valeur d'un poème, Vielé écrira en 1914 à Henri Ghéon :

> C'est par le mouvement que s'affirme le don poétique ; du mouvement idéologique naît le rythme qui, pillant le trésor accumulé des sensations, se matérialise et crée l'émotion totale dont le frisson perçu fait seul la preuve que l'œuvre est bonne[34].

Et en 1932 il résumera la mission de l'artiste en ces termes :

31. « Le symbolisme et la musique », *La Phalange*, n° 27, 15 septembre 1908, p. 13.
32. Verlaine, août 1887, cité dans Verlaine, *Œuvres en prose complètes*, éd. cit., p. 1367.
33. Verlaine, « Anatole France », *Les Hommes d'aujourd'hui ; Œuvres en prose complètes*, éd. cit., p. 831.
34. Lettre inédite de Vielé-Griffin à Henri Ghéon, février 1914, Bibliothèque Nationale de France.

> Cette responsabilité qu'assume le poète, n'a de but que d'atteindre votre émotion intime, dont l'ébranlement, aux minutes propices, vous haussera, en sympathie, au niveau de son lyrisme[35].

Voilà qui, au-delà des notions strictement formelles, le rapproche de la conception de Verlaine, qui restait convaincu que : « Au-delà de treize syllabes, les vers ne se tiennent plus[36] » et affirmait : « je trouve qu'on peut tout faire tenir dans l'alexandrin et que c'est bien assez de l'avoir disloqué comme je l'ai fait[37] ». Ces réserves amèneront Vielé-Griffin, en 1889, à évaluer l'influence verlainienne sur l'évolution poétique en ces termes :

> M. Verlaine avait simplement élargi la prosodie parnassienne, mais la maintenait, supprimait la césure et appauvrissait la rime avec des joies plus de révolté que d'esthète. [...] M. Paul Verlaine, qui n'avait pas à perdre une réputation académique, ne craignit pas d'obéir à son oreille merveilleusement musicale ; peureusement, néanmoins, comme qui s'avance à tâtons dans l'ombre et avec l'air de jouer un tour aux stricts confrères ; enhardi d'ailleurs par Banville et avec la fréquentation d'Alfred Tennyson[38].

Fort des tâtonnements verlainiens en matière d'assouplissement de la prosodie, et animé par un même souci d'eurythmie, Vielé-Griffin remettra en question la régularité syllabique des vers à laquelle son aîné restait attaché. De cet attachement on peut d'ailleurs s'étonner lorsque l'on se reporte aux propos de Verlaine selon lesquels le seul critère esthétique est l'effet vrai. Promouvoir la primauté de la sensation implique en effet le renouvellement des formes poétiques dont le caractère inattendu doit contribuer à l'émotion du lecteur, estime Vielé-Griffin qui souscrit à la conception verlainienne en indiquant, quant à lui, la nécessité de se débarrasser de contraintes prosodiques jugées arbitraires. Il milite pour le respect de la liberté de l'individu « dans l'expression de son individualité même : la poésie[39] ». Il écrira en 1899 :

35. Discours de réception à l'Académie royale de langue et littérature françaises de Belgique, 5 novembre 1932 (Bruxelles, Académie royale, 1932, p. 19).
36. Pierre Louÿs, « Paroles de Verlaine », art. cit., p. 9. Vielé-Griffin, défenseur du vers libre, ne composera jamais de vers de plus de douze syllabes.
37. *Ibid.*
38. Alaric Thome [Vielé-Griffin], « Les poètes symbolistes », *Art et critique*, 23 novembre 1889.
39. « Réflexions sur l'art des vers », *Entretiens politiques et littéraires*, n° 26, mai 1892, p. 217.

> Aux poètes il a été révélé que la rime riche et le sonnet ne sont pas les derniers mots de l'art ; l'art s'est haussé dans sa propre estime ; la pensée s'est trouvée libre et responsable[40].

Se contenter des formes fixes facilite « la paresse cérébrale[41] ». Mais si Vielé-Griffin préconise et pratique le vers libre, sans exclusive d'ailleurs, il a commencé par composer des vers isosyllabiques, dans *La Cueille d'avril* dont certaines pièces rappellent les rythmes de *La Bonne Chanson* et de *Romances sans paroles.* Et puis, Vielé s'est rendu compte que le chant poétique devait se renouveler.

Ayant seulement ouvert la voie au vers libre, favorisé par une esthétique axée sur la mélodie poétique entraînant à de nombreuses licences, Verlaine reste, pour Vielé-Griffin, le chef de file d'un nouveau lyrisme dont il se fera lui-même l'émule. Une filiation soulignée par Henri Ghéon, le plus fervent admirateur de Vielé : « non loin du génial Verlaine, dont il a certes hérité un peu de l'âme sensible et ouverte... [42] ».

Pour Vielé-Griffin comme pour Verlaine, la poésie se substitue à la musique. Les titres le suggèrent : *Carmen, Eurythmie, Chansons, Euphonie.* Le chant n'y est pas seulement évoqué puisqu'en émane une harmonie sonore que de nombreux critiques ont remarquée. Cette intuition du rythme, le poète l'a cultivée avec la lecture de Verlaine sur les desseins artistiques duquel il ne se méprend pas. Saisissant le caractère prépondérant de la musique de ses vers, à l'instar de Mallarmé qui évoquait l'« art fragile et certain de guitariste[43] » de Verlaine, Vielé-Griffin cherchera à y sensibiliser ses contemporains. Francis Jammes par exemple, auquel il écrit, indigné, le 11 novembre 1929 :

> Mais quel mauvais ange vous fit écrire, quelque part, que Verlaine « écrivait mal » : *avec vos deux mains blanches...* Ne voyez-vous pas que ce *deux* donne le geste et le volume ? C'est-à-dire toute la poésie[44].

40. « Le vers libre et la tradition », *L'Ermitage*, août 1899, p. 90.
41. *Ibid.*
42. Henri Ghéon, « Du poète Francis Vielé-Griffin », *L'Ermitage*, septembre 1896.
43. Lettre à Verlaine, 19 décembre 1884 ; *Correspondance de Mallarmé*, éd. Bertrand Marchal, Gallimard, coll. Folio-classique, 1995, p. 573.
44. *Correspondance de Francis Jammes et de Francis Vielé-Griffin*, Droz, 1966, p. 88. Il s'agit du troisième vers du poème *Green* dans *Romances sans paroles.*

Que Jammes témoigne d'une si mauvaise compréhension du rythme verlainien étonne Vielé-Griffin, qui trouve dans la poésie de Verlaine une mélodie créée par un rythme dû à l'assouplissement de la prosodie traditionnelle. Sensible à la musicalité des vers des *Fêtes galantes*, des *Romances sans paroles* et plus tard de *Jadis et naguère*, Vielé semble l'avoir d'autant plus « écoutée » que le français n'était pas sa langue originelle.

C'est donc pour la musicalité que Vielé place Verlaine au rang des suprêmes. Paul Adam, dans l'*Enquête sur l'évolution littéraire* de Jules Huret[45], le présentera « comme le plus rythmique des poètes nouveaux[46] ». Et lui-même écrira, à propose de Verhaeren: « sans chanson il n'y a pas de poème[47] ». Si la tâche du poète est de créer une mélodie, à partir d'impressions vagues et pleines, avec des mots arrachés au néant, l'eurythmie ne peut, pour Vielé-Griffin, s'atteindre que par le vers libre en tant qu'il est « une conquête morale[48] ». Ayant commencé par imiter les licences verlainiennes qui rendent ambiguë la régularité syllabique, il libérera l'expression de son chant intérieur en ne faisant de l'isosyllabisme une possibilité poétique parmi d'autres et non plus une norme esthétique absolue. L'harmonie est alors recherchée par une musique non convenue assurant sa continuité par des échos sonores et des rimes. S'il y a dans les critères esthétiques des éléments éternels et d'autres plus éphémères, la régularité syllabique systématique relève de l'éphémère. La fin du XIXe siècle doit voir l'avènement du vers libre afin que la poésie garde tout son pouvoir émotionnel.

Vielé se gardera à faire de Verlaine un poète inhibant pour ses contemporains. D'une manière générale, il déteste d'ailleurs les formules péremptoires consistant à décréter qu'un poète est le meilleur de son temps. Faisant allusion aux enquêtes qui se multiplient à la fin du siècle, il écrit en 1890:

> Le plus grand Poète, le premier prosateur? – Pauvres et sottes formules! – Laissons à d'autres la manie sénile des classifications. [...] Car l'Art importe, et l'Art seul; ne nous avait-on pas annoncé la mort du Verbe? N'a-t-on pas trouvé pour ridiculiser la renaissance idéaliste ce terme stupide: décadence? A-t-on assez plaisanté *le symbolisme*? Et, croyant avoir trouvé le mot de la fin, ne nous a-t-on pas crié: « le symbolisme, cela existe de toute éternité »! [...] Le plus grand Poète: c'est la Foi[49].

45. Parue dans *L'Écho de Paris*, du 3 mars au 5 juillet 1891.
46. *Enquête sur l'évolution littéraire* de Jules Huret, rééd. Daniel Grojnowski, Vanves, Thot, 1982, p. 64.
47. « Émile Verhaeren », *Le Thyrse*, N° 39, 5 décembre 1926, p. 464-465.
48. « Une conquête morale », *La Phalange*, n° 17, novembre 1907, p. 422.
49. « Le plus grand poète », *Entretiens politiques et littéraires*, n° 8, 1er novembre 1890, p. 277-278.

Cette Foi érigée, il la reconnaît en Verlaine qu'il inclut au nombre des rares « pèlerins du beau et de l'idéal[50] », périphrase par laquelle il désigne les poètes ayant contribué au renouveau du lyrisme. Verlaine y figure en tête. Et lorsque les *Entretiens politiques et littéraires* consacrent dix pages à la traduction française d'un article allemand sur Verlaine[51], la rédaction — dont Vielé est le maillon principal, indique vouloir ainsi « marquer la place que l'on accorde en Allemagne à notre plus grand poète lyrique[52] ». Vielé qui se refuse à élire « le plus grand poète », consent donc à ce que Verlaine soit le plus grand poète lyrique.

Dans les *Entretiens* de juillet 1892, Vielé, rendant hommage à la musique Verlaine, salue, à l'« occasion de la publication de *Liturgies intimes* « la délicatesse de son oreille »; « poète, il domine cette époque, indéniablement[53] ». Animé par le souci de ne pas créer de nouvelles idoles, et voulant lutter contre le conformisme littéraire qui favorise l'hégémonie d'un seul, il loue ici Verlaine comme un poète admirable, et non comme un dieu. Fidèle à ce choix, et interrogé dix ans plus tard dans le cadre de l'enquête de *L'Ermitage* de 1902, il assure ne pas pouvoir répondre directement à la question « quel est votre poète? ». Estimant que l'admiration poétique n'est pas inconditionnelle, il dit ne pouvoir évoquer que ses lectures favorites: « Lamartine, Verlaine et Laforgue[54] ». Il n'omet jamais de citer Verlaine au nombre de ceux qu'il admire. En 1932, encore, toujours très cohérent, et estimant que le « discipulat[55] » implique immanquablement le plagiat, il affirme qu'il ne saurait « admettre, en Art, que des admirations et des sympathies[56] » et explique que les siennes vont essentiellement à deux poètes: Mallarmé et Verlaine. Il les distingue en ces termes:

> Par un consentement tacite et presque unanime, Stéphane Mallarmé devint le maître du Symbolisme constitué. À Verlaine, que sa vie erratique et quelque peu excessive ne prédisposait pas à ce magistère, fut dévolu comme le rang de second consul; il restait le poète suprême pour plusieurs dont je fus[57].

50. Vielé-Griffin, « Quelques figures symbolistes [...] », art. cit., p. 21.
51. Cet article paru dans les *Entretiens* de décembre 1893 et signé de l'Allemand Hedwig Lachmann avait été publié fragmentairement par la *National-Zeitung* de Berlin.
52. *Ibid.*
53. Vielé-Griffin, « Les Livres », *Entretiens politiques et littéraires*, juillet 1892, p. 35.
54. Enquête de *L'Ermitage* sur « Les poètes et leurs poètes », *L'Ermitage*, n °2, février 1902.
55. Le néologisme est de Vielé-Griffin.
56. Dans le 1er numéro de décembre 1887 de « La Cravache », cité par R. Scalamandrè, *op. cit.*, p. 84.
57. Discours prononcé le 5 novembre 1932, *op. cit.*, p. 19.

Vielé-Griffin qui, en adversaire déclaré des partisans du culte de la forme, compare les efforts des parnassiens vers des « vocalises de chapon[58] », voit en Verlaine le « seul esprit fécondant », « le seul, à nous avoir légué un héritage de beauté *active*[59] »

En 1908, tentant une synthèse globale objective et nuancée de la poésie verlainienne, il écrit :

> L'œuvre de Verlaine est inégale et reflète les inégalités de sa vie. [...] Aussi bien ses plaisanteries sur « l'apocope » de Moréas, et sur « le vers libre », son inintelligence voulue du Symbolisme, sa décadence mentale et morale, n'inquiétèrent-elles jamais l'admiration que nous avons gardée pour son don unique et inné de chanteur, pour son âme enfantine et versatile, et son cœur tendre et saignant — son impuissance désarmante devant la vie — qui lui fut cruelle — à cause peut-être d'une absence de caractère. N'importe ? C'est à tout cela que nous devons *Sagesse*, et telles pages de *Jadis et naguère*[60].

Verlaine a ouvert le champ de la création poétique et finalement créé — même si c'est à son insu – une sorte d'émulation chez les jeunes poètes. Vielé-Griffin l'en loue et, s'il le rapproche sur ce point de Mallarmé, son autre maître, le distingue en cela de Victor Hugo.

La mort de l'auteur de *La Légende des siècles*, en 1885, coïncide avec la naissance du symbolisme...

> La vieillesse prestigieuse de Victor Hugo fut une époque de stérilité pour tous les poètes hors lui-même. Que faire en face d'un tel contemporain ? Hugo, en effet, avait progressivement éteint toute velléité créatrice autour de lui[61].

Ces remarques font songer aux propos de Mallarmé écrivant dans *Crise de vers* à propos du poète qu'il : « confisqu [e] chez qui pense, discourt ou narre, presque le droit à s'énoncer ». Vielé-Griffin écrit ceci à propos de 1885 :

> Le tri des éléments d'une poétique nouvelle, conforme à la nature et au besoin d'évolution qui motive la Vie [a] commencé ; non pas qu'un congrès convoqué sous la présidence effective de Mallarmé, avec Verlaine, Villiers et

58. Vielé-Griffin, « Entretiens sur le Mouvement poétique », *Entretiens politiques et littéraires*, mars 1893, p. 247.
59. « Notes inédites sur Paul Verlaine », art. cit. de *La Revue verlainienne*, p. 14.
60. « Quelques figures symbolistes [...] », art. cit., p. 20.
61. « La gestation du Symbolisme », *La Phalange*, 15 juillet 1907, p. 15.

> Dierx comme assesseurs, y ait procédé mais des âmes inquiètes du Beau et tumultueuses de pensées, toute une élite disparate d'origine et d'âge qu'une audace féconde unissait pour l'œuvre commune, prenait conscience de sa tâche, *rénovait le lyrisme*[62].

Victor Hugo disparu, débute donc une ère nouvelle pour la poésie, incarnée par Verlaine. D'ailleurs Vielé attribuera un sens symbolique au fait que le cortège funèbre de l'auteur de *Sagesse* soit parti d'une maison proche du Panthéon, non loin du caveau de Victor Hugo.

> Ainsi, Verlaine partait vers l'éternité et la gloire posthume du point géographique exact où avait abouti, dans une apothéose foraine et grandiose néanmoins, le grand poète verbaliste. [...] Le point d'arrivée de l'un fut le point de départ de l'autre, et les cortèges bien différents qui menèrent successivement ce double deuil des lettres françaises furent éloquents pour leur contraste même[63].

Plus tard, en 1936, évaluant à nouveau l'influence respective des deux poètes, il déclarera : « Le murmure de Verlaine a porté plus loin le Tonnerre de Hugo[64] ».

Évoquant, à propos de Verlaine, une forme de transcendance esthétique, Vielé-Griffin exprimera dans un *Thrène pour Paul Verlaine*, l'idée que le poète fut grand pour avoir su « lire les mots de Dieu dans l'ombre illuminée[65] ». Dans ces vers, il rend hommage à la spiritualité de la poésie de Verlaine et à son caractère prométhéen. Parce qu'elle est l'écho authentique de son déchiffrage à la fois soucieux et ingénu de l'univers, la voix de Verlaine

> Dompte la rumeur
> De tout l'orchestre épars aux livres...[66]

Verlaine a contribué à la libération du vers en donnant la primauté au chant. Aux sources d'un renouvellement du lyrisme et, partant, d'une nouvelle sensibilité poétique, l'auteur des *Romances sans paroles* est le véri-

62. *Ibid.*
63. « Quelques figures symbolistes [...] », art. cit., p. 20.
64. « Commémoration du symbolisme », *Bulletin de la Société des Gens de Lettres de France*, 1936, p. 530.
65. *Thrène pour Paul Verlaine*, dans *La Clarté de vie* (1897). Ce poème ne figure pas dans la réédition des *Œuvres complètes* (Slatkine).
66. *Ibid.*

table initiateur du symbolisme, selon Vielé, qui souligne son influence sur un mouvement auquel il n'a jamais voulu se rattacher :

> Sans Verlaine, on aurait eu le phénomène d'un extraordinaire exode de poètes vers les littératures anglaises ou allemandes. C'est dans la langue de Shakespeare ou de Goethe que se serait réalisé ce Symbolisme que la Sorbonne eût accueilli dès lors avec vénération[67].

À la mort de Verlaine, le champ poétique est en pleine germination. Pourquoi dès lors lui ériger une statue ? C'est ce que se demande Vielé-Griffin qui participera « sans enthousiasme à l'inauguration d'une effigie dont l'image, lentement sculptée, du poète par lui-même rend illusoire la ressemblance et puéril le cérémonial ». Car le poète « est seul fauteur responsable de son immortalité[68] ».

67. Cité par H. de Paysac, *op. cit.*, p. 103.
68. « Verlaine, et, entre autres, MM. Faguet, Gaston Deschamps, etc. », *Mercure de France*, octobre 1896, p. 7.

Yves Reboul

Claudel devant Verlaine

Au début de 1896 Claudel, alors en Chine, apprend la mort de Verlaine, survenue à Paris dans les premiers jours de janvier. Sous le coup de la nouvelle, il écrit le 26 février à son ami Pottecher :

> J'ai appris avec une émotion qui n'a pas encore tout à fait disparu dans le confus rantanplan des articles funèbres la mort de ce pauvre Verlaine. Comme je l'admirais il y a dix ans ! Encore aujourd'hui je le considère comme un des plus adroits ouvriers du vers qui aient existé [...]. Sans images et presque sans paroles, avec le sentiment juste de la valeur plutôt que du sens des mots, il écrit des *airs*. C'est fragile et allumé comme un coquelicot dans le brouillard. Rien d'ailleurs de ces jets soudains, de ces impatiences, de ces cris d'aigle qui caractérisent le génie et que l'on trouve par exemple dans le volume des poésies de Rimbaud que l'on vient de m'envoyer.

En quelques lignes, tout est dit de ce qui est alors la position de Claudel devant Verlaine : l'estime mesurée à un créateur moins grand qu'on ne l'avait cru ; un talent ramené à celui de pur artisan du vers ; et par dessus tout, peut-être, la confrontation avec un Rimbaud dont le fulgurant génie poétique reléguait désormais l'auteur de *Sagesse* au second plan. Il est vrai que, très probablement, Verlaine se trouvait alors enveloppé pour Claudel dans la disgrâce de tout ce qui lui rappelait « les tristes années quatre-vingts », ce temps du « bagne positiviste » dont Rimbaud, précisément, lui avait ouvert les portes. De telles réticences de sa part n'en gardent pas moins quelque chose d'inattendu, voire de paradoxal, surtout si l'on considère le silence qu'il observe sur la dimension spirituelle de la poésie verlainienne, fondamentale pourtant aux yeux d'une grande partie de sa génération et dont on aurait pu croire qu'elle le conduirait à voir en Verlaine autre chose que l'ouvrier adroit d'un « art de pur bibelot[1] ».

1. Lettre à Jacques Rivière, 12 octobre 1912.

Mais écoutons le même Claudel répondre en 1951 à Jean Amrouche, lequel venait de lui rappeler qu'il avait déclaré préférer Francis Jammes à Verlaine[2]:

> Ce sont des choses qu'on dit au courant de la plume, mais qui n'ont pas grand sens [...]. Il y a en particulier dans *Amour* un poème appelé *Bournemouth*, un poème qu'il a composé quand il était en exil en Angleterre que je trouve une des plus belles choses de la langue française. Certainement si j'avais connu *Bournemouth* à ce moment-là, je n'aurais pas dit que je préférais Francis Jammes à Verlaine, qui est quelque chose de tout à fait inégalable. J'ai une admiration qui n'a cessé de croître pour Verlaine. Peut-être étais-je moins juste envers Verlaine que je ne le suis maintenant. C'est plus tard, et spécialement après mon séjour en Belgique, que j'ai apprécié toute l'originalité et la qualité véritablement exceptionnelle de la poésie de Verlaine[3].

Impossible d'imaginer renversement de perspective plus radical. Était-ce là repentir, sentiment chez Claudel d'une injustice à réparer? Sans doute et cette tirade de ses *Mémoires improvisés* nous en laisse d'ailleurs deviner un motif: très probablement, ses jugements de 1896 se fondaient sur une connaissance imparfaite du corpus verlainien, au sein duquel on peut croire qu'il n'avait pratiqué vraiment que les textes qu'exaltait, au milieu des années quatre-vingts, la jeune poésie symboliste. Mais toute fondée qu'elle soit, cette explication n'en demeure pas moins infiniment trop courte: entre la vision de Verlaine que développe la lettre à Pottecher et celle des *Mémoires improvisés*, c'est en fait un véritable espace de contradiction qui s'ouvre, pour lequel ni le temps écoulé ni la méconnaissance ancienne de tel ou tel texte ne fournissent en définitive de justification adéquate. Osons le mot: il s'agit là de la part de Claudel d'une véritable conversion. Et d'une conversion qu'il faut expliquer comme telle.

On a dit plus haut que les réticences du Claudel de 1896 tenaient sans doute à ce que la figure de Verlaine lui rappelait les maudites années quatre-vingts, comme l'indique d'ailleurs très nettement la lettre à Pottecher, dans laquelle les mots *il y a dix ans* ne peuvent guère renvoyer qu'à cette époque. Cela d'autant plus qu'il avait du Verlaine de ces années-là des souvenirs personnels. On se rappelle les vers de *Magnificat*:

> Ô les longues rues amères autrefois et le temps où j'étais seul et un!
> La marche dans Paris, cette longue rue qui descend vers Notre-Dame!

2. Le fait est exact et se trouve rapporté dans une page du *Journal* de Gide qu'on lira plus loin.
3. *Mémoires improvisés*, vingt-troisième entretien, Gallimard, coll. Idées, 1969, p. 202-203.

Verlaine, précisément, était de ceux dont la silhouette avait hanté ces *longues rues amères.* Bien des années plus tard, Claudel évoquera avec sympathie le temps où « sur le long trottoir de la rue Gay-Lussac », il lui arrivait de le rencontrer « avec sa barbe inculte de trimardeur, sa jambe qui fauche et son petit œil insolent et rêveur[4] »: mais c'était dans un contexte de célébration quasi officielle et en un temps où le poète de *Sagesse* avait cessé d'être pour lui une figure négative. Au tournant du siècle, il en allait tout différemment, ne serait-ce que parce que Verlaine avait incarné en quelque sorte publiquement dans les dernières années de son existence le personnage qui répugnait peut-être le plus à Claudel, celui du bohème déchu: « J'ai toujours dans la mémoire les figures tragiques d'un Villiers de l'Isle-Adam, d'un Verlaine, avec des restes de talents sur eux comme les derniers poils d'une vieille fourrure mangée », écrira-t-il encore en 1910 à Jacques Rivière[5]. C'est qu'à travers ce souvenir, il prenait la mesure d'un risque qu'il avait pu naguère encourir lui-même, celui qui menace l'*artiste pur,* dont il dira à propos de Mallarmé qu'il n'a en définitive rien à dire et dont la fréquente déchéance sociale n'était au fond, dans son esprit, que la conséquence et le signe de cette vacuité.

Mais le souvenir, en l'occurrence, n'était pas tout. Car si étrange que cela puisse paraître, la figure de Verlaine, toute réminiscence personnelle mise à part, renvoyait aussi pour le Claudel de la fin de siècle à cette société positiviste qui était pour lui le mal absolu et dont le poète maudit ou l'*artiste pur* étaient comme l'envers inavoué. Paradoxe si on songe, non seulement à l'affirmation catholique de Verlaine, reprise après tout publiquement par lui jusqu'à sa mort, mais aussi à sa polémique contre cette même société, qu'elle s'affirme dans les textes communeux de naguère ou dans les poèmes ultramontains qui parsèment *Sagesse.* Il est vrai que le Verlaine communeux au moins ne pouvait guère être sympathique à Claudel et qu'en outre, il y a gros à parier qu'il n'y avait guère prêté attention. Car les recueils verlainiens, ces « minces volumes à demi secrets que laissait échapper de temps en temps à l'ombre de Notre-Dame l'éditeur Vanier » furent avant tout, comme il le répétera fréquemment par la suite, la « découverte de [s] on adolescence[6] » : ce qui veut dire qu'il en prit connaissance à une époque où, si cette poésie commençait effectivement à se diffuser, c'était à travers le filtre de l'esprit

4. « Paul Verlaine poète de la nature et poète chrétien »; *Œuvres en prose,* Gallimard, Bibliothèque de la Pléiade, 1965, p. 487-488. Il s'agit là d'une conférence qui fut ensuite reprise dans *Accompagnements.*

5. À Jacques Rivière, 2 février 1910.

6. *Œuvres en prose,* éd. cit. p. 488.

symboliste en voie de cristallisation. Évoquant ce temps désormais lointain, il mentionnera d'ailleurs les « pages du petit journal *Lutèce*[7] », dont on sait qu'il fut une des revues qui prêchaient l'évangile symboliste naissant en même temps qu'il contribua, plus que tout autre peut-être, à la gloire de Verlaine[8]. Rien d'étonnant dès lors à ce que dans ce contexte, l'aspect chrétien de la poésie verlainienne soit pour le jeune Claudel passé au second plan[9], et que ce soit l'esthète ou le virtuose du vers qui ait marqué dans son souvenir, comme on le voit assez par la lettre à Pottecher. Mais rien d'étonnant non plus à ce que l'étoile en ait singulièrement pâli par la suite, dès lors qu'avec sa conversion se dessinait pour lui une rupture complète avec l'univers intellectuel de ses années d'apprentissage.

Seulement ce qu'on sait aussi (et quelques nuances qu'on doive apporter sur ce point aux affirmations tranchées de son âge mûr), c'est que dans cette rupture la découverte de Rimbaud, et en particulier des *Illuminations*, joua un rôle décisif. De sorte que, non sans paradoxe, il y a lieu de croire que ce fut la révélation rimbaldienne qui, plus que toute autre chose, contribua à discréditer la figure et la poésie de Verlaine dans l'esprit du jeune Claudel. À la bien lire, la lettre de Pottecher le dit d'ailleurs assez clairement : *il y a dix ans*, c'était au début de 1886, c'est-à-dire avant la conversion, mais surtout immédiatement avant la découverte des *Illuminations*, laquelle se situe au mois de mai de cette année-là. Il serait donc sans doute à peine exagéré de dire que Verlaine dut alors apparaître à Claudel comme une sorte d'anti-Rimbaud, un de ces « horribles hommes de lettres[10] » auxquels précisément *l'ange de Charleville* avait refusé de lier son destin. Ainsi s'explique – et ce point est capital – qu'à ce stade de sa vie il n'ait été nullement tenté de faire du *drôle de ménage* un de ces couples dioscuriques évoqués naguère par Étiemble et que les Surréalistes, quant à eux, ne devaient pas se priver de créer autour de la figure de Rimbaud (on sait par exemple que le simple fait d'avoir cohabité avec lui en « ce séjour du 178 Stamford Street, Waterloo

7. *Ibid.*

8. On se rappelle notamment que ce fut dans *Lutèce* que parurent pour la première fois *Les Poètes maudits*.

9. Bien des années plus tard, il citera comme recueils verlainiens ayant marqué son adolescence *La Bonne Chanson*, *Fêtes galantes* et *Romances sans paroles*, mais non pas *Sagesse* : connaissait-il seulement ce recueil vers 1885 (*ibid.*, p. 488) ? On notera d'autre part que, dans le milieu symboliste, un intérêt de dilettante ou d'esthète pour le catholicisme était fort à la mode : à supposer qu'il les ait alors lus, il peut avoir interprété les textes chrétiens de Verlaine dans ce sens.

10. Citation tirée du poème liminaire de *Feuilles de saints*, poème intitulé *Le faible Verlaine* et dont on aura l'occasion de reparler.

Road, qui fut en commun le leur[11] » valut à Nouveau, de la part de Breton, une divinisation pure et simple). Faut-il croire que le mépris manifesté à Verlaine par un texte comme *Vierge folle* ait pu là jouer son rôle ? Rien n'est moins sûr, car la part de l'autobiographie n'y était sans doute guère perceptible pour les premiers lecteurs d'*Une saison en enfer*, sans compter que l'attitude de Claudel en la matière n'aurait au fond guère pu être autre : d'abord parce que le surgissement de Rimbaud dans sa vie fut d'abord celui d'un *texte* (en l'occurrence celui des *Illuminations*) ressenti par lui comme *autre :* ensuite parce que Verlaine s'employa toujours, tant qu'il vécut, à brouiller les pistes dès qu'il s'agissait de Rimbaud[12]; enfin parce que ce ne fut que dans les dernières années du siècle (en particulier avec les premiers écrits de Paterne Berrichon) que commença de s'imposer la biographie légendaire de Rimbaud et que son compagnonnage avec Verlaine commença de se prêter à des développements fabuleux. De sorte que ce dernier ne pouvait effectivement apparaître au Claudel d'alors que comme *l'un* (parmi d'autres) de ces artistes ou hommes de lettres que Rimbaud avait momentanément fréquentés. Et qu'il n'y a rien d'étonnant à ce que la révélation foudroyante des *Illuminations*, bien loin de faire pour lui de Verlaine une figure mythique, ait tendu tout simplement à le dévaloriser, comme plusieurs des dieux de son adolescence.

Il n'est guère surprenant dès lors que la figure du poète de *Sagesse* soit radicalement absente du premier théâtre claudélien alors même que, de Simon Agnel à Avare en passant par Louis Laine, les incarnations de Rimbaud y abondent. Il est vrai qu'on a été tenté de croire le contraire et d'imaginer que le personnage de Coeuvre, qui représente le poète dans la seconde version de *La Ville*, pourrait devoir quelque chose à Verlaine. Mais c'est là une hypothèse difficile à croire et il suffit pour s'en convaincre d'écouter une de ses premières répliques :

> Ô Besme, je ne parle pas selon ce que je veux, mais je conçois dans le sommeil.
>
> Et je ne saurais expliquer d'où je retire ce souffle, c'est le souffle qui m'est retiré.

11. On aura reconnu une citation de *Flagrant Délit.* Breton poursuit en écrivant que sur ce séjour londonien des deux hommes « se referme une des grandes parenthèses de notre temps ». Quelques lignes plus haut, il évoquait en termes quasi christiques « le Nouveau qui — sous l'œil du Rimbaud que nous ne pouvons voir et qu'à cet instant, il *voit* — copie *Villes* et *Métropolitain* [...] ».

12. C'est le cas notamment dans sa préface à l'édition de 1895 des *Poésies complètes* de Rimbaud, le « volume » auquel fait allusion la lettre à Pottecher.

> Dilatant ce vide que j'ai en moi, j'ouvre la bouche,
> Et, ayant aspiré l'air, dans ce legs de lui-même par lequel l'homme à chaque seconde *expire* l'image de sa mort,
> Je restitue une parole intelligible.

Il est clair qu'en lisant ces vers on pense avant tout à Claudel lui-même et en tout cas certainement pas à Verlaine : signe supplémentaire de ce qu'au cours de ces années, celui-ci ne se trouvait décidément pas à l'horizon claudélien. Il n'y avait d'ailleurs rien d'étrange à cela, en dehors même des réticences que l'on connaît par la lettre à Pottecher : dans un univers marqué par le *Qu'est ce que ça veut dire ?* mallarméen, par le drame de la conversion suivi d'immenses études théologiques et enfin, plus secrètement, par la prégnance de la figure de Rimbaud, quelle place aurait donc pu revenir à Verlaine ? De sorte qu'on n'est pas surpris de lire dans le *Journal* de Gide, à la date du 1er décembre 1905, ces lignes dans lesquelles l'auteur rapporte la conversation sur Francis Jammes à propos de laquelle on a vu que Jean Amrouche devait interpeller Claudel bien des années après :

> Comme je rapproche cette sorte de poème de Francis Jammes de *Sagesse* de Verlaine, Claudel déclare aussitôt que *L'Église habillée de feuilles* est une œuvre bien supérieure, que pour sa part il n'a jamais trop aimé *Sagesse*, où la jonglerie de Verlaine est toujours apparente et gâte les pièces les mieux venues.

Et l'on n'est pas davantage étonné à la lecture du poème intitulé *L'Irréductible*, qui date de 1910 et fut la contribution de Claudel à l'ouvrage collectif d'hommage paru cette année-là sous le titre *Tombeau de Paul Verlaine* [13].

À cet hommage il n'avait guère souhaité participer à l'origine : il n'avait que peu de goût pour ce genre de célébration, n'éprouvait visiblement aucun enthousiasme à s'associer au projet d'un « affreux navet […] à la mémoire de ce pauvre homme[14] » et ne céda, de son propre aveu, qu'en souvenir de Mallarmé qui en avait été l'initiateur. Il est toutefois intéressant de noter qu'il devait, peu après, refuser tout net de s'associer à une entreprise du même ordre concernant

13. L'ouvrage parut chez Messein sous la responsabilité de Charles Morice.

14. *Correspondance Gide-Claudel*, Gallimard, 1949, p. 140 (lettre du 17 juin 1910). Dans cette citation le mot *navet* désigne le monument qu'il était également prévu d'ériger à la gloire de Verlaine.

cette fois Rimbaud, ne voulant pas être, selon ses propres termes, « complice d'une nouvelle profanation à l'égard de l'écrivain dont j'honore le plus la mémoire[15] ». Autant dire qu'il n'avait pas, et de loin, les mêmes scrupules quand il s'agissait de Verlaine ; et la lecture de L'*Irréductible* confirme d'ailleurs qu'il n'avait guère changé là-dessus depuis 1896 et que le poète de *Sagesse* restait alors pour lui ce qu'il était au temps de la lettre à Pottecher. On ne s'en aperçoit pas tout à fait à première lecture parce que Claudel, exaspéré par cet hommage officiel[16], auquel il participait à son corps défendant, a choisi par provocation de glorifier en lui le bohème et le marginal[17] :

> Le vieux Socrate chauve grommelle dans sa barbe emmêlée ;
> Car une absinthe coûte cinquante centimes et il en faut au moins quatre pour être soûl [...]
> Que d'autres gardent le plaisir avec la vertu, les femmes, l'honneur et les cigares !
> Il couche tout nu dans un garni avec une indifférence tartare [...]

Certes le thème qui donne son titre au poème, celui de *l'irréductible,* laisse place dans quelques-uns des vers (et surtout à travers quelques mots marqués culturellement) à une certaine christianisation du personnage[18] ; mais c'est que Claudel plaque sur la figure de Verlaine un *topos* religieux auquel les données biographiques se prêtaient parfaitement, celui du choix de la pauvreté et de la déréliction par mépris du monde. Reste que c'est bien là le même Verlaine qu'en 1896, artiste et bohème, novateur en matière de vers au point d'être ostracisé par l'académisme parnassien (« Le malheureux fait des vers en effet pour lesquels Anatole France n'est pas tendre :/Quand on écrit en français, c'est pour se faire comprendre ») et bouleversé dans sa vie par la rencontre de Rimbaud dont le passage, au total, ne lui apporte apparemment

15. *Ibid.* p. 180.
16. Dont le poème se moque bien clairement : « Donc célébrons tous d'une seule voix Verlaine, maintenant qu'on nous dit qu'il est mort./C'était la seule chose qui lui manquait, et ce qu'il y a des plus fort,/C'est que nous comprenons, tous, ces vers maintenant que nos demoiselles nous les chantent, avec la musique/Que de grands compositeurs y ont mise et toutes sortes d'accompagnements séraphiques ! »
17. « J'ai donc envoyé des vers, mais je ne sais s'ils feront plaisir à tout le monde » (lettre à Gide, 17 juin 1910, *ibid. p.* 140). La provocation de sa part est évidente car son horreur pour le côté bohème de Verlaine n'avait en fait nullement disparu : en septembre 1924 encore, il écrira dans son *Journal*: « J'ai vu 2 fois Verlaine et 1 fois Villiers de l'Isle-Adam qui m'ont donné l'horreur de la bohème » (*Journal*, Gallimard, Bibliothèque de la Pléiade, 1968, t. 1, p. 644).
18. Par exemple au vers 17 : « Nous ne connaissons pas cet homme et nous ne savons qui il est ».

que la dépossession de lui-même (« Il fut ce matelot laissé à terre et qui fait de la peine à la gendarmerie »), rien n'indiquant qu'il ait, a quelque degré que ce soit, partagé ou même compris la révélation rimbaldienne. Bref, le Verlaine de la lettre à Pottecher, ou à peu près.

Or quelques années plus tard, Claudel devait reprendre le texte de *L'Irréductible* pour en faire la deuxième partie d'un poème intitulé *Verlaine,* lequel allait figurer comme texte liminaire dans son recueil *Feuilles de saints,* paru en 1925. La première partie de ce poème en un sens nouveau y était formée d'une pièce intitulée *Le faible Verlaine,* de neuf ans postérieure à *L'Irréductible* puisqu'elle datait de 1919 ; mais l'ensemble constituant désormais un unique poème, le lecteur pouvait logiquement s'attendre à ce que la vision claudélienne de Verlaine y diffère peu de celle qui était développée dans *L'Irréductible.* Or c'est le contraire qui se produit[19]: le personnage mis en scène dans *Le faible Verlaine* est en fait radicalement nouveau et c'est là que se situe véritablement la rupture.

Ce qui frappe en effet à la lecture des vers de 1919, c'est qu'à peu près rien n'y subsiste du portrait du bohème : la déréliction a entièrement envahi la vie de Verlaine, ce manque de Dieu qui est désormais désigné en tant que tel. Mais ce sentiment d'une privation essentielle se trouve lui-même rapporté comme à une source au passage de Rimbaud et c'est cette articulation du thème chrétien à celui de la révélation rimbaldienne qui donne désormais son sens à la figure de Verlaine.

Le tableau de cette déréliction, Claudel le compose d'ailleurs en partie avec des textes verlainiens, comme si la part chrétienne de cette œuvre venait de prendre pour lui une valeur nouvelle. Ce « château par qui toute la misère humaine est épongée », par exemple (autrement dit la prison de Mons), nous le connaissons bien par *Amour*[20]; et lorsque nous lisons, à propos de la même prison

> La fenêtre est si petite là-haut qu'elle ne permet de voir que l'azur,

19. C'est d'avoir négligé cette différence entre les deux textes regroupés dans *Feuilles de saints* qui invalide gravement le travail, par ailleurs assez bien informé, d'Emmanuelle Kaës, « Sainteté de Verlaine (Claudel lecteur de Verlaine) », *Revue Verlaine,* n° 2, 1994, p. 177-190.

20. Où la prison de Mons est désignée par la métaphore du *château* dans la deuxième pièce du recueil, intitulée *Écrit en 1875.* Le premier vers en est : « J'ai naguère habité le meilleur des châteaux ».

nous savons que nous sommes délibérément renvoyés à *Sagesse*[21]. Mais le plus important n'est pas là : après tout, le séjour en prison faisait partie de la légende du bohème et *L'Irréductible* s'ouvrait bien sur l'image du « matelot laissé à terre et qui fait de la peine à la gendarmerie ». L'essentiel, c'est l'affirmation que la misère et la déchéance de Verlaine n'étaient que le signe d'une privation plus essentielle :

> La mince couche d'alcool dans ton verre et le sucre artificiel,
> Comme tu te pressais d'en finir afin de trouver le fiel
> Que le marchand de vin fut court à côté de l'hôpital !
> Que la triste débauche fut courte à côté de la pauvreté fondamentale,
> Vingt années par les rues Latines si grande qu'elle fut un scandale à tous les yeux,
> Privation de la terre et du ciel, manque des hommes et manque de Dieu !

On a dit plus haut que Claudel usait dans *L'Irréductible* d'un *topos* chrétien, celui de l'abaissement de soi-même par mépris du monde. C'est ce même *topos* qu'il reprend, mais avec une tout autre portée, parce que Verlaine n'est plus ici le bohème ou le marginal de naguère, mais bien le vieil Adam, « aussi nu par terre que l'enfant quand il sort tout nu du ventre de sa mère » et qu'en même temps il est aussi celui qui a connu le goût de la rédemption.
On se rappelle les vers par lesquels, dans *La Ville*, Claudel évoquait le voile de Véronique, signe et instrument pour la Cité de la conversion finale :

> L'expression en est si austère qu'elle effraie, et si sainte
> Que le vieux pêché en nous organisé
> Frémit jusque dans sa racine originelle, et la douleur qu'elle exprime est si profonde
> Qu'interdits, nous sommes comme des enfants qui regardent pleurer, sans comprendre, le père : il pleure !

On ne s'étonnera pas que ce soit à ce même voile « pénètré de douleur et de sang » que se trouve ici comparée la prison de Mons, ce *château* de la conversion verlainienne. Ni que l'expérience de l'abandon à Dieu qu'y vécut Verlaine, et dont une partie de *Sagesse* se fait l'écho, soit ici transcrite d'une façon qui rappelle singulièrement ce « sentiment déchirant de l'innocence

21. On pense naturellement à la pièce III, 2 de ce recueil : « Le ciel est, par dessus le toit, si bleu, si calme ! »

[...] de Dieu[22] », matérialisé précisément dans *La Ville* par le voile de Véronique :

> Jusqu'à ce qu'y naisse enfin cette image et cette face qu'il implique,
> Du fond des âges rédivive au-devant de sa face hagarde,
> Cette bouche qui se tait et ces yeux peu à peu qui le regardent.

Impossible d'en douter : pour le Claudel de 1919, Verlaine n'avait à peu près rien de commun avec l'esthète de la lettre à Pottecher ou le bohème que décrivait *L'Irréductible*[23]. Il était devenu en fait le personnage clé d'un récit de salut dont l'économie reposait sur lui pour une grande part, mais dont il ne jouait pas pour autant le rôle principal. Car si, au lieu du vagabond et du bohème, il avait pu devenir cette figure dont primait désormais le sens spirituel, c'était bien parce que, comme l'indique le texte avec une insistance significative, il avait au moment de son emprisonnement à Mons conservé « le goût en lui de ces choses qui sont autres qu'humaines ». Or il suffit de parcourir ici les versets claudéliens pour comprendre que c'était à Rimbaud uniquement qu'il le devait et que c'était de cette révélation-là qu'il était désormais le témoin.

Il est temps de dire en effet que ce qui sépare de la façon la plus visible le texte de 1910 de celui de 1919, c'est dans le second la présence massive de Rimbaud. Certes, dans *L'Irréductible,* Claudel *inscrivait* déjà cette présence à travers l'ellipse fulgurante du premier vers[24]. Mais ici la figure rimbaldienne s'impose dès l'ouverture du poème et avec quelle puissance :

> L'enfant trop grand, l'enfant mal décidé à l'homme, plein de secrets et plein de menaces,

22. L'expression figure dans le texte bien connu intitulé *Ma Conversion* (*Œuvres en* prose, éd. cit. p. 1010). Mais cette idée de l'*innocence* de Dieu, matérialisée par la face inscrite sur le voile de Véronique — et surtout par son regard — est très souvent reprise par Claudel.
23. La figure du bohème n'est cependant pas totalement éliminée du *Faible Verlaine,* pas plus d'ailleurs que n'y est passé sous silence le fait que, dans les dernières années de sa vie, sa foi avait plus d'une fois singulièrement fléchi : Claudel n'ignorait pas *Parallèlement*! Mais les deux sont intégrés à une dialectique de la révélation et de l'oubli, à une véritable économie du salut (« Et si tu tentas d'oublier le pacte à cette heure que tu fis,/ Lamentable Verlaine, Poëte, oh, comme tu t'y es mal pris !/[...] Cet art qui nous vient comme de cire d'accommoder l'Évangile avec le monde,/Comme tu n'y as rien compris, espèce de soudard immonde !/Glouton ! Que le vin dans ton verre fut court et que la lie en fut profonde ! »).
24. « Il fut ce matelot laissé à terre et qui fait de la peine à la gendarmerie » : laissé à terre par Rimbaud, bien entendu, au moment de l'affaire de Bruxelles.

> Le vagabond à grandes enjambées qui commence, Rimbaud, et qui s'en va de place en place,
> Avant qu'il ait trouvé là-bas son enfer aussi définitif que cette terre le lui permet,
> Le soleil en face de lui pour toujours et le silence le plus complet [...]

S'il n'y avait le titre, n'importe quel lecteur serait tenté de croire, aux vues d'un tel *incipit,* à un texte entièrement consacré à Rimbaud ; et il n'aurait pas, au fond, véritablement tort. Mais encore faut-il s'entendre : ce n'est pas de biographie qu'il s'agit et la preuve en est que (comme d'ailleurs dans *L'Irréductible)* l'affaire de Bruxelles donne lieu ici à une ellipse dont la cause, si elle est peut-être à chercher du côté du moralisme claudélien, est pour l'essentiel d'un autre ordre. Elle tient tout simplement à ce que le donné biographique en lui-même n'intéresse pas vraiment Claudel, ou plutôt qu'il ne l'intéresse que dans la mesure où il sert d'enveloppe à l'essentiel, c'est-à-dire à la révélation rimbaldienne elle-même. Telle qu'elle est évoquée, l'attitude de Verlaine en face de Rimbaud le dit assez :

> Ni rien ne lui est plus de rien, tout cassé ! Ni sa jeune femme qu'il aime,
> Pourvu qu'il suive cet enfant, qu'est-ce qu'il dit au milieu des rêves et des blasphèmes ?
> Comprenant ce qu'il dit à moitié, mais cette moitié suffit.

Or ce que disait ce Rimbaud-là, nous le savons bien et le poème nous le rappelle : qu'il avait « retrouvé l'Éternité », mais aussi que « nous ne sommes pas au monde ». On retrouve sans surprise le prophète de la fameuse préface de 1912, le « mystique à *l'état sauvage* » dont la postérité sera si riche, la « source perdue qui ressort d'un sol saturé ». Et désormais, Verlaine comprend, même si c'est seulement « à moitié » ; il comprend et, qui plus est, il est seul à le faire :

> Un seul homme dans le rire et la fumée et les bocks, tous ces lorgnons et toutes ces barbes immondes,
> Un seul a regardé cet enfant et a compris qui c'était,
> Il a regardé Rimbaud, et c'est fini pour lui désormais
> Du Parnasse contemporain, et de l'échoppe ou l'on fabrique
> Ces sonnets qui partent tout seuls comme des tabatières à musique !

Pour Claudel, à l'évidence, c'est dans cet instant fondateur que s'enracine le « goût [...] de ces choses qui sont autres qu'humaines » qui tiendra Verlaine à jamais dans ses rets et sera à l'origine aussi bien de la conversion de Mons (du surgissement en lui de la figure inscrite sur le voile de Véronique) que de la déréliction des dernières années. Moment conçu en termes manifestement et exclusivement religieux : le regard du disciple sur le Maître, l'illumination de l'évidence, la compréhension immédiate de ce que le Maître incarne. Quand on se rappelle l'affirmation de la lettre à Pottecher qu'il n'y avait *rien* en Verlaine du génie rimbaldien, on mesure le chemin parcouru : à présent, ayant reçu la révélation au plus profond de lui, Verlaine pourra bien la renier ou même défaillir, il n'en restera pas moins jusqu'à la mort le témoin de cette Parole fondatrice[25].

En peu d'années, le Verlaine claudélien était ainsi passé du statut d'esthète décadent et de virtuose du vers à celui d'acteur privilégié d'un mystère de salut. On comprend dès lors des notations comme celle que l'on découvre en parcourant le *Journal* à la date de mars 1935 : « Rimbaud, Verlaine – et tout ce q. en est sorti pour l'Église. Étrange histoire[26] ! » Mais on soupçonne aussi qu'une telle évolution n'a pu se faire au hasard. Quelque chose a permis à ce mythe de cristalliser définitivement dans l'esprit de Claudel et le mot de cette énigme n'est guère difficile à deviner : ce qui a bouleversé ainsi son discours sur Verlaine c'est, de 1912 à 1914, le tournant radical pris par sa vision de Rimbaud ou, plus exactement, le développement fulgurant chez lui de spéculations mystiques à son sujet qui étaient restées jusque là latentes ou inavouées.

On connaît bien aujourd'hui les étapes de cette cristallisation[27]. Le contact foudroyant avec le texte des *Illuminations* avait, il le dira sans cesse,

25. Certains détails du *Fable Verlaine* mériteraient à cet égard qu'on s'y étende. On notera par exemple que la fin du vers 14 (« Qu'est-ce qu'il dit au milieu des rêves et des blasphèmes ? ») y renvoie de toute évidence au vers 37 (« Qu'est-ce qu'il dit de sa voix profonde et tendre ? ») du fameux poème de Verlaine *Crimen amoris,* dont on se rappelle que le sujet est le messianisme rimbaldien. Mais elle est aussi à rapprocher du vers 21 (« Furieux oiseau contre la cage, plein de cris et de blasphèmes ») du poème de *La Messe là-bas* intitulé *Consécration :* or ce dernier poème, qui est entièrement centré sur la figure de Rimbaud, assimile sa parole poétique à la parole du prêtre qui consacre l'hostie.

26. *Journal,* Gallimard, Bibliothèque de la Pleiade, t. II, 1969, p. 84. *Tout ce qui* en *est sorti pour l'Église ?* Oui, si l'on veut bien admettre avec Claudel que la révélation rimbaldienne était de l'ordre strict du prophétique, comme l'affirmera d'ailleurs *Consération :* « Ton siècle étant redevenu païen, tu avais à recommencer la recherche et l'attente avec ta vie/Des hommes de l'Ancien Testament qui marchaient à la rencontre du Messie ! »

27. Le travail pionnier en la matière a été celui d'A. Blanchet, « L'élaboration par Claudel de son article sur Rimbaud », *Revue d'histoire littéraire de la France,* 1967, n° 4, p. 759-775.

renversé chez Claudel la croyance que l'univers obéissait dans sa totalité au modèle newtonien et lui avait imposé l'appréhension d'un monde *autre* qu'il ne tardera pas à penser en termes de surnaturel. Du moins est-ce ainsi qu'il évoquera toujours l'épisode et, même si cette évolution dans son esprit fut certainement beaucoup plus lente qu'il n'a bien voulu le dire par la suite, il y a d'autant moins de raisons de ne pas l'en croire qu'il s'abstint là-dessus pendant longtemps de tout prosélytisme. En janvier 1908 encore, il écrivait modestement à Jacques Rivière (qu'il s'efforçait, comme on sait, de convertir) : « Enfin, puissé-je être pour vous ce que Rimbaud a été pour moi », et ce ne fut que pour répondre aux interrogations de son correspondant qu'il se décida pour le coup à donner des précisions. Le texte est bien connu : à Rimbaud, déclara-t-il alors, il devait d'avoir échappé à « cette affreuse mécanique gouvernée par des lois parfaitement inflexibles et pour comble d'horreur connaissables et enseignables[28] », autrement dit à la conception du monde qui en faisait un ensemble de phénomènes dont la science donnerait un jour le dernier mot. La lettre de 1908 ajoute encore : « J'avais la révélation du surnaturel » et peut-être Claudel, après vingt ans, récrit-il quelque peu l'histoire sur ce point. Mais la réalité et le sens de la rupture demeurent, eux, hors de contestation.

Or en quoi Verlaine aurait-il pu jouer là-dedans sa partie ? À l'évidence, en rien : c'était le *texte* de Rimbaud et non pas sa vie qui avait bouleversé l'univers de Claudel. Cette vie, en outre, demeurait elle-même largement inconnue et on savait à peine le rôle que Verlaine y avait joué (ce qui lui permettait de pratiquer à l'époque une stratégie savante de demi-aveux) [29]. Mais surtout, la distance entre les pratiques textuelles respectives ne pouvait paraître à Claudel qu'à peu près infinie : on l'a vu, il n'avait sans doute qu'une connaissance partielle de l'œuvre verlainienne, la lisait probablement sous l'influence du contexte symboliste et en avait tiré l'image d'un esthète, virtuose du vers et indéniablement marqué du sceau de la décadence[30]. À côté

28. Lettre à Jacques Rivière, 12 mars 1908. La première lettre était du 11 janvier précédent, celle de Rivière (dans laquelle il disait de Rimbaud : « Comme je suis heureux qu'il ait été quelque chose pour vous ») du 22 février. On notera qu'à ce moment, Claudel ne dit nullement que Rimbaud fut un mystique, encore moins un prophète. Une seule phrase laisse percer le bout de l'oreille : chez lui, écrit-il, le génie se montre « sous sa forme la plus sublime et la plus pure, comme une inspiration réellement venue d'on ne sait où ». On va retrouver plus loin ce détail.
29. On pense évidemment, entre autres exemples, à un poème comme *Læti et errabundi.*
30. Nul n'ignore qu'une des pièces qui firent le plus pour établir la réputation de Verlaine fut le sonnet *Langueur* qui parut en revue en 1883 (et fut repris ensuite dans *Jadis et naguère).* Ce poème, sans doute parodique, n'en donna pas moins de lui l'image d'un décadent.

de la prose fulgurante des *Illuminations* et de l'univers *autre* dont elle ouvrait les portes, cela ne comptait pas. De là l'image que donne de Verlaine la lettre à Pottecher et qui se trouve à peine modifiée, près de quinze ans plus tard, dans un poème comme *L'Irréductible.*

Si cette image se trouva peu après bouleversée de fond en comble, ce fut d'abord à cause de la constitution autour des figures de Verlaine et de Rimbaud d'une sorte de *doxa* biographique dont le principal artisan fut à coup sûr le trop fameux Paterne Berrichon. Car le beau-frère posthume de Rimbaud, on l'oublie souvent, avait entamé sa carrière de biographe abusif en traitant de Verlaine[31]; et au fur et à mesure de ses écrits successifs, il allait tendre à faire du *drôle de ménage* le couple dioscurique que Claudel, au temps de la lettre à Pottecher, n'aurait eu aucun motif d'imaginer. Mais en même temps, dans sa négation acharnée de l'homosexualité de Rimbaud, il donnait de leur liaison une image absolument spirituelle et que redoublait encore le mythe, systématiquement propagé par lui, de la fin chrétienne du Voyant[32]. C'était là un pas important vers la traduction du destin de Rimbaud en termes purement mystiques et Verlaine y trouvait cette fois un rôle parce que, dans cette perspective, ce n'était plus le texte rimbaldien seul qui témoignait en faveur d'un monde *autre,* mais bien le passage en ce monde de Rimbaud dans toutes ses manifestations. Or ces délires biographiques de Berrichon, Claudel leur accorda toujours une foi entière; et on peut croire que ce fut au fur et à mesure de leur apparition que s'imposa à lui, centré sur la figure de Rimbaud, cette espèce de roman métaphysique qui donnait en somme sa véritable explication au coup de foudre jadis subi par lui à la découverte des *Illuminations:* bref, l'histoire de salut que nous connaissons déjà par *Le faible Verlaine.*

L'idée chemina sans doute un certain temps dans son esprit: en témoigne, par exemple, le fait que dans une lettre de 1908 à Rivière[33] il ait pu qualifier Rimbaud de génie « réellement venu d'on ne sait où » et aussi l'utilisation du *topos* chrétien de la déréliction dans *L'Irréductible.* Mais la péripétie décisive était encore à venir et elle allait se dérouler dans le courant de l'an-

31. Un article de lui intitulé « Verlaine héroïque » parut dans *La Revue blanche* du 15 février 1896, c'est-à-dire *avant* ses premiers articles sur Rimbaud. L'héroïsme de Verlaine consiste pour lui à avoir refusé toutes les normes de la vie bourgeoise: la marginalité partagée avec Rimbaud en est un des traits.

32. Le véritable inventeur de ce mythe, on le sait, fut la sœur de Rimbaud, Isabelle, et cela avant même qu'elle devienne l'épouse de Berrichon. Mais on sait que, d'une façon générale, Berrichon fut le porte-parole de toutes les impostures forgées par sa femme.

33. On a vu plus haut qu'il s'agit de la lettre du 12 mars 1908.

née 1912. Au printemps de cette année-là, en effet, sollicité d'écrire sur Rimbaud à la fois par Berrichon et par Copeau au nom de la *NRf*, Claudel avait d'abord refusé. Mais dans la première quinzaine de juin, il reçut successivement la dernière biographie berrichonienne, *Jean-Arthur Rimbaud le Poëte* et le *Sainte Chantal* de l'abbé Bremond. Or, dans ce dernier livre, un certain nombre de détails concernant l'expérience mystique imposèrent à son esprit le rapprochement avec Rimbaud ; et cédant d'un seul coup, il écrivit alors une première et brève version de sa mémorable préface qui, comme par hasard, s'ouvrait déjà sur l'expression fameuse : « Rimbaud fut un mystique à l'état sauvage ». Et quelques jours après, il accomplissait à Charleville un véritable pélerinage[34], au cours duquel Isabelle et Berrichon achevèrent, à grand renfort de faux et de truquages[35], de le convaincre que Rimbaud avait bien été le mystique visionnaire mort comme un saint dont ils propageaient sans cesse l'image. Dès lors, tout était joué : rentré à Paris, Claudel écrivait d'une traite la version définitive de sa préface[36], dont on se rappelle qu'elle fait de Rimbaud un pur mystique, un prophète suscité d'en haut dont la levée, comme par hasard, coïncidait avec l'époque de la « pleine stupeur positiviste », c'est-à-dire avec l'apogée de ce monde redevenu païen dans lequel le jeune Claudel avait vécu. Du coup quand, deux ans plus tard, Jacques Rivière publia à son tour dans la *NRf* un *Rimbaud* qui faisait des *Illuminations* un texte contaminé par la présence irréfutable de l'au-delà, la réaction de Claudel fut celle que désormais on pouvait attendre : « C'est de l'or pur, mon cher garçon », lui écrivait-il le 4 juin 1914, « de l'or en barre ! Absolument étonnant de pénétration et de profondeur ».

C'est ainsi que la vie de Rimbaud devint, dans l'esprit de Claudel, cette histoire de salut dans le déroulement de laquelle Verlaine ne pouvait plus échapper au rôle de témoin et de disciple. Car qui d'autre que lui l'eût assumé ? C'est si vrai que *Le faible Verlaine* peut dès lors plaquer sur lui deux

34. Dans les premiers jours de juillet 1912.

35. On lui montra notamment, dans la maison familiale de Roche, une table sur laquelle Rimbaud était censé avoir écrit *Une saison en enfer* et sur laquelle se trouvait gravée une croix entourée de rayons. Et surtout, on mit sous ses yeux la célèbre lettre dans laquelle Isabelle est censée raconter la mort chrétienne de son frère et qui est, *au minimum*, réécrite et truffée d'interpolations (pour cette circonstance ?).

36. Elle parut en octobre dans la *NRf*. Cette parution, on le sait, empêcha celle d'un article alors en gestation de Suarès, qui eût sans doute fait justice du mythe. Sur toute cette affaire, voir la remarquable mise au point de Michel Drouin (André Suarès, *Portraits* et *préférences. De Benjamin Constant à Arthur Rimbaud,* édition établie et annotée par Michel Drouin, Gallimard, 1991, p. 239-269).

stéréotypes chrétiens dont la provenance évangélique est manifeste : celui du témoin qui tombe dans le reniement [37] (dont le modèle lointain est évidemment saint Pierre) et celui du disciple auquel les propos du maître demeurent largement obscurs[38] – véritable *topos* de l'évangile johannique auquel se réfère d'ailleurs clairement la préface de 1914[39]. Dans un tel contexte, le vrai Verlaine disparaissait évidemment, comme s'évanouissait l'esthète symboliste des années quatre-vingts, mais peu importait au fond : au témoin de Rimbaud, la dévotion de Claudel était désormais acquise et c'était cela seul qui comptait. On comprend dès lors le peu d'intérêt, au regard d'une telle construction mythique, que présente le seul texte critique de quelque importance que Claudel ait consacré à Verlaine, à savoir sa conférence de 1935 intitulée *Paul Verlaine poète de la nature et poète chrétien* [40], écrite il est vrai dans une perspective de célébration officielle qui ne laissait guère à son auteur les coudées franches. C'est que dans un tel contexte, Claudel ne pouvait évidemment dérouler devant ses auditeurs l'espèce de drame sacré dont Verlaine était devenu pour lui le héros et en face duquel les incidents de sa vie réelle ne devaient guère compter à ses yeux. De là probablement la banalité de cet exercice officiel où on ne découvrira guère, en dehors de quelques souvenirs du Quartier latin, que des variations plus aux moins heureuses sur l'enracinement de Verlaine dans l'Ardenne – et aussi quelques ellipses pleines de pudeur sur sa biographie. Ceci explique d'ailleurs peut-être cela, car la vie réelle de Verlaine recelait aussi une vérité inavouable pour Claudel : celle de ses relations homosexuelles avec Rimbaud, qu'il ne cessera longtemps de nier avec acharnement, pour les admettre à la fin des fins sans tambour ni trompette[41]. Mais qu'importaient, au fond, les défaillances du témoin de *l'ange de Charleville*?

Témoin donc, avant tout, que le Verlaine de Claudel ; et témoin non pas tant d'une vie que d'une Parole ou plutôt de cet excès de la parole qui trans-

37. Voir, le vers 37 : « Et si tu tentas d'oublier le pacte [...] ».
38. Voir le vers 15 : « Comprenant ce qu'il dit à moitié suffit ». Dans son *Journal*, Claudel affirmera encore en août 1932 que Verlaine « n'a jamais rien compris » à la prose de Rimbaud, éd. cit t. I, p. 1008).
39. À propos de la *levée* de Rimbaud (« Il se lève tout à coup [...] »), la préface de 1914 cite en note, sans autre commentaire, le texte évangélique : « Il y eut un homme appelé Jean ». Il s'agit bien sûr, de Jean le Baptiste et la citation renvoie à l'évangile johannique (Jean, I, 6).
40. Dont on a déjà parlé plus haut (voir la note 4).
41. Dans le texte de 1942 intitulé « Un dernier salut à Arthur Rimbaud » (*Œuvres en prose*, éd. cit., p. 521-527). Le passage en question se trouve à la p. 525, où Claudel évoque Verlaine à l'époque de sa liaison avec Rimbaud en le décrivant comme « une espèce de femme soûle ».

cende tous les usages de la langue et par lequel elle se donne, en de rares moments, les moyens de transcrire ce qu'il nommera volontiers, d'une expression anglaise, le *ah! awareness:*

> La nature n'est pas seulement « un opéra fabuleux », le répertoire de l'inconnu, l'archive balbutiante d'événements poignants, inestimables [...] Il s'agit de la surprendre à l'instant voulu, si fragile! Et, comme qui dirait, en flagrant délit, à cette heure, par exemple, où, sortant de la nuit, elle n'a pas encore appris à se défendre contre la brutale inquisition de la lumière! Il s'agit de ne pas effaroucher par un sursaut personnel les lentes et profondes confidences de l'ombre qu'elle récupère. «....S'évader de la réalité. Jamais homme n'eut pareil vœu. » C'est ce que certains mystiques japonais appellent le *sentiment du Ah!* En anglais le *Ah! awareness*[42].

On aura reconnu les deux citations de Rimbaud: c'est cette Parole-là, dans les brefs instants où, au-delà du discours poétique proprement dit, elle s'approche de ce qu'il tient pour *pureté édénique*[43], qui constitue pour Claudel la véritable entreprise de Rimbaud et c'est d'elle que Verlaine est par lui institué le témoin. On comprend dès lors son admiration pour un poème comme *Bournemouth* où, autour de la référence rythmique de l'alexandrin, jamais abolie mais constamment rompue, le discours poétique s'essaie à restituer cette note unique:

> Bruit immense et bien doux que le long bois écoute!
> La Musique n'est pas plus belle. Cela vient
> Lentement sur la mer qui chante et frémit toute [...],

On comprend aussi qu'il n'ait cessé, dès lors que Verlaine se trouva réhabilité à ses yeux, d'exalter *Amour* (recueil où figure précisément *Bournewouth)* au détriment de *Sagesse* ou des *Fêtes galantes.* On retrouvait là quelque chose des réticences de la lettre à Pottecher devant le Verlaine des petites revues symbolistes mais la perspective était désormais très différente: cette prosodie verlainienne renouvelée, si étrangère à celle des *Romances sans paroles* ou des *Paysages tristes,* portait certainement dans son esprit la marque

42. « Un dernier salut à Arthur Rimbaud », *ibid.,* p. 524.
43. L'expression vient de la préface de 1912. Tout le passage, d'ailleurs, vaut d'être cité: « Une ou deux fois, la note, d'une pureté édénique, d'une douceur infinie, d'une déchirante tristesse, se fait entendre aux oreilles d'un monde abject et abruti, dans le fracas d'une littérature grossière. Et cela suffit. »

du passage de Rimbaud. Et on devine qu'elle a pu être du coup une sorte de modèle au moment d'adopter lui-même une formule poétique nouvelle, fondée sur le distique assonancé[44], et dans laquelle le battement de l'assonance et le retour sans cesse sur soi-même du distique créent une espèce de transe autour d'un objet en dernière analyse énigmatique. Car comme il l'écrit à propos, précisément, de *Bournemouth*[45]: « Ce n'est plus un membre logique durement découpé, c'est une haleine, c'est la respiration de l'esprit ».

44. C'est celle qu'il utilise dans des recueils comme *La Messe là-bas* ou *Feuilles de saints.*
45. « Paul Verlaine poète de la nature et poète chrétien », *Œuvres en prose*, éd. cit., p. 505-506.

Guy Ducrey

Arthur Symons et Verlaine au miroir de la danse

> Verlaine learnt from English poetry secrets which he has taught to English poets.
>
> Arthur Symons,
> lettre à Stuart Merrill, 26 avril 1907.

« J'aime Shakespeare, mais j'aime mieux le ballet ! » Voilà le propos prêté à Verlaine par son ami Arthur Symons, celui-là même qui reçut le poète à Londres en 1893 et lui dédia, deux ans plus tard, son plus beau recueil de vers, publié sous le titre *London Nights.* « J'aime Shakespeare, mais j'aime mieux le ballet ! »... La boutade est rappelée à plus d'une reprise par Symons dans son œuvre[1], et il ira jusqu'à affirmer en 1918, resongeant à Verlaine, que ce paradoxe « bizarre et délicieux [...] résumait une conception personnelle et poétique de la vie et de l'art[2] ». Pure exagération ? Mais elle viendrait alors de l'Anglais qui témoigna sa vie durant de la plus belle, de la plus profonde compréhension du poète des *Fêtes galantes.* Serait-ce alors plutôt que, comme souvent les bons mots, celui-ci recèle sous ses allures désinvoltes quelque message important pour un écrivain, Symons, dont l'œuvre fut tout entière placée sous le signe du ballet, du music-hall et de leur mouvante population ? Y aurait-il là, dans cette apologie d'un art du mouvement éphémère contre la monumentalité séculaire de Shakespeare, une vérité profonde sur la poésie moderne, telle que l'écrivain anglais la concevait lui-même ? Ou encore : dans

1. Ainsi en 1918, dans ses souvenirs sur Paris et Verlaine ; Arthur Symons, « Notes on Paris and Paul Verlaine », *Colour Studies in Paris,* Londres, Chapman and Hall, 1918, p. 186. Puis, cinq ans plus tard, dans « Rimbaud and his Biographer », *The Café Royal and Other Essays,* Londres, The Beaumont Press, 1923, p. 36.
2. « Notes on Paris and Paul Verlaine », *op. cit.,* p. 186 : « a certain quaint and delicious paradox which summed up a personal and poetical view of life and art ».

la rencontre mouvante, et assez bien connue aujourd'hui[3], entre Verlaine et Symons, l'univers de la danse joue-t-il un rôle particulier, et peut-être essentiel, qui aurait jusqu'à ce jour été négligé par la critique? C'est ce que l'on souhaite examiner ici, par un parcours de quelques textes choisis dans l'œuvre des deux poètes.

Sans doute n'est-il pas inutile de rappeler d'abord brièvement l'histoire de ce lien qu'ils nouèrent et que l'on peut suivre aisément dans leur œuvre et leur correspondance. Il remonte au printemps 1890, où Symons, jeune homme de vingt-cinq ans, auteur d'un recueil de poèmes intitulé *Days and Nights*[4], rendit visite à Verlaine tandis qu'il était de passage à Paris. De ce moment, il témoigna à l'œuvre comme à son auteur, une fidélité que le temps ne démentit pas. Ce fut d'abord, en novembre 1893, la tournée de conférences qu'il lui organisa, à Londres, où il le logea, puis à Oxford. Ce fut ensuite le large passage qu'il lui consacra, cette même année, dans son article si important pour la notion de Décadence, *The Decadent Movement in Littérature*[5]. Ce fut surtout, en 1895, l'hommage du second recueil de Symons, *London Nights,* au poète français, suivi, l'année d'après, de l'excellente traduction de sept poèmes des *Fêtes galantes,* introduits au sein même d'un volume de Symons[6]. Comme s'il n'y avait pas en somme de solution de continuité entre l'inspiration des *Fêtes galantes* et la sienne propre. Mais la contribution majeure de Symons à la réception de Verlaine dans les pays anglo-saxons, c'est sans conteste en 1899 qu'il faut la situer: dans le long

3. Voir les notes d'Yves-Gérard Le Dantec dans le volume des *Œuvres poétiques complètes* de Verlaine, Gallimard, coll. Bibliothèque de la Pléiade, 1942, p. 429 et 838-839, et celles de Jacques Borel dans les *Œuvres en prose complètes,* Gallimard, coll. Bibliothèque de la Pléiade, 1972, p. 1430-1432. Mais aussi la biographie de Symons par Karl Beckson, *Arthur Symons. A life,* Oxford, Clarendon Press, 1987 et, pour une approche plus littéraire que biographique, l'ouvrage de Ina Dorothea Danzer, *T. S. Eliot, Ezra Pound und der Französische Symbolismus,* Heidelberg, Carl Winter Universitätsverlag, 1992, en particulier les p. 18-28.

4. Londres, Macmillan and Co, 1889.

5. Arthur Symons, « The Decadent Movement in Literature », *The Harper's New Monthly Magazine,* novembre 1893; rééd. dans *Aesthetes and Decadents in the 90's. An Anthology of British Poetry and Prose,* Chicago, Academy, 1981, p. 134-151.

6. Dans la seconde édition, revue et augmentée, de *Silhouettes,* Londres, Smithers, 1896, p. 67-77; rééd. Arthur Symons, *Silhouettes (1896). London Nights (1897),* Oxford, Woodstock Books, 1993. Les poèmes de Verlaine apparaissaient dans une section distincte, intitulée « Fêtes galantes. After Paul Verlaine ». Aux textes des *Fêtes galantes* (*Mandoline, Dans l'allée, Cythère, Les Indolents, Fantoches, Pantomime, L'Amour par terre, À Clymène*), Symons avait ajouté la traduction d'un poème de *Romances sans paroles,* « Il pleure dans mon cœur ». La première édition de *Silhouettes,* parue en 1892, ne comportait pas ces traductions.

chapitre d'un livre qui fit grand bruit et influença nombre d'écrivains anglophones du XXe siècle : *The Symbolist Movement in Literature*[7], où Symons révélait, en quelques pages denses et belles, une profonde intelligence de l'œuvre et du destin de Verlaine. Il consacra par la suite plusieurs autres pages à son ami[8], dont aucune cependant n'égala en acuité ce chapitre de 1899. À Stuart Merril, qui lui demandait en 1907 des indications sur sa biographie, Symons répondit par une lettre où il consacrait à Verlaine une place de premier rang dans sa vie, mais aussi dans son œuvre, puisqu'il écrivait : « In my youth, I cared more for Browning and Rossetti, then for Baudelaire, and then, most of all, for Verlaine, who taught me more than any other[9] ». Verlaine donc, de préférence à tous les autres Français pour Symons...

Mais l'inverse n'est pas moins vrai : Symons s'attire la préférence de Verlaine, entre tous ses contemporains d'Outre-Manche. Symons qu'il vint voir à Londres, Symons, à qui il consacra un article dans *La Revue encyclopédique*, Symons, pour qui il consentit à se faire lui-même traducteur : quatre poèmes des *London Nights* devenaient ainsi accessibles au public français. Symons encore, à qui il dédie un poème en mémoire de son séjour londonien. Il l'y cite nommément à la quatrième strophe, après avoir évoqué les spectacles de Londres et les mensonges innocents que s'y font les amoureux :

> Qu'importe ! Ils ont raison, et nous aussi,
> Symons, d'aimer les vers et la musique
> Et tout l'art, et l'argent mélancolique
> D'être si vite envolé, vil souci !
>
> « Et le jet d'eau ride l'humble bassin »,
> Comme chantait, quand il avait votre âge,
> L'auteur de ces vers-ci, débris d'orage,
> Ruine, épave, au vague et lent dessin [10].

Où le poète vieillissant se tourne vers son hôte de Fountain Court comme vers un semblable juvénile.

7. Arthur Symons, *The Symbolist Movement in Literature*, Londres, Constable, 1899. Sur l'influence de ce livre sur la littérature anglo-saxonne, sur Eliot en particulier, voir Ina Dorothea Danzer, *op. cit.*, p. 37-43.
8. En 1918 d'abord, « Notes on Paris and Paul Verlaine », *Colour Studies in Paris, op. cit.*, p. 161-201, puis en 1923 dans *The Café Royal and Other Essays*, chap. « Rimbaud and his Biographer ».
9. Arthur Symons, lettre à Stuart Merrill, 26 avril 1907 ; *Arthur Symons. Selected Letters : 1880-1935*, Karl Beckson et John Munro éd., Iowa City, University of Iowa Press, 1989, p. 186.
10. Paul Verlaine, « Fountain Court », *Dédicaces* (2e édition), Paris, Vanier, 1894 ; *Œuvres poétiques complètes*, éd. cit., p. 430.

La rencontre entre ces deux écrivains qui se font chacun de l'autre traducteur et messager paraît donc remarquable en tous points et doit peut-être faire figure d'exception dans un colloque consacré à la fortune de l'œuvre de Verlaine. Car il semble bien que la *réception*, précisément, du poète par Symons et en Angleterre ne puisse se distinguer de la réception de Symons par Verlaine et en France. Et on aura compris qu'il ne s'agit pas là d'un échange de procédés mondains. La question se pose, bien plutôt, en termes de sympathie, dans toute la force étymologique du mot : une façon commune de ressentir et de percevoir le présent dans son exquise et douloureuse ténuité, dans sa mélancolique vaporisation.

Cette sympathie trouve un espace privilégié pour prendre forme et s'exprimer : c'est le music-hall, c'est le ballet, c'est la danse. Ils sont par excellence les arts du bel éphémère, et d'une joie qui conserve à tout instant la conscience de son proche évanouissement. Nul hasard si le poète des *Fêtes galantes*, de ces rondes crépusculaires sous des cieux fanés, tourne son attention première vers le prologue de ces *London Nights*, « My life is like a music-hall », qu'il traduit tout entier. C'est apparemment qu'il y trouve une terre familière :

My life is like a music-hall Where, in the impotence of rage, Chained by enchantment to my stall I see myself upon the stage Dance to amuse a music-hall.	Ma vie est comme un music-hall où, dans l'impuissance de la rage, enchaîné à ma stalle par un enchante- ment, je me vois moi-même, sur lascène, danser pour amuser un music-hall.
Tis I that smoke this cigarette, Lounge here, and laugh for vacancy And watch the dancers turn ; and yet It is my very self I see Across the cloudy cigarette.	C'est moi qui fume cette cigarette... et qui regarde les danseuses tourner, et pourtant c'est moi-même que je vois à travers la fumée de la cigarette.
My very self that turns and trips, Painted, pathetically gay, An empty song upon the lips In make-believe of holiday : I, I, this thing that turns and trips !	Moi-même qui tourne et sautille, peint, douloureusement gai, une chanson vide sur les lèvres dans un rôle de jour de fête : moi, moi cet être qui tourne et sautille.
The light flares in the music-hall, The light, the sound, that weary us ; Hour follows hour, I count them all,	La lumière flambe dans le music-hall, la lumière, le bruit, qui nous fatiguent. L'heure suit l'heure, je les compte

Lagging, and loud, and riotous:	toutes, traînardes, criardes et bruyantes.
My life is like a music-hall[11].	Ma vie est comme un music-hall[12].

Comme il est verlainien, ce poème, et dans le détail et dans l'ensemble. Verlainien, cet être tout d'impuissante rage, de rire creux et de fatigue dans le tapage du lieu. Verlainienne, sa « chanson vide sur les lèvres », et dont l'inanité rappelle le « fin refrain incertain[13] » de la cinquième Ariette oubliée, ou la « romance sans parole », ou encore le « propos fade[14] » de « Mandoline », que Symons allait traduire l'année d'après. Verlainien encore, ce faux-semblant de joie chez un être douloureusement gai. Une strophe célèbre de *Sagesse* semblait le préfigurer :

> Voix de la chair : un gros tapage fatigué ;
> Des gens ont bu ; l'endroit fait semblant d'être gai ;
> Des yeux, des noms, et l'air plein de parfums atroces
> Où vient mourir le gros tapage fatigué[15].

La reprise, au dernier vers de la strophe, d'une partie du premier, est le procédé même qui gouverne aussi le poème de Symons et lui donne sa particulière mélancolie. La légèreté apparente d'une vie considérée comme un music-hall se trouve bien vite minée par ce jeu de refrains internes et le retour lancinant du même. Closes sur elles-mêmes, les quatre strophes dessinent chacune une circularité dont le principe se retrouve à l'échelle du poème entier, qui s'ouvre et s'achève par le même vers. Ces obsédantes rengaines, semblables à celle du « Nervermore » des *Poèmes saturniens* (« Allons, mon pauvre cœur, mon vieux complice [16] »), donnent forme parfaite à cette vie qui s'épuise en vaines circonvolutions et ne conduit nulle part. Spectateur et danseur tout ensemble, le poète donne un merveilleux exemple de ce moi diffracté dont Jean-Pierre Richard a montré combien il caractérisait la poétique de Verlaine[17]. Les deux parts de cet être, tout la fois

11. Arthur Symons, « Prologue », *London Nights*, Londres, Smithers, 1895 ; *Silhouettes (1896). London Nights (1897), op. cit.*, p. 3.
12. Verlaine « Deux poètes anglais. Arthur Symons — L. Cranmer Bing », *La Revue encyclopédique*, 1er septembre 1895 ; *Œuvres en prose complètes*, éd. cit., p. 957.
13. *Romances sans paroles* ; *Œuvres poétiques complètes*, éd. cit., p. 123.
14. Paul Verlaine, *Mandoline*, *Fêtes galantes*, *Œuvres poétiques complètes*, éd. cit,. p. 91.
15. *Sagesse*, *Œuvres poétiques complètes*, éd. cit., p. 162.
16. *Nervermore*, *Poèmes saturniens*, *Œuvres poétiques complètes*, éd. cit. p. 65.
17. Jean-Pierre Richard, « Fadeur de Verlaine », *Poésie et profondeur*, Le Seuil, 1955, p. 163-185.

immobile ici et exilé là-bas, observateur ironique de sa propre vie qui se consume en vains divertissements, ne semblent plus être reliées que par la fumée de la cigarette. Et cela même, de vague et nébuleux, est encore verlainien. Symbole d'une vie, ce music-hall est le lieu festif de ce manque-à-être que révèlent, d'un bout à l'autre, les *Fêtes galantes.* Verlaine d'ailleurs ne s'y trompa guère, qui ne se satisfit pas de traduire mais alla jusqu'à commenter :

> [...] nous sommes en pleine fete, en fête vraie, dame ! une fête avec ses dessous de lassitude et d'amertume, mais sans visible ni sensible remords (remords pourquoi d'ailleurs, puisque nous sommes en plein paganisme[18] !).

Est-ce là, brièvement défini, l'univers poétique de Verlaine ou celui de Symons ? On s'y tromperait. Tant il est vrai que le poète anglais s'était livré ici, dans le prologue de ses *London Nights,* à l'exercice d'une danse de fête galante, dont le verlainisme eut été revu par le cabaret fin-de-siècle.

Symons reprendra fréquemment ce modèle tout ensemble formel et thématique de la danse pour signifier la perte existentielle et la fugacité de la vie, sous l'apparence d'un présent frénétiquement vécu. On le retrouve, toujours dans *London Nights,* dans un poème consacre à la fameuse Mélinite du Moulin-Rouge :

Down the long hall the dance returning
    Rounds the full circle, rounds
    The perfect rose of lights and sounds
The rose returning
    Into the circle of its rounds.

Alone, apart, one dancer watches
    Her mirrored, morbid grace ;
    Before the mirror, face to face,
Alone she watches
    Her morbid, vague, ambiguous grace.

Before the mirror's dance of shadows
    She dances in a dream,
    And she and they together seem
A dance of shadows ;
    Alike the shadows of a dream[19].

18. « Deux poètes anglais. Arthur Symons – L. Samuel Bing », art. cit., p. 958.
19. Arthur Symons, « La Mélinite : Moulin Rouge », *London Nights, op. cit.*, p. 24.

Le vocabulaire très simple du cercle, mais relancé de vers en vers dans la première strophe et jusqu'à presque atteindre le pléonasme, parvient à esquisser le mouvement tourbillonnant et clos de ce music-hall. Mais ce qui importe surtout ici, c'est la progressive dissolution des danseurs: reflets, puis ombres reflétées, puis ombres rêvées même, ils sont frappés progressivement d'inconsistance, et proches de l'évanouissement. Ce Moulin-Rouge tapageur et lumineux bascule peu à peu dans un lieu de lune et de nuit. En fantomatisme, il ne le cède nullement alors au parc évoqué par Verlaine dans « Mandoline », avec sa troupe d'amants fragiles:

Leurs courtes vestes de soie,
Leurs longues robes à queues,
Leur élégance, leur joie,
Et leurs molles ombres bleues

Tourbillonnent dans l'extase
D'une lune rose et grise,
Et la mandoline jase
Parmi les frissons de brise[20].

Se retrouve le tourbillon comme s'il était la figure même de ce *presque disparu* dont Verlaine et Symons poursuivent l'évocation. Il est le mouvement même de la précarité; ce qui tourbillonne menace toujours de s'envoler, de s'engloutir, de n'être bientôt plus là. Ainsi de la passante des *Poèmes saturniens,* que la danse amène fugitivement à portée du poète:

Et le bal tournoyait quand je la vis passer
Avec ses cheveux blonds jouant sur les volutes
De son oreille où mon désir comme un baiser
S'élançait et voulait lui parler, sans oser [21].

Baiser inachevé sur femme inaccessible: la spirale paraît décidément la figure de la beauté fuyante. Tourbillon encore, mais dans les *Fêtes galantes,* où deux amants se sont égarés près du faune en terre cuite, à une heure « dont la fuite, dit le poète, tournoie au son des tambourins[22] ». Il sera bientôt passé, ce moment, transporté dans la giration chorégraphique du temps.

20. *Mandoline, Œuvres poétiques complètes,* éd. cit., p. 92.
21. *Initium, Poèmes saturniens, Œuvres poétiques complètes,* éd. cit., p. 62.
22. *Le Faune, Fêtes galantes,* éd. cit. p. 91

Ce mouvement circulaire de la danse pour signifier dans le poème la précarité des êtres et du monde, Symons le trouvait omniprésent dans l'œuvre de Verlaine, tout prêt à être transporté dans l'univers du ballet fin-de-siècle. Mais le poète anglais n'hésita pas à l'exploiter aussi dans des strophes plus verlainiennes encore, puisqu'elles s'inspiraient du même XVIIIe siècle fané que les *Fêtes galantes.* L'écriture confine alors au plagiat, comme dans ce poème de *Silhouettes* intitulé « For a Picture of Watteau » :

Your dancing feet are faint,
Lovers : the air recedes
Into a sighing plaint,
Faint, as your loves are faint.

It is the end, the end,
The dance of love's decease.
Feign no more now, fair friend
It is the end, the end[23]!

Chant mélancolique de la finitude, à laquelle le mouvement de la danse donne corps. Encore est-ce là trop dire, tant les corps, justement, se dissolvent eux-mêmes. Point de fin brutale et tragique : c'est bien plutôt l'expiration lente si particulière aux *Fêtes galantes.*

À considérer pareilles strophes, la relation de Symons à Verlaine paraîtrait simple et limpide : un poète anglais, fasciné par son aîné, marcherait dans ses traces et, de minimes distorsions en petites audaces, d'imitations en reprises, se contenterait de sacrifier à son admiration. Il faut, une fois encore, y prendre garde et considérer ce qu'il y avait de plus équilibré dans l'échange. Ainsi, lorsqu'il s'agit de music-hall contemporain, et non plus de fêtes galantes, c'est bien d'une communion qu'il faut parler, où Verlaine se laissait entraîner dans ces spectacles qui n'avaient pas de secrets pour son jeune et moderne complice. Il s'en ouvrira lui-même dans un texte autobiographique de 1894, où il retrace son séjour de l'année précédente chez Symons, et le place justement sous le signe du music-hall londonien :

Je ne raffole plus du théâtre, mais si je n'étais devenu un peu forcément (maladie, etc.) ce solitaire, ce sauvage et ce sage-ci, – je continuerais d'idolâtrer les cafés concerts, *music-anglice halls.* Or, j'eusse pu, j'eusse dû même

23. Arthur Symons, « For a Picture of Watteau », *Silhouettes, op. cit.*, p. 91.

> aller m'...amuser aux grands spectacles à grands orchestres wagnériens et autres, aux psychologies intenses ou non des meilleurs scènes, etc. Eh bien! non, j'ai là-bas cédé à ma vieille passion pour la chanson comique, pour les tours de force et d'adresse et, oh, pour les ballets nombreux et malicieux et d'un goût, d'une variété, sans doute indignes des planches qui se respectent, mais si gentils, si amusants en vérité que je doute que Paris lui-même puisse en offrir de meilleurs[24].

Le music-hall en somme plutôt que le grand théâtre et peut-être même déjà le ballet plutôt que Shakespeare. Au grand, préférer le mineur, à l'éternité le fugace, à la pompe grandiloquente le mutisme de la grâce physique. Une esthétique de l'instantané se murmure ici, où l'on paraît vouloir renoncer à la pérennité de l'œuvre pour une autre vérité: celle du moment délectable. Tout cela, Verlaine lui donnera une forme poétique, dans un poème d'*Épigrammes,* le seul apparemment dans son œuvre à faire place au spectacle du cabaret contemporain, et qui résulte directement de ce séjour à Londres. Il y a quelque chose d'émouvant à voir le visiteur français accompagner sur les chemins du music-hall un jeune poète qui allait si bien le suivre dans les allées des *Fêtes galantes.* Car Symons eut soin par la suite d'attribuer une origine précise à ce poème – une soirée mémorable où il aurait entraîné son hôte à l'Alhambra, le célèbre music-hall londonien[25].

> Mon âge mûr, qui ne grommelle
> En somme qu'encore très peu,
> Aime le joli pêle-mêle
> D'un ballet turc ou camaïeu
>
> Ou tout autre, fol et sublime
> Tour à tour comme en même temps,
> Surtout si vient la pantomime
> S'ébattre en jeux concomitants,
> Jeux de silence et de mystère
> Que la musique rend déjà
> Plus muets, et dont l'art va taire
> Mieux le secret [...]

24. « Un Tour à Londres », *Le Figaro, Supplément littéraire,* 20 janvier 1894; *Œuvres en prose complètes,* éd. cit., p. 431-433.

25. « And the poem, if we mistake not, is a reminiscence of a certain memorable evening at the Alhambra [...] » (« Notes on Paris and Paul Verlaine », *Colour Studies in Paris, op. cit.*, p. 186).

> Plaisirs des yeux, plaisirs de tête
> Qu'un vif orchestre exalte encore,
> Donnez au vieillissant poète
> L'illusion dans le décor[26].

Tout mérite ici l'attention, et d'être rapproché de la poétique de Verlaine dans son ensemble : ce « pêle-mêle » joli, ce « tour à tour » et ce « même temps » réunis par un seul vers, et qui évoquent si bien l'indécis, l'indistinct dont le poète a fait sa marque personnelle. Mais importe plus encore l'alliance du ballet et de la pantomime sous le signe d'un silence que la musique ne semble pas rompre, mais exalter. Les arts du mouvement s'offrent alors comme modèles parfaits de cette éloquence à laquelle il faut, si fameusement, tordre le cou pour que puisse naître la poésie. Aptes à tout signifier sans la pesanteur du dire, dans la gracieuse légèreté de la chose envolée… Nul doute qu'Arthur Symons, comme poète et bientôt comme théoricien de l'art moderne[27], ne dût être enchanté par ce poème. Il ne cessera désormais d'évoquer ce silence qui, une fois l'éloquence exilée, rayonne triomphant au cœur même de la littérature contemporaine, et de la poésie de Verlaine en particulier. Ainsi dans l'introduction à son livre *The Symbolist Movement in Literature* rassemblera-t-il Verlaine, Mallarmé, Villiers de l'Isle-Adam et Maeterlinck pour conclure :

> It is all an attempt to spiritualise literature, to evade the old bondage of rhetoric, the old bondage of exteriority. Description is banished that beautiful things may be evoked, magically; the regular beat of verse is broken in order that words may fly, upon subtler wings[28].

La revoici, cette chose envolée dont Verlaine avait fait la figure de la poésie nouvelle. Il l'avait dite musique, mais elle avait bien, dans sa fuite « vers d'autres cieux à d'autres amours[29] », les traits aussi d'une danseuse. Symons, en la décrivant, paraît du moins la voir telle. Il ne lui restera plus pour l'affirmer davantage qu'à se faire théoricien du ballet – ce que Verlaine n'avait jamais été –, et à reprendre tout ce qu'il avait appris de son maître. Il élèvera

26. *Dédicaces* ; *Œuvres poétiques complètes*, éd. cit., p. 649. Le poème est dédié à William Heinemann, qui fut aussi l'éditeur de Symons.

27. Dans des recueils d'essais remarquables, qui furent publiés au cours des premières années du XXe siècle. Ainsi *Plays, Acting and Music. A Book of Theory*, Londres, Duckworth, 1903 et *Studies in Seven Arts*, Londres, Constable & Co., 1906.

28. *The Symbolist Movement in Literature*, *op. cit.*, p. 9.

29. *Art poétique*, *Jadis et naguère* ; *Œuvres poétiques complètes*, éd. cit., p. 207.

ainsi l'art muet de la danse au rang d'un symbole : celui du monde même dans sa précarité. L'un de ses plus beaux essais sera le lieu de cette élévation symbolique, « The World as Ballet » qui, mallarméen pour une part, apparaît aussi comme un exercice de verlainisme appliqué. À propos de la troupe des danseuses en scène, voici ce qu'il déclare, peu avant d'achever sa réflexion :

> As they dance, under the changing lights, so human, so remote, so desirable, so evasive, coming and going to the sound of a thin, heady music which marks the rhythms of their movements like a kind of clinging drapery, they seem to sum up in themselves the appeal of everything in the world that is passing, and coloured, and to be enjoyed ; everything that bids us to take no thought for the morrow, and dissolve the will into slumber, and give way luxuriously to the delightful present.
>
> How fitly then, in its very essence, does the art of dancing symbolise life ; with so faithful a rendering of its actual instincts[30] !

Définition de l'art poétique selon Verlaine, ou de la force suggestive propre à la danse ? On ne saurait le dire. Ce qui était omniprésent, mais disséminé dans l'œuvre de Verlaine se trouve rassemblé d'un coup sous la plume d'un essayiste de génie. Cette musique entêtante et ténue, ces lumières qui virent, le mouvement du va-et-vient, la présence des choses qui, se donnant, restent évasives et comme retirées du don, et plus encore, cette volition dissoute dans le bonheur ensommeillé de l'instant, tout cela paraît avoir essaimé des *Fêtes galantes* pour vivre d'une seconde vie dans le ballet célébré par Symons. La danse de devenir ainsi symbole de la vie brièvement donnée, cette heure exquise et verlainienne toujours, à laquelle elle prête son corps mouvant. Nul triomphe marmoréen de l'œuvre, nulle profération sonore de mots : l'envol, et l'évanouissement, et le silence presque. Alors se comprend mieux peut-être pourquoi un poète vieillissant, revenu à Londres, avait prononcé cette vérité, et pourquoi son hôte allait se plaire à la répéter souvent : « J'aime Shakespeare, mais j'aime mieux le ballet ! »

30. « The World as Ballet », *Studies in Seven Arts, op. cit.*, p. 389-390.

Martin Sorrell

Verlaine en anglais

L'histoire de la traduction anglaise de Verlaine laisse apparaître deux caractéristiques de grand intérêt. En premier lieu, il existe une quantité plutôt élevée de traducteurs de Verlaine, quoiqu'ils se soient très souvent limités à seulement quelques poèmes. Les catalogues de la British Library et de la Library of Congress révèlent trente-cinq traducteurs, et à coup sûr cela ne peut être qu'un minimum, étant donné que ce chiffre ne tient pas compte des publications (les anthologies, par exemple) où il se peut que Verlaine figure sans que cela soit révélé par un rapide parcours des fichiers.

En second lieu, il semble qu'aucun traducteur n'ait entrepris de traduire la totalité de l'œuvre de Verlaine. Même Joanna Richardson, qui s'est la plus engagée dans cette voie, n'en a traduit qu'une proportion modeste pour son *Verlaine: Selected Poems*, paru chez Penguin en 1974, et qui demeure jusqu'à présent le travail le plus accompli de ce genre. Même Arthur Symons, l'un des plus importants traducteurs de Verlaine, n'ouvre pas un si grand éventail dans ses versions réunies en 1924. J'ai moi-même publié un *Paul Verlaine: Selected Poems* (Oxford University Press). Ce volume contient la quantité la plus importante de traductions anglaises jamais publiée.

Comment interpréter ces deux constatations ? Serait-il possible que Verlaine manque d'intérêt pour ceux qu'on pourrait appeler les « professionnels » de la traduction ? Son œuvre serait-elle en quelque sorte trop fade ? Ou, au contraire, serait-elle tout simplement trop difficile ? Ou encore, troisième possibilité, existerait-il dans le monde anglophone une antipathie idéologique pour Verlaine ?

Considérons ces possibilités une à une. Verlaine trop fade ? Il serait tout de même bien étonnant que les férus de la traduction littéraire écartent une poésie si frappante par ses réussites et ses subtilités prosodiques et techniques. L'on aurait peine à croire qu'un traducteur ne veuille pas répondre au défi que lui lancent les problèmes techniques.

Verlaine trop difficile ? Au premier abord, on ne le dirait pas. Musique, finesse, légèreté, vers impairs, vers courts, tout cela est après tout l'étoffe dont est faite une proportion importante de la poésie anglaise. Des équivalents anglais, que ce soit des traductions ou des transpositions, ne devraient donc pas être hors d'atteinte. Et pourtant, l'on constate que les traducteurs reviennent avec une régularité déprimante à la même poignée de poèmes, pour la plupart les plus célèbres. Pour quelles raisons ? Manque d'esprit d'aventure ? Difficulté des autres poèmes ? Les seuls recueils traduits dans leur entier sont : *Fêtes galantes, Femmes* et *Hombres.* Il se peut que le premier soit de tous les recueils de Verlaine le plus facile à traduire mais il serait tout de même difficile de le prouver. Ceci dit, il reste que les vingt-deux poèmes des *Fêtes* offrent au traducteur une sorte d'unité bien proportionnée qui a ses attraits. Quant aux deux autres recueils, c'est sans doute leur intérêt érotique qui l'emporte sur toute autre considération. Reste à prouver qu'en général Verlaine est un poète difficile à mettre en anglais. Mais, notons-le bien, *Femmes* et *Hombres* sont certes parmi les poésies de Verlaine celles qui offrent le plus de résistance à une heureuse traduction, ce qui semblerait indiquer que d'excellentes versions anglaises de n'importe quel recueil verlainien seraient à la portée d'un bon traducteur.

Reste donc à considérer la possibilité d'une antipathie pour Verlaine dans le monde littéraire anglophone. Ceci semble une hypothèse pas tout à fait ridicule. Après tout, les autres grands poètes contemporains de Verlaine sont hautement estimés par les traducteurs anglophones. Aux États-Unis, les œuvres poétiques complètes de Rimbaud ont été traduites par Louise Varèse, Wallace Fowlie et Paul Schmidt. Tout Mallarmé a été traduit en Angleterre par Keith Bosley, et Laforgue par Peter Dale. Dernièrement, les *Amours jaunes* de Corbière ont été traduits par Christopher Pilling, anglais lui aussi. L'absence de Verlaine semble d'autant plus inexplicable qu'il est le seul grand Symboliste à ne pas avoir pris sa place dans ce Panthéon.

L'hypothèse que la poésie de Verlaine est mal assortie à la culture du monde anglo-saxon peut séduire. Un examen détaillé des traductions anglaises publiées au cours des cent dernières années nous fait revenir cependant au problème des difficultés posées au traducteur par Verlaine. En dépit des apparences, sa voix poétique, sa prosodie tend de nombreux pièges, vraisemblablement plus dangereux que ceux tendus par tout autre poète de son époque. Ce qu'on pourrait appeler la délicatesse du vers verlainien serait éventuellement une puissante contrainte, tout à l'opposé de l'ironie d'un Laforgue, d'un Corbière. L'ironie est vraisemblablement une qualité plus robuste, plus facile à manier pour le traducteur et elle trouve assez aisément des correspondances justes dans le terrain linguistique et culturel anglais. Quant à Mallarmé, plus difficile que tout autre, ne capture-t-il pas le traducteur par ce défi qu'il semble lui lancer de trouver une issue à son labyrinthe sémantique et syntaxique ? Et que dire de Rimbaud ? Ce révolutionnaire de la parole poétique qui cherchait à faire exploser le langage laisse le champ libre au traducteur pour cette raison justement qu'il l'invite à réinventer une langue. Rimbaud est un des poètes les plus proches idéologiquement du principe même de la traduction.

J'avoue ma propre déception devant les traductions en anglais de Verlaine. La plupart de celles que je connais sont médiocres, et parfois pires. Apparemment aucune n'a respecté ce qui me semble pour le traducteur l'obligation de *déblayer*, qui devient impérieuse quand, avec le temps, les normes linguistiques, culturelles et poétiques de la langue d'arrivée ne restent plus celles du texte original. *Déblayer*: c'est-à-dire identifier ce qui reste intact du poème quand on lui enlève tournures, phrases et mots désuets ou de valeur inférieure. Le bon traducteur doit savoir quand il vaut mieux abandonner certains éléments du texte d'origine, et je trouve tout à fait frappant que, pratiquement sans exception, aucun traducteur ne se soit livré à cet exercice crucial. Tous semblent s'être comportés comme des lapins figés de peur devant les phares d'une voiture.

Ce ne serait donc pas faux d'affirmer que les meilleures traductions de Verlaine jusqu'à présent sont les plus anciennes, parce qu'elles sont fondées sur cette heureuse coïncidence de repères français et anglais. De façon toute naturelle, dirait-on, Dowson, Robertson et Symons ont élaboré des versions très fidèles dont la syntaxe, les tournures et le lexique, tous parfaitement appropriés au langage de Verlaine et à l'anglais courant de leur époque, sont devenus de nos jours des archaïsmes gênants.

Il n'y a certes rien de remarquable à observer dans le fait qu'un traducteur plus ou moins contemporain du poète trouve une expression adaptée à la justesse et à la mesure qu'il faut aux lecteurs de la Belle Époque en Angleterre. Cependant, cette observation devient piquante à partir du moment où l'on constate qu'une très grande partie des traducteurs qui ont suivi les premiers semblent les avoir copiés. Tout se passe comme s'ils s'étaient laissés enfermer volontairement dans une distorsion du temps. À lire certaines traductions qui datent des années 1950, 1970 et 1990, on se croirait toujours en 1900. La seule exception, me semble-t-il, parmi les versions proposées ci-dessous de *Chanson d'automne*, de *Colloque sentimentale* et d'« Il pleure dans mon cœur », est celle de Muriel Kittel. Ces neuf traductions, qui vont des plus anciennes aux plus modernes, mettent en évidence les caractéristiques marquantes de toute traduction de Verlaine, et constituent presque à elles seules une problématique de la traduction de poésie.

AN AUTUMN SONG

The long-drawn sighs,
Like violin-cries,
    Of autumn wailing,
Lull in my soul
The languorous shoal
    Of thoughts assailing.

Wan, as whom knells
Of funeral bells
    Bemoan and banish,
I weep upon
Days dead and gone
    With dreams that vanish;

Then helpless swing
On the wind's wing;
    Tossed hither and thither
As winter sweeps
From swirling heaps
    Worn leaves that wither.

(William Robertson, 1895).

À noter : titre exact ; vers strictement organisés (vers de 4-4-5 syllabes, à part vers 15, de 6 syllabes ; mais il faut compter « violin », « languorous » et « funeral » comme bisyllabiques) ; système de rimes très serré ; vers 3, 5-6, 8 assez librement traduits ; expression devenue archaïque ou précieuse (« assailing », « as whom », « knells », « bemoan », « weep upon »).

AN AUTUMN SONG

The sobbing sights
And long drawn cries
    Of Autumn's wane

Fill my dull ear
With bodings drear
    And languid pain.

When pale leaves fly
Dejected by
    On the cold blast,
Dead memories stir
In the wild air;
    My tears fall fast.

As the leaves swirl
in the wind's whirl,
    And then decay,
Sere, worn and dry
I hurry by
    And pass away.

(Agnès Drey, 1911)

À noter : titre exact ; vers uniformément de 4 syllabes chacun (si l'on compte « memories » comme 2 syllabes) ; système de rimes serré (mais vers 10 et 11 rime approximative) ; vers 3, 4, 6 surtout librement traduits ; vers 4 et 6 plutôt librement traduits ; expression devenue archaïque ou précieuse (« bodings drear », « fly dejected by », « cold blast », « fall fast », « sere »).

AN AUTUMN SONG

The long sobbing
Of violins
    On autumn days
My heart doth wound
And I despond
    Unbearably.

All words are gone.
Sallow and wan,
    When the moment nears,
I then recall
Time's funeral
    And I shed tears;
It is my end,

And the rough wind
    Bears me, in grief,
This way and that,
Precipitate,
    Like a dead leaf.

(Joanna Richardson, 1974)

À noter : titre très exacet ; vers uniformément de 4 syllabes chacun (à part vers 9, de 5 syllabes) ; système de rimes approximatives ; vers 1 et 2 respectant le texte de Verlaine plus que ne le font les deux autres versions ; vers 11, 13 et 15 assez librement traduits ; la traductrice a choisi d'employer certains archaïsmes (« doth », « despond »).

COLLOQUE SENTIMENTAL

Into the lonely park all frozen fast,
Awhile ago there were two forms who passed.

Lo, are their lips fallen and their eyes dead,
Hardly shall a man hear the words they said.

Into the lonely park, all frozen fast,
There came two shadows who recall the past.

« Dost thou remember our old ecstasy ? »
« Wherefore should I possess that memory ? »

« Dost thine heart beat at my sole name alway ?
Still dost thou see my soul in visions ? » « Nay ! »

« They were fair days of joy unspeakable,
Whereon our lips were joined ? » — « I cannot tell. »

Were not the heavens blue, was not hope high ?
Hope has fled vanquished down the darkling sky.

So through the barren oats they wanderèd,
And the night only heard the words they said.

(Ernest Dowson, 1900)

À noter : titre français conservé ; vers uniformément décasyllabiques, système de rimes serré (à part les vers 11 et 12, rime approximative) ; pas de traduction libre ; expression devenue archaïque ou précieuse (« frozen fast », « lo, are their lips fallen », « dost thou », « wherefore », « doth thine », « whereon », « darkling », « wanderèd »).

SENTIMENTAL CONVERSATION

In the old lonely park, across the snow,
Two figures passed a little while ago.

Their eyes were lifeless and their lips were dead,
And one could hardly hear the words they said.

In the old lonely park, across the snow,
Two ghosts recalled the days of long ago.

« Do you remember our old ecstasy ? »
« Why do you think it should occur to me ? »

« Love, does your heart still beat my name to know ? »
« Do you still dream about my spirit ? » « No. »

« Oh the fine days of wordless ecstasy
When we kissed one another ! » « Possibly. »

How blue the heavens were, how hopes ran high ! »
« Hope fled, defeated, to a sombre sky. »

And so, through the wild oats, they walked ahead
And only darkness heard the words they said.

(Joanna Richardson, 1974)

À noter : titre exact ; vers uniformément décasyllabiques (avec possibilités d'en scander certains à l'anglaise) ; système de rimes très serré ; vers 1 plutôt librement traduit ; expressions devenues archaïques ou précieuses « old ecstasy » « my name to know », « wordless ecstasy ») ; « spirit » (vers 10) presque impossible à bien traduire dans un contexte contemporain.

AN EXCHANGE OF FEELINGS

In the old park, deserted in the frost,
A while ago two shapes came drifting past.

Their eyes have died, their lips become so weak
That you can hardly hear a word they speak.

In the old park, deserted in the frost,
A ghost was reminiscing to a ghost.

- Can you recall our ecstasy of long ago?
- Why stir the memory? Why do you want to know?

- Does your heart beat at just my name, as ever?
Do you still see my spirit in your dreams? — No Never.

- O lovely days of speechless happiness
When our mouths met! - Speechless? Perhaps it was.

- How blue the sky was and what hopes we had!
- Hope ran away to the black sky, defeated.

So they walk on in the self-seeding grass
With only night to hear them as they pass.

(Alistair Elliot, 1991)

À noter : titre changé ; compte des syllabes variant entre 10 et 13 (mais possibilité de scander la plupart des vers à l'anglaise) ; système pas trop serré de rimes approximatives ; vers 1 plutôt librement traduit, et « self-seeding » grass au vers 15 ; « walk » au temps présent du verbe pour permettre « pass », et donc la rime ; expression parfois assez précieuse (« ecstasy of long ago », « speechless happiness », « ran away to the black sky ») ; tournures contemporaines (« came drifting past », « you can hardly hear a word », « Speechless ? Perhaps it was »).

Tears in my heart that weeps,
Like the rain upon the town.
What drowsy languor steeps
In tears my heart rhat weeps?

O sweet sound of the rain
On earth and on the roofs

For a heart's weary pain
O the song of the rain!

Vain tears, vain tears, my heart!
What, none hath done thee wrong?

Tears without reason start
From my disheartened heart.

This is the weariest woe,
O heart, of love and hate

Too weary, not to know
Why thou hast all this woe.

(Arthur Symons, 1924)

À noter : sans titre ; vers uniformément de 6 syllabes (à part le vers 2, de 7 syllabes) ; système de rimes très serré ; vers 2-3, assez librement traduits ; habile remaniement des vers 11-12, avec oxymoron assez précieux ; expression archaïque et précieuse (« none hath done thee wrong », « weariest woe », « thou hast all this woe »).

TEARS FLOW IN MY HEART

Tears flow in my heart
As rain falls on the town ;
What languor is this
That creeps into my heart ?

Gentle sound of the rain
On earth and roofs !
For an aching heart
Is the song of the rain !

Tears flow senseless
In this breaking heart.

With no betrayal?
This grief is senseless.

This is the worst sorrow
Not to know why,
Without love or hate,
My heart has all this sorrow.

(Muriel Kittel, 1958)

À noter : premier vers servant de titre ; compte des syllabes variant entre 4 et 7 ; pas de système de rimes ; problème grammatical aux vers 7-8 (verbe manquant de complément — « is the song of the rain ») ; aucune liberté, aucun archaïsme ; la plus « moderne » de toutes ces versions ?

IT WEEPS IN MY HEART

It weeps in my heart
As it rains on the town.
What's this languid dart
That enters my heart?

Oh soft sound of rain
On earth and on roofs!
For a heart dulled inane,
Oh the song of the rain.

It weeps without reason
In this self-loathed heart.
No betrayal, nor treason?
This grief has no reason.

It is the worst pain,
Not knowing why,
Not hate, nor love, in vain
My heart has all this pain.

(Peter Dale, 1996 ; inédit)

À noter : premier vers servant de titre ; compte de syllabes variant entre 5 et 6 (mais en comptant « betrayal » comme 2) ; système de rimes très serré ; seule version citée à essayer de conserver le verbe impersonnel (« it weeps ») ; vers 3 librement traduit, et avec oxymoron (« languid dart ») ; vers 10 et 15 librement rendus ; vers 7 assez précieux (« dulled inane ») ton assez conservateur de cette traduction la plus récente.

L'attitude d'une trop grande partie des traducteurs anglophones face à l'œuvre de Verlaine semble craintive et conservatrice. En fait certains ont sombré dans une formulation. Les pires exemples rappellent, même figée d'assez loin, les vers que l'on trouve sur les cartes de Noël ou d'anniversaire qu'aiment s'envoyer les Anglais. En ce qui concerne les pièges que tend la poésie verlainienne, le traducteur qui ne les contourne pas risque, en s'essayant à une musique où il n'y ait rien « qui ne pèse ou qui pose », de ne forger que des bijoux d'un sou.

Peter Dale, le grand traducteur anglais de Laforgue, est de l'avis que l'Anglais qui voudrait traduire Verlaine est trop gêné par le spectre de Thomas Hardy pour pouvoir bien réussir. Selon Dale, la trop grande ressemblance entre Hardy et Verlaine lierait le traducteur. Observation intéressante, et qui met en évidence la nécessité, pour un traducteur, de fermer l'oreille aux échos anachroniques.

Pour conclure, je me permets de citer, pas tout à fait au hasard, une de mes propres traductions, tirée de mon *Paul Verlaine: Selected Poems*. L'épigramme *Au bas d'un croquis* offre au traducteur un défi savoureux. Par sa robuste ironie, sarcastique même, qualité qui me rappelle la poésie de Laforgue sur laquelle j'ai travaillé, cette épigramme frappe par sa modernité, et se laisse transposer dans un contexte contemporain sans perdre à l'échange :

EPIGRAM

Paul Verlaine (as seen in F. Régamy's painting),
Self-absorbed, oblivious to History's Inexorable Advance,
Gets, while people below are falling and fainting,
His gastric juices working on a plate of vol-au-vents.

Que ma version soit bonne ou mauvaise, elle a cette seule valeur qu'elle agit dans un champ linguistique et culturel qui par sa contemporanéité est tout à fait reconnaissable. Mais cette épigramme appartient à la catégorie des textes ironiques de Verlaine, et ce genre, ainsi que la poésie érotique, a exercé une importante force d'attraction sur les traducteurs anglophones.

Pourtant il serait regrettable que Verlaine continue longtemps à attendre son grand traducteur anglais. Il mérite mieux que cela.

ANNEXE

Principaux traducteurs de Verlaine en anglais

Gertrude HALL (1895); William ROBERTSON (1895); Ernest DOWSON (1900); Ashmore WINGATE (1904); Frances BONNER (1905); Agnes DREY (1911); O.F. THEIS (1913); Louise BAUM (1914); Bergen APPLEGATE (1916); M.D. CALVOCORESSI (1918); Arthur SYMONS (1924); François PIROU (1925); Joseph BERNSTEIN (1947); Roland GANT and Claude ARCHER (1948); Waldo LYMAN (1953); Brian HILL (1957); Vernon WATKINS (1958); Muriel KITTEL (1958); Kate FLORES (1958); Carlyle MACINTYRE (1961); Jacques LE CLERQ (1961); Doris-Jeanne GOUREVITCH (1970); R.H. MORRISON (1971); Patrick MORROW (1971); Francis MIMS (1972); Joanna RICHARDSON (1974); William PACKARD and John MITCHELL (1977); GAY SUNSHINE PRESS (1979); Alistair ELLIOT (1979, 1991); Harry GUEST (1987); Margaret HILL (1995); Martin SORRELL (1999); Peter DALE (inédit).

Personne n'a entrepris la traduction en anglais de la totalité de l'œuvre de Verlaine.

Symons a traduit toutes les *Fêtes galantes.* Il a en outre puisé dans les recueils suivants: *Poèmes saturniens, La Bonne Chanson, Romances sans paroles, Sagesse, Jadis et naguère, Parallèlement, Chansons pour elle* et *Épigrammes.*

Richardson a publié chez Penguin son *Selected Verlaine* qui comporte des parties assez importantes de tous les recueils. Le livre de Richardson contient 210 pages de poésies, et présente le texte français en regard.

Elliot a publié chez Anvil son remarquable *Femmes Women/Hombres Men* en 1979. Bien avant lui, François Pirou (1925) avait abordé les mêmes textes. Par la suite (1991), Elliot a traduit trois autres poèmes de Verlaine pour son recueil de poésies d'amour francaises.

Sorrell a publié son *Paul Verlaine: Selected Poems* en 1999 (Oxford University Press, coll. « World's Classics »), contenant 170 poèmes avec le texte français en regard; tous les recueils de Verlaine y sont représentés. Ce volume ouvre l'éventail le plus large publié jusqu'à présent.

Certains traducteurs, dont Baum, Calvocoressi et Lyman, se sont limités à la traduction des poésies de Verlaine mises en musique (par Debussy, Fauré, Hahn, Loeffler, etc.).

Parmi les poèmes choisis plus souvent, citons: *Mon rêve familier, Chanson d'automne* (*Poèmes saturniens*); *Colloque sentimental* (*Fêtes galantes*); « Il pleure dans mon cœur » (*Romances sans paroles*); « Le ciel est, par dessus le toit » (*Sagesse*); *Art poétique* (*Jadis et naguère*).

Hermann H. Wetzel

Verlaine et les poètes de langue allemande[1]

Verlaine est le seul poète du symbolisme français qui, si l'on excepte quelques réticences contre son côté décadent, ait été admis sans restriction notable par la critique et les poètes allemands de l'époque. À l'inverse de ce qui s'est passé pour d'autres grands poètes français de la deuxième moitié du XIXe siècle – Baudelaire, Mallarmé, Rimbaud – la réception de son œuvre ne semble pas s'être heurtée à des difficultés d'adaptation d'une culture à l'autre, d'un contexte à l'autre. L'histoire de la réception de Verlaine en Allemagne est celle d'un succès.

Le choix de poèmes publié par Stefan Zweig (le premier, en 1902: *Gedichte. Eine Anthologie Ver besten Übertragungen,* Berlin und Leipzig Schuster und Loeffler; et un second, augmenté, de 1922) se lit comme le gotha de la poésie allemande de l'époque. Presque tous les grands y sont comme traducteurs : Stefan George, Hugo von Hofmannsthal, Hermann Hesse, Rainer Maria Rilke, Stefan Zweig, mais aussi les mineurs, Klabund, von Kalckreuth, Mehring, Dehmel... La *Bibliographie verlainienne* de Georges A. Tournoux de 1912 contient déjà plus d'une centaine de références en allemand[2]. Un tel succès, on s'en doute, est lié à une assimilation presque complète au goût contemporain allemand. Verlaine est considéré et traduit comme un poète néo-romantique, c'est-à-dire comme quelqu'un qu'on n'aurait presque pas besoin de traduire parce qu'il serait allemand. Son lieu de naissance, passé à l'Allemagne en 1871, en témoignerait.

1. C'est-à-dire en Allemagne, en Autriche, en Suisse et même en Roumanie ou en France, si l'on pense à Celan. Si dorénavant j'utilise l'adjectif *allemand* je ne désigne pas la nationalité, mais la langue.
2. Georges A. Tournoux, *Bibliographie verlainienne. Contribution critique à l'étude des littératures étrangères* et *comparées,* Leipzig, Rowohlt, 1912. Il s'agit des nos 493-638.

Quelques points de repère [3]

Dans les années soixante du siècle dernier le romantisme tardif, et le « Biedermeier » de Emmanuel Geibel caractérisent le choix de poésies françaises destinées au public allemand. Son anthologie est dominée par Béranger (20 poèmes) et par Victor Hugo (13 poèmes); aucun poème de Baudelaire; au moins apprend-on l'existence de Lamartine, de Musset, de Leconte de Lisle et de Gautier [4]. Un certain P. Lindau constate en 1864:

> Hugo est et reste un des poètes les plus imposants de la France, et ce géant dépasse de loin les poétereaux phtisiques de son pays, comme le chêne noueux dépasse la broussaille chétive [...] [5].

Le moins qu'on puisse dire, est que la guerre franco-allemande de 1870-1871 n'a pas spécialement favorisé l'étude et la compréhension de la culture et la littérature françaises en Allemagne; elle a surtout attisé le sentiment de supériorité des vainqueurs.

La première mention de Verlaine en Allemagne, sous la plume de Zola, remonte à 1881. La revue *Die Gegenwart* publia quelques extraits de ses « Poètes contemporains »; entre autres ce jugement sur Verlaine – je cite le texte d'après l'original[6]: « Celui-là a été une victime de Baudelaire, et l'on dit même qu'il a poussé l'imitation pratique du maître jusqu'à gâter sa vie[7] ».

On doit attendre la fin des années quatre-vingts pour trouver une appréciation plus juste du symbolisme français. À Paris, le jeune philologue et poète Paul Remer découvre, à peu près en même temps que Stefan George, la modernité de la poésie française[8]. Le symbole étant à la base de toute poésie, il voit, dans un article de 1890, la spécificité du symbolisme comme courant littéraire dans le renouveau du subjectivisme et de l'individualisme

3. Voir Manfred Gsteiger, *Französische Symbolisten in der deutschen Literatur der Jahrhundertende (1869-1914)*, Bern und München, Francke, 1971.

4. *Fünf Bücher französicher Lyrik vom Zeitalter der Revolution bis auf unsere Tage,* Übersetzung von Emmanuel Geibel und Heinrich Leuthold, Stuttgart, Cotta, 1862.

5. P. Lindau, « Aus Paris: Victor Hugo und seine letzten romantischen Dichtungen », *Magazin für die Literatur des Auslandes*, n° 66, 1864, p. 760: « Hugo ist und bleibt noch immer einer der imposantesten Dichter Frankreichs und ragt riesengroß über die schwindsüchtigen Dichterlinge seines Landes hervor, wie die knorrige Eiche über niedriges Gestrüpp [...] ».

6. Zola, « Zur jüngstfranzösischen Lyrik », *Die Gegenwart,* n° 20, 1881, p. 301-303.

7. Zola, *Documents littéraires. Études et portraits,* Paris, 1881, p. 174- 180; ici p. 178.

8. Paul Remer, « Die Symbolisten. Eine neue literarische Schule in Frankreich », *Die Gegenwart,* n° 37, 1890, p. 375-378 et 394-396.

romantiques, autre condition *sine qua non* de la poésie, et, par conséquent, dans son opposition au positivisme et au naturalisme. Il dit de Verlaine :

> Sa poésie a quelque chose d'original, de naïf, qui lui confère un charme singulier et qui élève même les poèmes les plus sales dans la sphère pure de la poésie. Verlaine est le poète le plus naturel et le plus subjectivement vrai de la poésie française du XIXe siècle[9].

Au début du XXe siècle, la réception du symbolisme français gagne en largeur et en profondeur. On distingue deux tendances :

– Les critiques traditionalistes et nationalistes s'approprient le terme français de « décadence » pour dénigrer la poésie moderne en France et ses disciples en Allemagne au nom d'une vitalité prétendument saine[10]. Le comble de cette campagne est atteint en 1892 avec le célèbre livre *Entartung* de Max Nordau, un médecin allemand, qui vivait à Paris depuis 1880.

– Ou on « germanise » tout ce qui pourrait paraître positif. La tendance à la germanisation de Verlaine se fait sentir impérieusement avec la montée du nationalisme à la veille de la première guerre mondiale. Je vous fais grâce des élucubrations patriotardes d'un Otto Haendler qui, en partant de l'idée que la musique fait partie du patrimoine allemand et en déclarant les parents de Verlaine « de sang germanique ou carrément allemand », voit en Verlaine un représentant du « *lied* allemand[11] ». Ou d'un Otto Hauser, qui voit en Verlaine « le plus germanique des poètes français », et ajoute : « on est tenté de parler du plus allemand[12] ».

9. « Seine Poesie hat so etwas Ursprüngliches, etwas Naives, das ihr einen eigenthümlichen Reiz verleiht, das selbst die schmutzigsten Gedichte in die reine Sphäre der Lyrik erhebt. Verlaine ist der natürlichste und subjectiv wahrste Dichter der französischen Literatur des 19. Jahrhunderts. » (*Ibid.*, p. 378).

10. Voir Emil Jonas, « Über die Dichtung der Gegenwart und ihre Vorliebe für Krankheitserscheinungen », *Magazin für die Literatur des Auslandes*, 109-110, 1886, p. 316.

11. Paul Verlaine, *Ausgewählte Gedichte*, übersetzt von Otto Haendler, Straßburg : Heitz, 1903, p. 43 : « Wie für die Musik so sind eben auch für die Lyrik, die ja zur Hälfte selbst Musik ist, wir Deutsche das klassische Volk geworden, da kann wirklich kein anderes neben uns bestehen. Am wenigsten die unlyrischen und unmusikalischen Franzosen mit ihrer großstädtischen Verstandesbildung und ihrem vielgerühmten « esprit », die kein reines und volles Ausklingen zarterer Stimmungen zuzulassen scheinen [...]. Aber gerade weil wir der Sieghaftigkeit des deutschen Liedes so fest vertrauen dürfen, darum brauchen wir uns nicht zu scheuen, dem Besten was in fremder Zunge gesungen worden ist unser Bürgerrecht zu verleihen – zumal wenn es unserem eignen Empfinden so nahe steht wie viele – durchaus nicht alle ! – Gedichte des genialen französischen Lyrikers, den ich auf den nachfolgenden Blättern dem feiner gebildeten deutschen Leser in neuem deutschen Gewande vorzustellen wage ».

12. Otto Hauser, *Baudelaire et Verlaine*, Berlin, Behr, 1900, p. 57.

Cette idée d'un Verlaine « allemand » est tellement ancrée dans les têtes de l'époque que même un auteur cosmopolite comme le jeune Viennois Stefan Zweig, peu suspect de nationalisme prussien, nous chante le même refrain : dans la préface à son premier choix de traductions de Verlaine, il parle des « ancêtres allemands » de Verlaine, en soulignant que « celui-ci n'a rien fait d'autre que d'inventer pour la France le « lied » allemand, qui est tellement inconcevable et incomprehensible pour les Français qu'ils n'ont toujours pas trouvé de mot propre[13] ».

Zweig réunit dans l'introduction à son choix de poèmes verlainiens les deux tendances majeures de la critique face à Verlaine : il essaie de faire admettre et oublier le Verlaine décadent en s'efforçant de souligner son côté germanique, musical, naïf, familier aux Allemands. Dans cette perspective *Sagesse* est le sommet de l'œuvre : c'est, écrit Zweig, « probablement le plus beau livre d'édification religieuse qui se soit égaré comme un exemplaire singulier et attardé dans un siècle de libres penseurs et d'athées ». Ensuite ce n'est plus que « déclin et dégradation ». En brossant le portrait du vieux Verlaine il rivalise avec Max Nordau :

> pas un cheveu sur le crâne chauve et anguleux qui montrait tous les indices typiques de la dégénérescence. La barbe hirsute devenait blanche et ébouriffée ; il avait l'air d'un fou lorsque, le soir, il rentrait, titubant dans son ivresse et sa tristesse infinies[14].

En même temps, il ennoblit la « faiblesse » de Verlaine :

> Ce poète de la faiblesse et sans vigueur nous devient précieux parce que sa vision et sa conception individuelles se perdent dans le typique et que sa poésie devient ainsi la forme la plus pure et la plus claire de la vie réelle, telle qu'elle nous aborde tous avant d'être formée [...] jamais il n'a conçu une vision du monde ; il s'est toujours enivré du moment de la sensation et du parfum de l'instant, et c'est pour cela qu'il a toujours pu manifester ses humeurs sous leur forme la plus dévoilée[15].

13. Paul Verlaine, *Gedichte. Eine Anthologie der besten Übertragungen hg. von Stefan Zweig.* Berlin und Leipzig, Schuster und Loeffler, 1902, p. 15 (trad. H.H.W.).

14. Verlaine, *Gedichte,* hg. St. Zweig, 1902, p. 18 : « [...] kein Haar stand mehr auf dem kahlen eckigen Schädel, welchem man später alle typischen Degenerationsmerkmale nachgewiesen hat, der struppige Bart wurde weiss und verwirrt ; wie ein Irrer sah er aus wenn er abends nach Hause wankte in seiner endlosen Trunkenheit und Traurigkeit [...] ».

15. Verlaine, *Gedichte,* hg. St. Zweig, 1902, p. 6-7 : « Dichter der Schwäche und der Kraftlosigkeit, der uns wertvoll wird, weil bei ihm sich alles individuelle Betrachten und Erfassen im Typischen

La faiblesse est ainsi vue comme le « battement de cœur d'une culture, d'un type national et de cette génération qui a trouvé pour elle-même le nom de décadence[16] ». Le grand succès du choix de Zweig (publié en 1902, suivi d'une édition revue et améliorée en 1907, et d'une troisième en 1911), qui comprend dans la premiere édition 71 poèmes de 14 traducteurs, témoigne de l'assimilation réussie de Verlaine dans les pays de langue allemande. Dès avant la guerre, Zweig préparait pour le *Insel Verlag* une édition en deux volumes qui ne paraîtra qu'en 1922 et qui comprendra 193 poèmes de 52 traducteurs[17]. Ces diverses éditions donnent la mesure de la popularité de Verlaine avant et après la première guerre mondiale, soulignée par les éditions bon marché de la célèbre *Insel-Bücherei* [18].

Comme d'autres à son époque, Zweig est partagé entre l'intérêt biographique pour l'homme et l'intérêt littéraire pour l'œuvre. On pourrait même dire que l'intérêt pour la vie des poètes maudits, au moins pour ceux dont la vie offre quelques excentricités, l'emporta (le second volume, plus gros, est entièrement consacré aux documents (auto) biographiques [*Lebensdokumente*] de Verlaine).

Et Zweig récidiva dans cette direction en publiant une monographie[19], où il nous livre le plus souvent des formules pseudo-poétiques ou des paraphrases du texte même de Verlaine, résumant tous les clichés en cours.

> Partant du trouble et d'une vague musique intérieure, impuissant à éclaircir le confus, l'obscur et le douteux, c'est son mérite d'avoir transmis à son vers ce tremblement mystique et mélodieux, une musique intérieure non pas sous la forme abstraite de notes, mais fixée par des assonances, des rimes et des vagues rythmiques [...] un art non pas artificiel, mais magique : l'*Alchimie du verbe* [20].

verliert und uns seine Dichtung so die reinste und klarste Form des realen Lebens wird, wie es zu allen herantritt, bevor wir es formen. [...] Zu einer Weltanschauung ist er nie gelangt ; ihn hat stets der Moment des Empfindens und der Duft des Augenblicks berauscht und darum konnte er die Stimmung stets in ihrer unverhülltesten Form offenbaren ».

16. Verlaine, *Gedichte*, hg. St. Zweig, 1902, p. 8 : « Herzschlag einer Kultur, eines nationalen Typs und jener Generation, die den Namen der Dekadence für sich selbst gefunden hat. »

17. Paul Verlaine, *Gesammelte Werke in zwei Bänden, hg.* von Stefan Zweig, Leipzig Insel, 1922

18. Il s'agit des n°s 131 : *Meine Gefängnisse*, Übertragen von Johannes Schlaf ; 267 : Paul Verlaine, *Meine Spitäler*, Deutsch von Hanns von Gumppenberg ; 394 : *Gedichte*, plusieurs éditions après 1927.

19. Stefan Zweig, *Verlaine (Die Dichtung. Eine Sammlung von Monographien*, hg. von Paul Remer, Bd. 30), Berlin und Leipzig, Schuster und Loeffler, 1905.

20. *Ibid.* p. 75 et *77 :* « Sein Verdienst ist es, aus der Unklarheit und einer inneren vagen Musik seiner Seele heraus, unvermögend, das Wirre, Dunkle und Ahnungsvolle zu klären, seinen

> Il avait le doux son de flûte des désirs mélancoliques, mais aussi le martèlement accusateur de sa propre poitrine, le fouet du pénitent flagellant et les ferventes prières de grâces comme en murmurent les vieilles femmes sur les marches de l'église[21].

Manfred Gsteiger constate sèchement : « Des lieux communs, même brillants, restent des lieux communs ».

L'image de Verlaine la plus répandue, comme on la retrouve par exemple dans la *Geschichte für französischen Litteratur* de 1900 due à Adolf Birch-Hirschfeld et à Hermann Suchier, se compose donc du décadent bohème et poète maudit mêlés à quelques mots de l'*Art poétique* (la musique, les nuances, les assonances) qui sont mis en relation avec le cliché d'un patrimoine classico-romantique germanique plein d'harmonies mélodieuses et d'intériorité sentimentale. Tout ce qu'il y a de non-conventionnel dans l'œuvre de Verlaine est nivelé.

À la base de ce nivellement il y a aussi une certaine conception de la traduction. Les premiers traducteurs de Verlaine furent des poètes (ou des gens qui se croyaient poètes) et non des philologues. Même si, parfois, on rencontre quelques doutes, une traduction à la hauteur du texte original semble possible ; d'autant plus qu'on prend Verlaine, on l'a vu, pour un poète allemand. Rares sont les cas où la traduction est considérée comme un simple ersatz, ce qui explique aussi le manque total d'éditions bilingues qui, heureusement, sont apparus depuis lors et et illustrent les changements fondamentaux du statut de la traduction. À l'époque on parle de *Eindeutschung, Verdeutschung* (« mise en allemand ») ou encore de *Nachdichtungen* (adaptations libres).

L'essentiel d'une poésie mélodieuse et sans paroles comme celle de Verlaine semble concentré dans la forme, dans le jeu des parallélismes et des correspondances phoniques. Une traduction fidèle équivaudrait ainsi à une fidelité à la forme de l'original et se limiterait le plus souvent au nombre des syllabes, à la position des césures, à la structure des strophes, à l'alternance

Versen jenes mystisch melodische Zittern weitergegeben zu haben, innere Musik nicht gleichsam in Noten abstrahiert, sondern in Assonanzen, Reimen und rhythmischen Wellen festgebannt zu haben » ; « […] nicht Artistik, sondern magische Kunst : die *Alchemie des Wortes* […]. ».

21. « Er hatte den zarten Flötenton vagen melancholischen Sehnens, aber auch das harte anklagende Hämmern gegen die eigene Brust, den flagellantischen Geißelschlag des Büßers und die innigen Gebete des Dankes, wie sie die armen Frauen auf den Kirchenstufen murmeln ». Zweig, *Verlaine*, p. 11).

des rimes, etc. Max Dessoir se réfère dans son *Ästhetik* à la *Chanson d'automne* quand il prétend que les paroles « possèdent beauté et valeur propre indépendamment de leur signification ». « La valeur onomatopotéique de ces vers saute d'autant plus aux yeux que le sens lui est sacrifié ; le poète même n'associait sans doute rien de bien precis aux violons de l'automne[22]. »

Il s'agit là d'une conception mécanique et décorative des moyens poétiques dits « formels ». Cette prétendue « autonomie » du signifiant, cette musicalité, on la croyait un acquis spécifique du symbolisme. Comme si on pouvait remplacer une rime ou une assonance, liés à certains mots et comportant une charge sémantique déterminée, par n'importe quelle autre à n'importe quel autre endroit du poème. Comme si un bilan purement quantitatif des moyens poétiques pouvait être responsable de l'effet du poème[23]. La copie la plus exacte de la structure du vers, des strophes et des rimes est censée garantir un effet équivalent entre la traduction et l'original. Par conséquent la traduction en prose ou non rimée est systématiquement refusée.

C'est surtout Stefan George qui dans ce domaine prend ses distances avec la majorité des traducteurs. Il préfère par exemple une traduction non-rimée de *Brise marine* de Mallarmé, en conservant l'enchaînement des mots et la suite des images, parce qu'il se rend compte qu'une « fidélité » purement formelle néglige indûment la syntaxe et le lexique sans lesquels la forme reste une « simple coquille creuse[24] ». Il a compris que la célèbre suggestivité du vers symboliste est le résultat d'une collusion (au sens propre du mot, c'est-à-dire d'un concours accordé) du signifiant et du signifié.

Stefan George est a peu près le seul qui réussisse à trouver ce ton naturel malgré une densité inouïe de parallélismes phoniques. Manfred Gsteiger, dans son livre déjà plusieurs fois cité sur les symbolistes français dans la littérature allemande, en fait la démonstration en comparant une bonne douzaine de traductions de la *Chanson d'automne*[25]. George, par un respect envers l'original qui va au-delà du cliché, sauve tout ce qu'il y a de non-conventionnel même dans les poèmes les plus « lisses », tout ce qu'il y a

22. « [...] die Worte [...], abgesehen von ihrer Bedeutung, Schönheit und Eigenwert besitzen. [...] Die Tonmalerei dieser Verse wirkt umso auffallender, als der Sinn ihnen geopfert ist ; denn auch der Dichter dürfte keine bestimmte Vorstellung mit den Geigen des Herbstes verbunden haben ». Max Dessoir, *Ästhetik und allgemeine Kunstwissenschaft in den Grundzügen dargestellt*, Stuttgart, Enke, 1906 ; ici p. 384-386.

23. Un écho de cette conception apparaît encore aujourd'hui chez des critiques qui expliquent certains détails de traduction par des mesures de « compensation ».

24. Gsteiger, *Französische Symbolisten*, p. 172 : « eine bloße Hohlform ».

25. *Ibid.*, p 200-209.

de résistant et de brisé dans la prosodie, tout ce qu'il y a d'ironique, bref tout ce qu'il y a de moderne dans les poèmes de Verlaine contre la tendance de la plupart des traducteurs de l'époque à niveler le sens ou à harmoniser la prosodie pour sauver une rime ou une assonance. Ainsi il évite tout ce qui pourrait le ranger du côté d'un certain sentimentalisme romantique. Au lieu d'adapter Verlaine au goût allemand, il modèle la langue allemande à l'exemple du français de Verlaine. On pourrait prendre comme exemple la traduction du *Colloque sentimental.*

Tandis que Max Fleischer, dans sa traduction, choisie par Stefan Zweig pour son édition de 1902[26], se décide pour *Wehmütige Zwiesprache* (ce qui correspond à « dialogue mélancolique »), Stefan George garde, grâce au néologisme « Gefühlsam » et grâce au terme « Zwie-gespräch », plus technique, une nuance de distance qui caractérise aussi le mot « colloque » en français.

De même, Stefan George garde les réponses laconiques qui, à chaque reprise, tordent le cou à tout élan réitéré de sentiment renaissant :

– Ton cœur bat-il toujours à mon seul nom ?
Toujours vois-tu mon âme en rêve ? – Non.

– Ah ! Les beaux jours de bonheur indicible
Où nous joignions nos bouches ! – C'est possible.

Les répliques d'abord impatientes et presque impolies avec leur « vous » qui contraste avec le tutoiement confidentiel du premier interlocuteur deviennent de plus en plus brèves, taciturnes, monosyllabiques (« Non. ») ou évasives (« C'est possible. »).

Dein herz klopft bei meinem namen allein.
Siehst du mich noch immer im traume ? « Nein »
Ach die tage so schön, das glück so unsäglich
Wo unsere lippen sich trafen ! « Wohl möglich »

Voyons la traduction verbeuse des mêmes répliques par Max Fleischer ; au lieu d'opposer un simple « Non » il traduit :

Mein Name schon war einst dein süsses Leid !
Im Traum kam ich zu dir ! » — « Wie liegt das heut so weit ! »

26. Verlaine, *Gedichte*, hg. Stefan Zweig, 1902, p. 53.

Et au lieu de « C'est possible » (« Wohl möglich ») :

> « Verblich der Glanz aus unsren goldnen Tagen?
> Erloschen unsere Küsse? » — « Wer kann Antwort sagen? »

« *Huhediblu* » *de Paul Celan*

Mais plus intéressant que ces cas de traduction, d'aptation libre ou même de réécriture, plus saisissable qu'une influence généralisée d'un poète sur un autre, il y a le cas d'un dialogue intertextuel, c'est-à-dire d'une citation ou d'une allusion sans équivoque au sein d'une création authentique, qui témoignent d'une discussion approfondie entre Verlaine et son lecteur-poète. C'est pour cela, que pour finir, je vous présenterai un poème de Paul Celan, qui est, autant que je sache, le dernier poète allemand qui se soit occupé de traduire Verlaine[27], lors d'un séjour en France en tant qu'étudiant. Il s'agit de cinq traductions qui n'ont pas été publiées de son vivant : *Mon rêve familier* des *Poèmes saturniens, Sur l'herbe* et *Colloque sentimental* des *Fêtes galantes;* « Dans l'interminable ennui de la plaine » des *Romances sans paroles et* finalement « L'espoir luit comme un brin de paille dans l'étable » de *Sagesse*[28]. Celui qui connaît seulement le Celan de l'âge mûr pourrait être surpris de son intérêt pour Verlaine. Ce poète grave et sérieux, au verbe difficile, qui ne se sert de l'allemand qu'à contrecœur, écrasé par la mémoire de l'holocauste, aurait aimé le Verlaine des *Fêtes galantes*, des vers mélodieux, bref, le Verlaine des clichés? Même si ses traductions ne semblent pas des plus réussies on peut constater que le jeune Celan montre déjà moins d'intérêt pour la célèbre naïveté légère et la musique de Verlaine que pour les motifs de la mémoire nostalgique, de la mélancolie et de la mort.

Un vers de Verlaine semble avoir résonné longtemps dans la mémoire de Celan et s'y être gravé si profondément qu'il a servi de point de départ et de final à l'un de ses poèmes les plus énigmatiques, *Huhediblu*, dans son recueil de 1963, *Niemandsrose*[29].

27. Voir Barbara Wiedemann, « Im alten Garten — Septemberrosen. Noch einmal zu Paul Celan und Paul Verlaine », *Celan-Jahrbuch* 5, 1993, p. 279-292.
28. Voir Wiedemann, 1993, S. 281.
29. Paul Celan, *Niemandsrose, Gesammelte Werke in fünf* Bänden, t. 1, Frankfurt: Suhrkamp, 1983, p. 275-277. Nous donnons la traduction française de Martine Broda (*La Rose de personne*, Le Nouveau Commerce, 1979, p. 1).

HUHEDIBLU

Schwer-, Schwer-, Schwer-
fälliges auf
Wortwegen und -schneisen.

Und — ja —
die Bälge der Feme-Poeten
lurchen und vespern und wispern und vipern
episteln.
Geunktes, aus
Hand- und Fingergekröse, darüber
schriftfern eines
Propheten Name spurt, als
An- und Bei — und Afterschrift, unterm
Datum des Nimmermenschtags im September —:

Wann,
wann blühen, wann,
wann blühen die hühendiblüh,
huhediblu, ja sie, die September-
rosen?

Hüh — on tue... Ja wann?

Wann, wannwann,
Wahnwann, ja Wahn, —
Bruder
Geblendet, Bruder
Erloschen, du liest,
dies hier, dies:
Dis-
parates —: Wann
blüht es, das Wann,
das Woher, das Wohin und was
und wer
sich aus- und an- und dahin- und zu sich lebt, den
Achsenton, Tellus, in seinem
vor Hell-
hörigkeit schwirrenden
Seelenohr, den
Achsenton tief
im Innern unsrer

FLHUERISSENTLES

Lourd-, Lourd-, Lourd-
daudement sur
les chemins et les layons des mots.

Et — oui —
les baudruches des poètes proscripteurs
vipèrent, vespèrent et vitupèrent, grenouillent,
épistolent.
Bave de crapaud, ou
tripe de main et de doigt, dans laquelle
loin de l'Écriture
le nom d'un prophète laisse sa trace, comme
agresse, commenteur, et post- hume post-face, [datée
du jour de personne en septembre —:

Quand,
quand fleurissent, quand,
quand fleurissent les,
flhuerissentles, oui, les,
roses de septembre?

Hue — on *tue*... Mais quand?

Quand, cancan,
où, fou, oui, fou —
frère
Aveuglé, frère
Éteint, tu lis
ceci, oui, ici:
dis
parate —: quand
fleurit-il, le quand,
le d'où, le vers-où, et cela
et celui
qui vit à fond, à peine, à perte, à soi revit, le
ton axial, Tellus, dans
l'oreille de son âme
vibrant de clair-
audience, le
ton axial tout au fond
de notre demeure Contrition, ronde comme

sternrunden Wohnstatt Zerknirschung? Denn
sie bewegt sich, dennoch, im Herzsinn.

Den Ton, oh,
den Oh-Ton, ah,
das A und das O,
das Oh-diese-Galgen-schon-wieder, das Ah-
[es-gedeiht,

auf den alten
Alraunenfluren gedeiht es,
als schmucklos-schmückendes Beikraut,
als Beikraut, als Beiwort, als Beilwort,
ad-
jektivisch, so gehn
sie dem Menschen zuleibe, Schatten,
vernimmt man, war
alles Dagegen —
Feiertagsnachtisch, nicht mehr, —:

Frugal,
kontemporan und gesetzlich
geht Schinderhannes zu Werk,
sozial und alibi-elbisch, und
das Julchen, das Julchen :
daseinsfeist rülpst,
rülpst es das Fallbeil los, — call it (hoot!)
love.
Oh quand refleuriront, oh roses, vos septembres ?

une étoile. C'est
qu'elle tourne, pourtant, dans le sens du cœur.

Le ton, oh,
le oh-ton, ah,
le a et le o,
le oh-encore-ces-gibets, le ah-comme-ça pousse-
[bien,

ça pousse,
sur les vieux champs de mandragores,
herbe superfétatoire,
épice, épithète, ou mot coupe-tête,
ad-
jectivement,
ils s'attaquent à l'homme, ombre,
dit-on, était tout remède —
rien d'autre qu'un dessert de fête —:

Frugal,
contemporain et dans la loi,
Schinderhannes se met au travail,
social et alibi-elbique, et
la Juliette, sa Juliette :
elle rote, obèse d'exister,
la guillotine se met à roter, — call it (hott!)
love.
Oh quand refleuriront, oh roses, vos septembres ?

Dans ce poème Celan cite plusieurs fois sa propre traduction du poème « L'espoir luit », il travaille avec son matériau sémantique et phonétique et termine par une quasi-citation du vers final du poème verlainien[30] :

Ah, quand refleuriront les roses de septembre !

Celan le cite en français, mais modifié (et parodié) en :

Oh quand refleuriront, oh roses, vos septembres ?

À l'origine, chez Verlaine il s'agit d'une exclamation – et non d'une question – d'une exclamation qui semble plus impatiente que résignée dans le

30. Verlaine, *Œuvres poétiques complètes*, éd. Y.-G. Le Dantec ; édition révisée, complétée et présentée par Jacques Borel, Gallimard, Bibliothèque de la Pléiade, 1962, p. 278.

contexte du poème ou l'espoir luit a deux reprises dans le premier et l'avant-dernier vers :

> L'espoir luit comme un brin de paille dans l'étable
> [...]
> Va, dors ! L'espoir luit comme un caillou dans un creux.

Bien qu'il s'agisse de l'espoir d'échapper à un « midi » étouffant de chaleur pour trouver la saison plus agréable de l'été finissant, pour revivre un second printemps, plus mûrs[31], cet espoir semble quand même très affaibli sous la forme non pas d'une « étoile[32] », mais d'un « brin de paille » et d'un « caillou ».

Celan renforce le trait pessimiste en traduisant *luire* par « glimmt » (l'espoir « couve », comme le feu sous la cendre), verbe plus faible, en supprimant l'interjection « Ah » et en transformant l'exclamation finale en question.

> Die Hoffnung glimmt, eine heller Halm im Stall.
> [...]
> Schlaf! Hoffnung glimmt wie Kies in einer Grube.
> Wann blühen wieder die Septemberrosen[33]?

Le vers final de Verlaine (« Ah, quand refleuriront les rose de septembre ! ») fournit à Celan deux mots clés : « les roses » métonymie de toute cette poésie mélodieuse et harmonique, et le mois de « septembre » qui, chez Celan, perd son étroite relation avec les roses et sa valeur sentimentale et anhistorique pour se charger de connotations historiques et devenir le symbole de la terreur sous différentes formes : soit les massacres révolutionnaires, soit le début de la seconde guerre mondiale, soit sur un plan plus strictement biographique, la déportation de ses parents vers un camp d'extermination. Ainsi le mot *septembre,* point final d'un vers hautement mélodieux, poétique

31. Cette signification a inspiré aussi André Maurois choisissant comme titre pour un de ses romans *Les Roses de septembre*, 1956.
32. Comme dans le poème du même recueil, « Du fond du grabat/As-tu vu l'étoile/Que l'hiver dévoile ? » (Verlaine, *Œuvres poétiques complètes,* éd. cit., p. 274.)
33. À la base de son interprétation nettement plus pessimiste on trouve peut-être un autre poème de Verlaine, très proche, dans la même partie de *Sagesse,* qui reprend les motifs du sommeil, du berceau et du creux avec une tonalité plus lugubre (cf. Grube « qui renvoie à "Grab" chez Celan »). « Un grand sommeil noir/Tombe sur ma vie :/ Dormez, tout espoir,/ Dormez, tout espoir,/ Dormez, toute envie ! » et plus loin : « Je suis un berceau/Qu'une main balance/Au creux d'un caveau :/ Silence, silence ! » (*Ibid.*, p. 279).

et nostalgique chez Verlaine, se transforme en chiffre de la barbarie nazie, du « Nimmermenschtag » (du *jour inhumain,* de la *fin de l'humanité).*

La poésie verlainienne, telle que Celan la conçoit, pleine de charmes rythmiques et musicaux, figure, *pars pro toto,* une tradition poétique que Celan refuse catégoriquement pour la poésie allemande après Auschwitz :

> Je crois que la poésie allemande prend un autre chemin que la française. Avec tant de ténèbres dans sa mémoire et tant de choses à remettre en question autour d'elle, elle n'a plus le droit, quand bien même elle voudrait rendre présente la tradition dont elle vient, de parler la langue que certaines oreilles indulgentes semblent encore attendre d'elle. Sa langue est devenue sobre, elle va droit aux faits, elle se méfie du « beau » et essaie d'être vraie.
>
> C'est [...] une langue qui entre autres voudrait voir sa musicalité enracinée dans un endroit où elle n'ait plus rien à voir avec cette harmonie qu'on a continué de faire entendre au beau milieu de l'horreur[34].

Celan se distancie d'une poétique qui favorise une sémantique vague et qui attend tout de la musicalité légère et euphonique du vers. À cette légèreté agréable qui touche à la fameuse « fadeur » de Verlaine analysée par Jean-Pierre Richard, et qui, sans doute, a facilité la banalisation et une réception anodine de Verlaine, Celan répond par la lourdeur d'un *incipit* qui répète trois fois le mot *grave* (« Schwer- ») :

> Schwer-, Schwer-, Schwer-
> fälliges auf
> Wortwegen und-schneisen.

Les mots lui pèsent (« schwer-fallen[35] »), ils lui servent à se frayer douloureusement son chemin à travers la jungle d'une inextricable réalité ennemie. Par cela il se distingue des poètes qui se mettent au service de la terreur

34. « Die deutsche Lyrik geht, glaube ich, andere Wege als die französische. Düsterstes im Gedächtnis, Fragwürdigstes um sich her, kann sie, bei aller Vergegenwärtigung der Tradition, in der sie steht, nicht mehr die Sprache sprechen, die manches geneigte Ohr immer noch von ihr zu erwarten scheint. Ihre Sprache ist nüchterner, faktischer geworden, sie mißtraut dem 'Schönen', sie versucht, wahr zu sein. Es ist also [...] eine Sprache, die unter anderem auch ihre 'Musikalität'an einem Ort angesiedelt wissen will, wo sie nichts mehr mit jenem 'Wohlklang'gemein hat, der noch mit und neben dem Furchtbarsten mehr oder minder unbekümmert einhertönte ». Paul Celan, *Gesammelte Werke in fünf Bänden,* hg. von B. Allemann und St. Reichert, Frankfurt, Suhrkamp 1983, t. III, p. 167.

35. « Lourdaudement », dans la traduction française, est trop négatif.

(« Feme-Poeten[36] »), qui se font les prophètes du système nazi, espèce d'aruspices et de chiromanciens (« Geunktes, aus/Hand- und Fingergekröse [...] »), qui utilisent à foison ces procédés « poétiques » tels que l'allitération, la paronomase, la rime intérieure, etc.

Und – ja –
die Bälge der Feme-Poeten
lurchen und vespern und wispern und vipern,
episteln.

Vers la fin du poème, la barbarie nazie est personnifiée par un héros légendaire, bien qu'historique : Schinderhannes, ce Robin des Bois allemand, bandit de grand chemin du temps de Napoléon, qui se donnait des airs de révolutionnaire social et qui jouissait d'une popularité de bon génie de conte de fée :

Frugal,
kontenporan und gesetzlich
geht Schinderhannes zu Werk,
sozial und alibi-elbisch, und
das Julchen, das Julchen :
daseinsfeist rülpst,
rülpst es das Fallbeil los, — call it (hott!)
love.

Dans beaucoup de ballades populaires et dans une pièce de Zuckmayer (*Schinderhannes*, 1927), le brigand est présenté sous un jour favorable. Mais Celan puise à une autre source, un poème d'Apollinaire, *Schinderhannes* de la section *Rhénanes* d'*Alccols*, que Celan a traduit en allemand[37], et qui, dans un premier stade du poème *Huhediblu* a même fourni l'épigraphe « à l'allemande, « en avant ! ») ». Chez Apollinaire Schinderhannes et sa compagne Juliette (« Julchen ») sont des types tout à fait différents de ceux de Zuckmayer : tendres à l'allemande, c'est-à-dire brutaux, débauchés et antisémites :

36. La référence au détail biographique d'une accusation de plagiat par Claire Goll me semble réductrice, même si elle trouve une certaine justification dans les variantes antérieures de *Huhediblu*. (Voir Amy Colin, « Geschichte und Innovation : Paul Celans Huhediblu » *Celan-Jahrbuch* 5, 1995, S. 89-114 ; lacune méthodologique de Colin qui utilise les variantes antérieures pour expliquer l'état définitif du poème qui a justement éliminé ces variantes pour éviter des limitations trop évidemment biographiques).
37. Celan, *Gesammelte Werke*, t. IV, p. 786-789.

Il faut ce soir que j'assassine
Ce riche juif au bord du Rhin
[...]
On mange alors toute la bande
Pète et rit pendant le dîner
Puis s'attendrit a l'allemande
Avant d'aller assassiner[38]

Dans le poème de Celan la distanciation vis-à-vis de la poétique verlainienne ne se limite pas à un changement de signification et à une réévaluation du terme *septembre.* Plus fondamental est le désaveu « des petites fleurs », si j'ose dire, des « roses » ; la condamnation ne se fait pas sur le plan théorique ou discursif, mais sur le plan du travail poétique, c'est-à-dire de la transformation du matériel phonétique et sémantique de la poésie incriminée. C'est ainsi que s'explique le titre énigmatique du poème: *Huhediblu* qui prend, en le transformant, son matériel linguistique à Verlaine. Par le mot « Huhediblu », non-sens apparent en allemand, le travail poétique se fait en jouant sur la phonétique et la sémantique françaises et allemandes entremêlées et le titre est, par conséquent, intraduisible[39]. Je vais malgré tout essayer de vous en donner une idée. Écoutons, pour commencer, la troisième strophe du poème:

Wann,
wann blühen, wann,
wann blühen die, hühendiblüh,
huhediblu, ja sie, die September –
rosen?

Celan prend comme point de départ sa propre traduction du vers de Verlaine, transformé, on l'a vu, d'exclamation en interrogation:

Wann blühen wieder die Septemberrosen?

Le vers est fragmenté dans un triple élan entravé et bégayant, qui chaque fois réussit seulement à prononcer une parole de plus, sans être en état de finir la phrase:

38. Apollinaire, *Œuvres poétiques*, édition établie et annotée par Marcel Adéma et Michel Décaudin, Gallimard, coll. Bibliothèque de la Pléiade, 1965, p. 117-118.

39. Il aurait mieux valu le garder en allemand que le traduire en français, comme l'a fait Martine Broda, par « Flhuerissentles », traduction qui ruine l'impression de non-sens, parce qu'elle garde les éléments sémantiques français trop faciles à déceler.

Wann,
wann blühen, wann,
wann blühen die [...]

À la fin de ce triple effort, émouvant mais vain, pour réussir à déclamer la traduction du vers mélodieux de Verlaine, – effort voué a l'échec sous le choc d'une expérience vécue de la terreur nazie –, sa langue se confond tout à fait. Dans une sorte de dysphasie anagrammatique les syllabes se délient et se recomposent dans un néologisme, un non-sens dada voire un contre-sens, exotique pour des oreilles allemandes (et, à plus forte raison, françaises) :

hühendiblüh.

Ce mot à graphie allemande, composé de morphèmes allemands incompréhensible, paraît, malgré le morphème /hü/ (qui rappelle le « Hüh » du paragraphe suivant) et /blüh/ (de *blühen*, « fleurir »), étrangement français, avec ses *u* répétés, et rappelle le mot français « hurluberlu » (« bizarre », « inconsidéré »). En choisissant, au vers suivant, la graphie française et en prononçant en même temps à l'allemande on arrive à

huhediblu[40].

Que ce jeu phonique bilingue sur « huhediblu », de la part d'un poète de langue allemande, qui vivait depuis 1948 à Paris, ne soit pas une invention d'un hurluberlu de critique, le vers suivant l'atteste :

Hüh — on tue... Ja wann ?

Là encore Celan mélange allemand et français : les phonèmes *h* + *u*, en tant qu'interjection[41] pour faire avancer un cheval ou pour le faire tourner à droite, ont la même signification en allemand et en français. Mais Celan choisit la graphie allemande pour souligner qu'il s'agit d'un locuteur allemand, qui, par la rime avec « on tue... » (en français dans le texte alle-

40. En allemand, le néologisme attire d'autres connotations : qu'on pense au refrain « Ruckediguh/Blut ist im Schuh » du conte populaire *Aschenputtel* des frères Grimm où à l'exclamation guerrière et sanguinaire de la Walkyrie, « Hojotoho ! », dans l'opéra de Wagner, qui fait d'ailleurs, lui aussi, partie des poètes qui exploitent abondamment la « musicalité » de la langue en usant et abusant des rimes et des allitérations (*Stabreime*) – et qui, comme chacun sait, est amplement instrumentalisé par l'idéologie nazie.

41. Qu'il s'agisse vraiment de cette interjection avec cette signification, le mot correspondant *hott* (= fr. *dia*) dans l'avant-dernier vers du poème le confirme.

mand !), est identifié au bourreau qui traite ses victimes comme des bêtes. Dans le contexte de l'antisémite Schinderhannes (v. 60) le mot *hott* est prononcé[42] pour localiser la tuerie. Le *hue* et le *dia* rappellent ainsi l'arrivée à Auschwitz avec la fatidique sélection de ceux qui étaient destinés au camp et ceux qui étaient envoyé directement aux chambres à gaz[43].

Face à ces souvenirs atroces la floraison des roses de septembre paraît une question déplacée, et rappelle la phrase célèbre, disant qu'après Auschwitz, écrire des poèmes est devenu impossible, ou tout au moins une certaine poésie, identifiée ici à Verlaine.

Ce serait « folie » de vouloir faire revivre une telle poésie après ces expériences meurtrières du « frère aveuglé et éteint » (v. 22-24) : c'est ainsi qu'on peut comprendre le vers 20 ; qui glissse de l'interrogatif de temps *Wann* (« quand ») ; faisant allusion au « Quand refleuriront les roses de septembre » deVerlaine à *Wahn* (« folie ») :

> Wann, wannwann,
> Wahnwann, ja Wahn, —
> Bruder
> Geblendet, Bruder
> Erloschen, du liest,
> dies hier, dies :
> Dis-
> parates – : Wann
> blüht es, das Wann,
> [...]

Un autre glissement phonétique et sémantique se fait de *dies* (vers 25, « cela ») vers le préfixe de « disparate » (Dis-/parates –, v. 26-27). La poésie après Auschwitz ne renonce pas seulement à la musicalité trompeuse du vers mais aussi à un sens monolithique, à l'image close et cohérente, pour choisir le montage du disparate à la manière de l'Apollinaire de *Zone.* Au lieu de s'interroger sur le « Quand » de la floraison des roses, Celan pose la question du « Woher » et du « Wohin », « d'où » venait et « d'où » vient cette barbarie et « où » allons nous, s'interrogeant en même temps sur la fonction de la poésie.

Pour me limiter aux allusions à Verlaine ainsi qu'au symbolisme français et à son assimilation allemande, je m'arrête encore, dans le contexte de

42. Comme adjectif portant sur l'anglais « love » et le titre de la chanson, il rappelle en même temps le mot anglais « hot ».

43. Amy Colin, « Geschichte und Innovation », p. 103, n. 46 et p. 110, n. 72.

cette discussion, au terme *Achsenton*; (« ton axial », v. 32, 36), ce « ton » (de la poésie) autour duquel tourne le monde « dans le sens du cœur » (« im Herzsinn », v. 38-39).

Ce ton rappelle une fois encore à Celan le vers de Verlaine qui commence par l'interjection « Ah, quand refleuriront [...] ». Ces interjections « ah » et « oh », signes linguistiques indiciels et motivés réduits à la pure fonction émotive, sans valeur sémantique précise, sont censés venir immédiatement du cœur du poète, tout proches de la musique pure, ce qui fait qu'ils foisonnent dans les vers de Verlaine et des symbolistes en général. Ces tons rappellent à Celan le poème jugé, par l'opinion commune, symboliste par excellence, les *Voyelles* de Rimbaud qui vont de « A » (alpha) jusqu'à « O » (oméga) et entraînent les célèbres associations synesthésiques. Or, pour Celan ces tons soulèvent des associations tout à fait différentes de celles de Rimbaud :

> Den Ton, oh,
> den Oh-Ton, ah,
> das A und das O,
> das Oh-diese-Galgen-schon-wieder, das Ah-es-gedeiht,
>
> auf den alten
> Alraunenfluren gedeiht es,
> [...]

Le « Ah » (« ah-il-prospère »), assimilé en allemand au début de l'alphabet grec, serait l'interjection positive qui sert d'ouverture à cette poésie, et le « oh », en tant que lettre finale (l'oméga), signifierait la fin atroce au gibet (« Oh, ces gibets, de nouveau »). Les poètes qui utilisent ces exclamations, de simples sons asémantiques en chiasme, qui ne se prêtent pas seulement aux émanations sentimentales mais se mettent aussi au service de la pire terreur (deuxième strophe), ces poètes renvoient à la mandragore (vers 45). Le radical du mot allemand, proche du verbe *raunen* (« murmurer », « susurrer ») employé pour les génies et les oracles confus, se relie aux verbes « vespern und wispern und vipern » (vers 6) à connotation nettement négative. Ainsi s'explique le changement du « Ah » verlainien en « Oh » dans le dernier vers de *Huhediblu*, où Celan cite Verlaine, en français, mais avec des changements significatifs :

> Oh quand refleuriront, oh roses, vos septembres ?

Le « Oh » ainsi défini, – l'oméga final des gibets, répété au milieu du vers, après une césure en position forte qui brise la cadence du vers original, et souligné dans son caractère phonique sombre par les *o* de « roses » et de « vos » – transforme complètement le vers verlainien[44].

Celan termine sur une question – et la réponse suggérée est d'avance négative : quand reviendra le temps où l'on pourrait voir refleurir les roses d'une façon aussi anodine et simpliste qu'au temps de Verlaine ? – Plus jamais !

44. La remarque d'Amy Colin (« Geschichte und Innovation », p. 100), « Celans Nachdichtung hält zwar die Musikalität der Verszeile fest », est tout à fait aberrante.

Christiane Seris

Verlaine en espagnol

« L'auteur de *Sagesse,* écrivait en 1912 Georges-André Tournoux dans sa *Bibliographie verlainienne,* a été généralement goûté en pays germaniques et slaves mais il n'a trouvé, excepté en Espagne, qu'un accueil froid parmi les peuples latins[1]. » Quel que soit le bien fondé de l'explication qu'il donne de ce phénomène en le faisant reposer sur des « affinités de race », G.-A. Tournoux s'est comporté en comparatiste soucieux d'établir la « fortune », comme l'on disait à l'époque, du poète en recensant les œuvres de Verlaine sous leurs différentes formes, mais aussi les études littéraires ou critiques ainsi que les traductions publiées dans différents pays. Et cette *Bibliographie verlainienne,* malgré ses lacunes et ses erreurs, est tout à l'honneur de son auteur. « Excepté en Espagne », écrivait Georges-André Tournoux, et en Amérique hispanique aurait-il dû ajouter, tant il est vrai que l'accueil ménagé à Verlaine fut plus hâtif, plus chaleureux, comme nous le verrons plus loin, de la part d'écrivains hispano-américains qui s'étaient littérairement détachés de la mère patrie, tout en restant attachés à ce qu'ils estimaient être leurs sources latines.

Mais Tournoux n'ignore pas totalement l'Amérique hispanique puisqu'il fait figurer quelques traductions parues en Bolivie, à Mexico, à Saint-Domingue et à La Havane, à côté de celles parues à Madrid et à Barcelone, toutes regroupées dans la rubrique consacrée aux traductions en Espagne et dans les pays de langue espagnole. C'est dire, d'entrée de jeu, que si, dans les traductions de la fin du XIXe siècle et du début du XXe, l'unité de la langue d'arrivée, l'espagnol, est garantie, les traducteurs, eux, montrent des différences d'origine, aussi bien géographiques que culturelles, différences d'où émanèrent de nombreuses traductions premières, fort utiles pour la confrontation avec les traductions d'aujourd'hui.

1. G.-A. Tournoux, *Bibliographie verlainienne,* Leipzig, Rowohlt, 1912, p. IX.

Les premières traductions de Verlaine en espagnol accusent un décalage dans le temps par rapport à la parution de ses œuvres. La toute première serait, d'après le critique espagnol Rafael Ferreres, une traduction du *Colloque sentimental*, datée de 1890 et incluse dans un article intitulé « Ultimas modas literarias[2] » (« Dernières modes littéraires ») où les préjugés ne manquent pas et où le thème fondamental du poème est réduit à l'expression d'une simple « douleur de l'âme », une « *dolora* » à la manière de Campoamor. Cette traduction lourde et plate, bien piètre en somme, est due à la romancière espagnole Emilia Pardo Bazán, qui avait des affinités avec le naturalisme français et ceci explique cela.

Cependant la catholique convaincue qu'était Emilia Pardo Bázan apprécie les accès de catholicisme de Verlaine, qu'elle détecte dans *Sagesse,* comme l'avait fait l'année précédente Clarín[3], le critique le plus lu de l'époque. Mais il n'est question dans leurs articles que d'allusions furtives; nulle traduction de l'une ou de l'autre ne viendra témoigner de leur désir de « faire partager à l'ami les poèmes qu'ils aimaient », pour reprendre la définition de la traduction donnée par l'hispanophile Valery Larbaud quelque cinquante ans plus tard[4].

On ne pouvait espérer non plus de traduction, d'un Juan Valera à qui la poésie de Verlaine paraissait extravagante, ni de critiques qui montraient une incompréhension totale à l'égard de l'art du poète « décadent » – épithète péjorative.

Certes le critique n'est pas un traducteur; il n'en a pas les compétences et par ailleurs son but n'est pas de faire connaître l'œuvre littéraire, étrangère, en la transposant ou en lui trouvant des équivalents, mais d'en dégager l'essence. Pour ce faire il peut cependant s'appuyer sur des citations empruntées à l'auteur. C'est ce que fit en 1891 le jeune Guatémaltèque Enrique Gómez Carrillo, futur intermédiaire culturel entre la France, l'Espagne et l'Amérique hispanique, en insérant dans une de ses *Esquisses* consacrée à Verlaine des vers extraits des *Poèmes saturniens,* de *Parallèlement* et de *Sagesse,* des vers où il découvre ou croit découvrir des confidences du poète, car son intention est, à ses débuts, de faire découvrir l'homme plutôt que l'œuvre[5]. Mais Gómez Carrillo prend le parti de ne pas traduire ces vers en espagnol. Est-ce par facilité? Pour donner la preuve d'un cosmopolitisme littéraire

2. Rafael Ferreres, *Verlaine y los modernistas españoles*, Madrid, Gredos, 1975, p. 52.

3. L'article de Clarín parut dans *Ensayos y revistas* (Madrid), 1892.

4. Valery Larbaud, *De la traduction,* Actes Sud, 1984, p. 22.

5. Enrique Gómez Carrillo, *Esquisses (siluetas de escritores y artistas),* Madrid, Viuda de Hernandez y Cia, 1892

auquel il était très attaché ou simplement à cause de la difficulté ressentie en 1891 à traduire du Verlaine ? Il est à remarquer que d'autres modernistes adoptèrent la même attitude : Victor Pérez Petit à Montevideo, ainsi que le Cubain José Martí et le Colombien José Asunción Silva qui choisirent de citer deux vers qui sont parmi les plus musicaux de *Romances sans paroles* mais qui devaient chanter mal dans leur mémoire puisqu'au lieu de transcrire

> Il pleure dans mon cœur
> Comme il pleut sur la ville,

ils écrivent

> Il pleut dans mon cœur
> Comme il pleut sur la ville[6].

Cette citation erronée qui surprend de la part d'écrivains cultivés, outre qu'elle dénature le sens du distique en le réduisant à une prosaïque comparaison, permet de constater combien le génie musical et rythmique de Verlaine peut être bafoué. Elle nous permet également de réfléchir sur la difficulté à traduire la musicalité de certains poèmes.

Cette musicalité est liée à la structure sonore des mots et à la versification. On sait les effets que le poète a tiré de l'emploi du e muet et des allitérations consonantiques ou vocaliques. Comment rendre ces effets dans une langue où ils n'existent pas ? Comment rendre le dialogue des mètres pairs et impairs qui anime la *Chanson d'automne* :

> Les sanglots longs
> Des violons
> De l'automne
> Blessent mon cœur
> D'une langueur
> Monotone ?

Le peintre espagnol Enrique Cornuty, qui connaissait bien Verlaine, y réfléchit et préféra « chanter » ce poème dans sa langue d'origine, plutôt même que de le réciter.

6. José Martí, *Obras comlpletas*, La Habana, ed. national de Cuba, 1966, vol. XXI, p. 413 ; José Asunción Silva. *Obra cornpleta — prosa y verso*, Bogotá, ed. de la revista, 1956, p. 391.

Ces exemples donneraient-ils raison à Yves Bonnefoy qui, après avoir fait la démonstration de la difficulté à traduire un poème de Yeats, affirmait naguère: « On ne peut traduire un poème[7] » ?

Les traductions des poèmes de Verlaine en espagnol existent cependant bel et bien et un recensement – non exhaustif malheureusement –, permet de distinguer trois périodes.

La première correspond à la glorification de Verlaine par les modernistes hispano-américains et espagnols. Elle commence après la mort du poète, qui eut la résonance que l'on sait dans le public français mais aussi dans le public espagnol et dans le public de certains pays d'Outre-Atlantique, informé par les chroniques de correspondants de presse vivant à Paris et par les articles très remarqués parus à Buenos Aires de Rubén Darío, admirateur et disciple de Verlaine. En différents points du continent surgirent alors des traductions de qualité variable, signées ou anonymes, fruit du travail de traducteurs qui n'étaient pas forcément des poètes et dont les noms ne sont guère familiers aux lecteurs français.

Pour donner une idée de ce réseau de traductions, je citerai celles de quelques poèmes de *Sagesse,* parues à Santiago du Chili et à La Paz entre 1896 et 1898 et dues respectivement, à Abelardo Varela qui, à son tour, tenta des innovations métriques[8], et au lecteur assidu et compréhensif de la poésie française contemporaine que fut Rosendo Villalobos[9]. À l'occasion d'une étude sur le sonnet, le Chilien Francisco Contreras, qui fera de Paris son lieu de résidence, traduit dès son arrivée en 1906, certains des *Poèmes saturniens* et quelques pièces de *Jadis et naguère* qui seront édités à Madrid et diffusés à Mexico[10] alors que le Mexicain Balbino Dávalos traduit des poèmes des *Fêtes galantes,* de *Poèmes saturniens* et de *Sagesse,* édités également à Madrid en 1910[11].

En Espagne, la mort de Verlaine fut le prétexte de règlements de comptes littéraires entre partisans et détracteurs du poète. Les traductions ne souffrent pas pour autant de ce conflit et se concentrent dans les villes de Barcelone et de Madrid. À Barcelone paraissent dans la revue *Luz,* en 1896, les traductions par les jeunes Eduardo Marquina et Luis de Zulueta de quatre poèmes

7. Yves bonnefoy, « La traduction de la poésie », dans *Entretiens sur la poésie,* Mercure de France, 1990, p. 151.

8. Abelardo Varela, in *Revista cómica* (Santiago de Chile), 1896-1898.

9. Rosendo Villalobos, *Ocios crueles,* La Paz, Imp. y Lit. boliviana, 1897.

10. Francisco Contreras, *Toison. Preliminar sobre la evolución del soneto,* Paris et México, Bouret, 1906.

11. Balbino Dávalos, De *otros huertos,* Madrid, Ateneo, 1910.

de *Jadis et naguère* dont *Art poétique* en décasyllabes ; paraissent ensuite en 1906, dans une abondante anthologie de poètes français du XIXe siècle, les traductions par le Valencien Teodoro Llorente de huit poèmes choisis parmi *Fêtes galantes, La Bonne Chanson,* les *Poèmes saturniens* et les *Romances sans paroles*[12]. À Madrid, le délicat poète Juan Ramón Jiménez fait paraître à son retour de Paris en 1903 quatre traductions dans la revue *Helios,* en mêne temps qu'il publie un article intitulé « Verlaine et sa fiancée la lune » où il montre une connaissance de l'œuvre du poète égale à celle de Rubén Darío. Huit poèmes choisis également parmi les *Fêtes galantes, Jadis et naguère,* mais aussi les *Romances sans paroles* et *Sagesse* sont traduits en 1907 par le critique du « modernismo » en Espagne, Enrique Díez Canedo dont l'originalité fut de mettre en musique « Il pleure dans mon cœur[13] ». Au total une soixantaine de poèmes traduits ; le chiffre relativement restreint de ces traductions peut s'expliquer par le fait qu'elles parurent pour la plupart dans des périodiques et des anthologies où étaient regroupés différents poètes.

Manuel Machado vint apporter à Verlaine la consécration avec ses cent cinquante trois poèmes traduits et rassemblés en un seul volume (1908) [14]. Cette parution fut considérée comme un événement littéraire et valut a Manuel Machado le titre de « Verlaine espagnol ». Il entre en effet beaucoup de dévotion dans ces traductions commandées à Machado par un éditeur madrilène à qui il avait répondu : « Oui, je traduirai avec amour les œuvres de mon maître mais en prose, en prose et littéralement. » Bien que ces traductions passent pour les « meilleures qu'on ait faites en tout pays » aux dires de Georges-André Tournoux, on ne peut que constater la perte de nuances qui sont le propre de la poésie verlainienne, la mauvaise interprétation de certains mots, l'absence ou l'ajout de certains autres. Le texte de départ de cet ouvrage dont le titre *Fiestas galantes* imprimé en gros caractères constitue une accroche publicitaire, est le cinquième tirage de *Choix de poésies,* édité chez Charpentier-Fasquelle en 1891, et qui comprenait, outre les poèmes choisis par Verlaine, un avant-propos de François Coppée. Cet avant-propos, également traduit, est suivi d'un prologue de Gómez Carrillo, intéressant pour la théorie de la traduction qu'il y présente. Ces *Fiestas galantes* et autres poèmes furent rééditées en 1918, date à laquelle on peut

12. Teodoro Llorente, *Poetas franceses del siglo XIX,* Barcelona, Montaner y Simón, 1906.

13. Enrique Diez Canedo, *Del Cercado ajeno. Versiones poéticas,* Madrid, Villavicencio, 1907.

14. Manuel Machado, *Paul Verlaine. Fiestas galantes. Poemas Saturnianos. La buena canción. Romanzas sin palabras. Sabiduría. Amor. Parábolas y otras poesías.* Precedidas de un prefacio de Fr. Coppée, prólogo de E. Gómez Carrillo, Madrid, Fé, 1908.

clore cette première période de traductions qui doit son unité au « modernisme » et qui tout naturellement s'éteint avec lui. Les poèmes les plus fréquemment traduits au cours de cette période sont *Colloque sentimental*, *Mon rêve familier*, « Il pleure dans mon cœur », « Le ciel est par dessus le toit » et les dépassant tous *Art poétique* où les modernistes croyaient trouver une doctrine.

L'heure des *Œuvres complètes* en traduction vient ensuite. À partir de 1921, la maison d'édition Mundo latino entreprend la publication en douze volumes des œuvres poétiques mais aussi des œuvres en prose, œuvres traduites en vers et/ou en prose. L'intention de cette maison d'édition, qui apporta un soin particulier à l'illustration des poèmes par des dessins de Jesús Dehesa de Mena, était davantage de faire œuvre de « romantisme éditorial » que de monter une affaire commerciale. D'où l'appel fait pour les traductions à des poètes, les uns de talent, les autres pâles imitateurs de Verlaine, mais tous influencés dans leurs œuvres par le poète français et qui n'hésitèrent pas à exprimer leurs difficultés devant leur tâche de traducteurs occasionnels. Ainsi le poète madrilène Emilio Carrère reconnaît, dans l'introduction du premier volume où il traduit les *Poèmes saturniens,* « l'énorme difficulté de l'entreprise, l'impossibilité d'ajuster à la métrique d'acier (espagnole) la gracieuse ondulation rythmique, l'infinie gamme de nuances de la poésie verlainienne[15]. » Même perte de la précieuse « nuance » de la part de Mauricio Bacarisse dans *Antaño y aher (Jadis et naguère),* de la part également du bohème attardé que fut Eliodoro Puche (dans le sonnet consacré à Calderón de la Barca, notamment) ou encore de J. Ortiz de Pinedo traduisant *Amour.* Le douzième volume qui vit le jour en 1926 regroupe *Mis hospitales y mis prisiones* et *Sombres de mi tiempo.*

De 1929 à 1969, le nom du traducteur qui fait autorité est celui de Luis Guarner qui, inlassablement pendant quarante ans, s'est donné la tâche de traduire des recueils entiers ou des poèmes rassemblés dans des anthologies, édités à Barcelone, à Madrid, en Argentine et au Mexique. Des traductions de qualité se trouvent également dans des ouvrages aux titres très vastes, telle cette *Poesía francesa,* éditée à Madrid en 1954 et à laquelle collabora le fin poète colombien Andrés Holguín. Verlaine devient au cours de ces années un classique de la modernité.

15. « [...] a enorme dificultad de la empressa la imposibilidad de ajustar a nuestra métrica de acero la graciosa ondulatión rítmica, la infinita gama de matices de la poesía verleniana » (*Obras completas de Paul Verlaine,* Madrid, ed. Mundo latino, vol. I, p. 11).

Une troisième période commence, semble-t-il, avec l'apparition des textes bilingues, la collaboration des traducteurs professionnels et le lancement de collections tournées vers un monde plus ouvert. Je fais allusion a *Mis hospitales y mis prisiones* parus dans la collection « Biblioteca de traductores » chez Jucar (1991) et a *Hombres de mi tiempo* produits par la Compañía Europea comunicación qui vient s'ajouter aux éditions Cátedra et Planeta, plus académiques ou universitaires et préoccupées de présenter des textes universels. Puisse ce nouvel esprit éditorial réveiller l'intérêt pour les œuvres de Verlaine « qui souffre d'un de ces discrédits durables qui affectent, pendulairement, des poètes considérés fondamentaux auparavant[16] », écrit Miguel Casado dans la dernière présentation de trois recueils de Verlaine, parus aux éditions Cátedra en 1991.

En ce qui concerne les éditions bilingues, le choix porte soit sur des recueils dans leur intégralité, voire sur l'œuvre poétique complète[17], soit sur des poèmes réunis en anthologies. Mais ce choix n'est pas le fruit du hasard. L'auteur de *Antología poética,* Teodoro Sáez Hermosilla, qui a récemment consacré une thèse à *Verlaine en castellano*[18], s'en explique:

> S'agissant de Verlaine, le plus sensé [...] est d'offrir une anthologie, car son génial travail n'embrasse presque jamais la totalité de chaque livre mais il serpente à travers eux et s'épuise [...], comme l'on sait, dans *Jadis et naguère*[19],

alors que Miguel Casado voit là une pratique qui limite de manière fondamentale la connaissance du poète.

Le lecteur espagnol d'aujourd'hui a donc à sa disposition une large éventail de traductions qui lui permettent d'apprécier l'œuvre mais aussi de

16. « [...] padcce uno de esos duraderos descréditos que afectan, pendularmente, a postas antes considerados fundamentales » (*Paul Verlaine. La buena canción. Romanzas sin palabras. Sensatez,* Madrid, Cátedra, 1991, p. 9).

17. Voir R. Hervas, *Verlaine. Poesia completa* (Edición bilingüe y traducción en prosa), Barcelona, Ed. 29, Libros Río Nuevo, 2 vol., 1975-1977.

18. Teodoro Sáez Hermosilla, *Verlaine en castellano* (Tesis doctoral leída y defendida en la Facultad de Letras de la Universidad de Extremadura, Cáceres, octubre 1980). Un exemplaire de cette thèse se trouve à la Bibliothèque nationale (APETI) et un autre au Collège de traducteurs de Mexico.

19. « Tratándose de Verlaine [...] Io más cuerdo es ofrecer una antología, pues su genial quehacer no abarca casi nunca la toralidad de cada libro, sino que va serpenteando a través de ellos y se agota [...], como es sabido, en *Jadis et* naguère » (Sáez Hermosilla, T., *Paul Verlaine. Antología poética,* Bercelona, Bosch, 1984, p. 31).

connaître la vie mouvementée du poète, comme en témoigne la présence des textes qui constituent le dossier judiciaire de 1873, placé en appendice de *Mis prisiones* [20].

Quelle que soit la période considérée, il apparaît que les traducteurs des œuvres poétiques de Verlaine poseront à leurs auteurs un problème qui est loin d'être résolu : c'est celui de la traduction en vers ou en prose. Gómez Carrillo qui ne s'embarrassait pas de métrique fut le premier à exposer dans son prologue aux traductions de Manuel Machado un embryon de théorie :

> Les rythmes et les rimes ne passent pas d'une langue à l'autre. Ce qui passe, quand le traducteur sait être littéral et artiste, c'est l'esprit, le savoir intime, la grâce secrète qui n'est pas dans les mots mais dans le fond mystérieux des phrases. Ceux qui n'ont pas ce fond mystérieux ne sont pas traduisibles... Les mots ne se traduisent pas.

Il justifie ainsi le choix de Machado d'une traduction en prose. En revanche la traduction en vers plus courante en Espagne qu'en France lui semble une trahison car elle déforme les strophes « qui naissent dans leur forme harmonieuse grâce au génie musical de chaque phrase ». Et il donne en exemple les traductions des poèmes d'Edgar Poe par Baudelaire et par Mallarmé. Certes l'intention de Gómez Carrillo est de valoriser la traduction « à la française » comme il le fait comme pour tout ce qui touche à la France, mais il a le mérite de mettre en évidence la spécificité de la langue, qu'elle soit de départ ou d'arrivée. Il pratique ensuite ce qui peut ressembler à une critique de la traduction et esquisse une méthode par le jeu d'une double confrontation : celle de la traduction en vers par Díez Canedo du poème commençant part « Il pleure dans mon cœur » avec le texte original et celle de sa propre traduction en prose du sonnet *Langueur* avec celle de Díez Canedo. Celle-ci, savante, sophistiquée, s'oppose à la simplicité de celle de Gómez Carrillo, toujours partisan d'une traduction « authentique » au sens où l'entend aujourd'hui Antoine Berman dans *Les Tours de Babel,* c'est-à-dire où le lecteur est invité à aller à la rencontre de l'écrivain. Dans le premier cas de figure, Gómez Carrillo porte un jugement sans appel en reprochant au traducteur de ne pas lui permettre de retrouver le « chant original » du poème « Il pleure dans mon cœur » qui n'existe pas, en effet, en dehors des sons et qui, authentique « romance sans paroles », n'est fait que de sa musique. La traduction de Díez Canedo a beau respecter dans chaque strophe la rime

20. Leónidas Blake Gómez, *Paul Verlaine. Mis prisiones,* Barcelona, Fontamara, 1979.

triplée par répétition du premier mot, elle ne parvient pas à rendre l'impression de montomie, d'immobilité, voire de stagnation. De plus la sensation ou la perception du bruit de la pluie, rendue par les assonances en *ie* et *it* (bruit, pluie, s'ennuie, pluie) est supprimée au bénéfice d'une impression de paix « canción de paz » deux fois répétée. Nous avons là un de ces « écarts » que les traductologues d'aujourd'hui ne manqueraient pas de commenter, comme l'on pourrait commenter la traduction récente par Miguel Casado du même poème qu'il traduit lui aussi en vers, et où l'on retrouve la passivité du poète noyé dans sa langueur tout comme rythme, ce que le traducteur appelle « le balancement, le va-et-vient presque désespérant ». Pourtant la différence des mètres employés pour conserver la littéralité vient parfois détruire l'heureux effet produit par ailleurs, comme dans la chute regrettable de la dernière strophe :

> ¡ es la peor pena
> no saber por qué
> sin amor y sin odio
> tiene mi corazón tanta pena !

T. Sáez Hermosilla, quant à lui, a su conserver la rime et respecter la structure de la strophe ainsi que la scansion métrique :

> Es ¡ay ! la pena peor
> el no saber bien por qué
> sin amor y sin rencor
> siente el pecho tal dolor.

La traduction de certains titres appellerait aussi bien des commentaires. Ainsi traduire « sagesse » par « sensatez » comme le fit Francisco Contreras en 1908 et Miguel Casado de nos jours, c'est privilégier l'interprétation du recueil comme un recueil chrétien, c'est donner au « sage » le sens de « converso », de « converti », ce à quoi notre traducteur contemporain se croit autorisé car « les dimensions de cette sagesse, de cette conversion, écrit-il, s'éclairent encore plus avec la dédicace de l'ensemble à ma mère ». Les autres équivalents « sabiduría », « cordura », « prudencia » amènent à d'autres interprétations que Rafael Ferreres a signalées en son temps.

En dehors des quelques relations établies avec Gómez Carrillo et Rubén Darío, Verlaine n'a pas connu ses traducteurs hispano-américains et espagnols. En quoi cela d'ailleurs les aurait-il aidés ? Verlaine connaissait-il assez bien l'espagnol pour éventuellement les conseiller ? Rien n'est moins sûr. Il plane sur sa connaissance de la langue espagnole un mystère, mais les témoignages recueillis montrent que son goût pour la déclamation était plus fort que celui de l'apprentissage de la langue, un goût que partageait avec lui le Greco-Français Jean Moréas, se plaisant à plastronner au mileu de disciples émerveillés. Rubén Darío évoque dans *Autobiografia* le sonore « Don Diego Hurtado de Mendoza » lancé sans raison apparente à Gómez Carrillo et le non moins sonore et pompeux « ¡ Viva don Luis de Góngora y Argote! » adressé à lui-même. Rubén se rappelle aussi avec quel accent très marqué Verlaine prononçait le fameux dernier vers de la *Soledad primera* de Góngora : « A batallas de amor campo de pluma », vers dont le sens érotique est parfaitement développé dans le poème *Lassitude*, où il est placé en épigraphe. Quant à la lettre par laquelle Verlaine conviait Gómez Carrillo à venir lui rendre visite à l'hôpital Broussais, elle est révélatrice de son goût pour les bavardages sans fin. « Venez me voir et nous parlerons de Góngora et de Calderón » y écrivait-il. Calderón, Calderón de la Barca, bien entendu, en l'honneur duquel il avait écrit un sonnet « À propos d'un « Centenaire » de Calderón » et dont il devait traduire avec Jean Moréas une « comedia », *La Vida es sueño* selon Ruben Darío, *El Mágico prodigioso* selon Gómez Carrillo ou un drame *A Secreto agravio, secreta venganza*, selon Lepelletier mais dont, d'après les propos recueillis auprès de celui qui devait être son collaborateur, il ne traduisit que le nom propre et littéralement ! Facétie ou fait réel, il n'en reste pas moins que nulle traduction signée de la main de Verlaine ne vit le jour. « Le retour des galion », pour reprendre la formule de M. Enriquez Ureña, n'eut pas lieu dans le sens France-Espagne-Amérique hispanique.

Zbigniew Naliwajek

Verlaine en polonais

Trois Polonais ont connu personnellement Verlaine : le capitaine Boleslaw Ludomir Matuszewicz, qui a pris part à la Commune de Paris[1], le peintre Jan Rosen, qui retrouvait Verlaine au café de la Nouvelle-Athènes[2], et le poète Waclaw Rolicz-Lieder, l'ami de Stefan Georges[3].

Les questions relatives à la réception de Verlaine en Pologne, aux traductions de ses poèmes, toute cette vaste problématique a été minutieusement et scrupuleusement étudiée par Stefania Bańcer dans sa thèse de doctorat sur la fortune de Verlaine en Pologne, soutenue à l'Université de Varsovie en 1971. Cette thèse est une mine d'informations précieuses : Stefania Bańcer, qui a conduit son enquête jusqu'à la fin des années soixante, a probablement rassemblé tout ce qu'il y avait à rassembler sur la réception de Verlaine en Pologne. Dans la période étudiée, plus de soixante poètes ont traduit environ

1. Henri Guillemin a publié une lettre de Verlaine de juillet 1873 adressée à Matuszewicz (« Connaissance de Rimbaud », *Mercure de France*, 1957, n° 1078, p. 266 et *sqq.*).

2. Jan Rosen (1854-1936), a commencé ses études à l'Académie des Beaux-Arts à Paris en 1875, où il a été l'élève de J. Gérome ; durant quatre ans, il a suivi les cours de Taine ; après plusieurs voyages à travers l'Europe, il s'est fixé à Paris en 1895.

3. Waclaw Rolicz-Lieder (1866-1912) est arrivé à Paris en septembre 1888 pour étudier les langues orientales ; il a très vite fait la connaissance d'Albert Saint-Paul, assidu du caïd François Ier et familier de Verlaine. C'est lui qui a presenté Rolicz-Lieder au vieux poète et qui a fait connaître au jeune Polonais un jeune poète allemand, Stefan George, dont l'amitié allait marquer toute sa vie. Tous deux ont assisté à quelques mardis de Mallarmé, tous deux admiraient Verlaine. Jean Lajarrige : « Il arrive à ces jeunes hommes élégants de reconduire jusqu'à sa porte le vieilhomme fatigué et perdu d'alcool qui ressemble à un ours dans son vieux manteau marron râpé ». C'est Lieder qui a annoncé à George absent la mort de Verlaine. II a assisté aux obsèques du poète et a écrit deux poèmes qui seront tout de suite traduits en allemand par George et publiés en 1896 dans *Blätter für die Kunst* sous le titre : *I. Am Totenbett* et *II. Nach dem Begräbnis.* Voir Jean Lajarrige, *La Jeune Pologne et les lettres européennes.* 1890-1910, Warszawa, 1991, p. 64-65 ; Z. Ciechanowska, « Stefan George i Waclaw Rolicz-Lieder — ich tranaslatorska wzajemnosc » et W. R.-L., traducteurs l'un de l'autre, *Roczniki Humanistyczne*, t. XIII, 1965, 3, p. 63 et sq. ; M. Podraza-Kwiatkowska, *Waclaw Rolicz-Lieder*, Warszawa, 1966.

160 poèmes dont certains comportent plusieurs versions ; il existe en tout presque 350 traductions[4].

Malgré toutes les diffcultés liées aux innovations sémantiques, d'harmonisation, de césure, de rimes, ou de « e » muet que l'on trouve dans l'œuvre de Verlaine, il a été pour les représentants de la Jeune Pologne, pour les écrivains et les critiques, pour le public aussi, le grand préfèré parmi tous les poètes français. Les plus grands traducteurs de l'époque l'ont traduit : Antoni Lange, Zenon Przesmycki-Miriam, Leopold Staff, Bronislawa Ostrowska, Stanislaw Korab-Brzozowski, Tadeusz Boy-Zeleński, beaucoup d'autres presque aussi remarquables que ceux que je viens de nommer, et beaucoup d'autres encore dont les traductions sont plongées dans un juste oubli.

Il semble que le nom du poète ait été évoqué pour la première fois dans un article sur la littérature française contemporaine, publié en 1886 par Józef Wiktor Dobrski. En 1887, Antoni Lange, un autre Polonais qui fréquentait les mardis de Mallarmé, a parlé de Verlaine dans un article important sur le symbolisme. En 1888 Zenon Przesmycki-Miriam a présenté le poète dans une étude consacrée aux poètes français contemporains. L'année suivante, Teresa Prazmowska a publié sa traduction de la *Chanson d'automne,* — première traduction de Verlaine en Pologne. C'est ainsi qu'arrive la première vague de traductions : de 1889 a 1899 on dénombre trente traductions. En 1890 Antoni Lange a traduit trois poèmes : *Art poétique* et deux poèmes de *Sagesse* : « Ô mon Dieu vous vous m'avez blessé d'amour[5] » et « Je ne veux

4. Stefania Bańcer, *Recepcja Verlaine'a w Polsce,* Warszawa, 1970. Thèse dirigée Maciej Zurowski. Un exemplaire dactylographié de l'ouvrage se trouve à la Bibliothèque de l'Institut de la Recherche littéraire de l'Académie polonaise des Sciences à Varsovie (IBL PAN) sous la côte [masz. 992]. L'auteur de la thèse a aussi publié une analyse d'une vingtaine de traductions polonaises de la *Chanson d'automne* (« *Chanson d'automne* Verlaine'a w przekladach polskich », Przeglad Humanistyczny, 1962, 1, p. 145-152).

5. Ce poème a fait pleurer d'émotion son traducteur allemand, Richard Dehmel. C'est Stanislaw Przybyszewski qui a raconté la nuit à Berlin où Liliencron, Scheerbart Henri Albert et lui écoutaient Dehmel lire ses poèmes et sa traduction de Verlaine. À propos d'Henri Albert, collaborateur au *Mercure de France* et *La Revue blanche,* Przybyszewski dit que c'était lui qui apportait à Berlin non seulement les volumes de Verlaine mais aussi tout ce qu'on publiait à l'époque de Rimbaud ou de Laforgue (S. Przybyszewski, *Moi współcześni* [*Mes Contemporains*], Warszawa, 1959, p. 118. Première édition : 1926). Dans son anthologie de la poésie expressionniste, Clemens Heselhaus a cité Verlaine parmi les précurseurs de l'expressionnisme. Deux poèmes de Verlaine : « Il pleure dans mon cœur » (*Romances sans paroles*) et « Je fus mystique et je ne le suis plus » (25e poème des *Chansons pour elle*), dans la traduction de Stefan Zweig, y figurent à côté de textes de Nietzsche, Whitman, Maeterlinck et Verhaeren (C. Heselhaus, *Die Lyrik des Expressionismus,* Tübingen, 1956).

plus aimer que ma mère Marie ». *La Lune blanche* a été traduite en 1894. En 1896, l'année de la mort du poète, la rédaction d'une revue polonaise, ayant organisé un concours pour traduire *Chanson d'automne* a reçu dix-huit traductions dont deux ont été publiées. Cette même année a vu paraître sept traductions: *Mon Rêve familier, Promenade sentimentale, Chanson d'automne* (trois traductions différentes), *À la promenade, Bon chevalier masqué.*

En 1897 il y a eu dix traductions: neuf traductions de Miriam: *Langueur, Art poétique, Mon Rêve familier, Colloque sentimental,* « Avant que tu te ne t'en ailles », *La Lune blanche,* « Donc, ce sera par un clair jour d'été », « Il pleure dans mon cœur », « Le ciel est par-dessus le toit » ainsi qu'« Écoutez la chanson bien douce » par un autre traducteur (A. Cehak). En 1898 on note une traduction de *Chanson d'automne* et de « Mon Dieu m'a dit ». Cette même année, un des peintres les plus connus, représentant de la Jeune Pologne, Józef Mehoffer (1869-1946), a peint deux tableaux, *Danse* et *Danse II* qui illustrent un poème de *Fêtes galantes, Les Ingénus,* poème qui n'a jamais été traduit en polonais. En 1899 il y a eu cinq traductions: *Mon Rêve familier, Chanson d'automne, Clair de lune,* « L'espoir luit » et « Un grand sommeil noir ».

Mais c'est dans la période qui se situe entre 1900 et 1924 qu'on note le plus grand nombre de traductions. Parmi les poèmes le plus souvent traduits il faut d'abord citer *Chanson d'automne* (plus de 20 traductions différentes), « Un grand sommeil noir » (15 traductions), *Colloque sentimental* (10 traductions). « Le ciel est par-dessus le toit », *La Lune blanche,* « Il pleure dans mon cœur » et *Mon Rêve familier* ont eu huit à neuf versions.

Parmi les poètes de la Jeune Pologne, parmi ceux d'entre eux qui ont traduit les poèmes de Verlaine, les plus actifs dans ce domaine étaient Boy Żeleński qui a traduit toutes les *Élégies,* Miriam et ses dix traductions, Staff et ses neuf traductions et Ostrowska et ses six traductions. Et ce sont des noms de premier ordre. Mais il y a eu aussi des poètes mineurs qui, par leur travail, ont beaucoup fait pour rendre le nom de Verlaine très connu en Pologne: parmi ces poètes-traducteurs, citons Adam Cehak, qui a traduit presque tous les poèmes de *Sagesse* (1906, première édition), ou Barbara Beaupré, qui a publié, en 1906 également, un recueil composé de 50 poèmes de Verlaine, ou encore Kazimierz Rychlowski, avec ses 35 traductions. D'autres, que l'on pourrait appeler traducteurs d'occasion – une quarantaine de noms ici – ont traduit un à deux poèmes. Certains d'entre eux ont donné quelquefois les meilleures traductions existantes (Stanislaw Korab-Brzozowski, par exemple).

Si l'on regarde de près la première traduction cette *Chanson d'automne*, qui est en fait en polonais un « Chant d'automne », car tel est le titre choisi par Teresa Prażmowska (1899), il faut dire que la traductrice commence une longue tradition des pires traductions : stéréotypes, prosaïsmes, maladresses stylistiques, rimes étranges remplissent ce texte à tel point qu'il perd toutes les qualités de l'original. Un petit échantillon retraduit du polonais, montre le résultat des efforts de la traductrice :

> Les luths de l'automne
> longuement, tristement
> pleurent de nouveau...
> Mon cœur défaille
> Ah, l'histoire est bien connue
> de langueur
> La poitrine respire lourdement
> Quand dans le silence sonne
> l'heure bien connue
> Je me noie dans les larmes
> Quand la pensée remémore
> les moments passés
> Ici et là, partout
> Outil passif
> Sans but par le chemin
> Comme une feuille desséchée
> les souffles du vent
> peuvent me porter.

Parmi toutes les traductions de ce poème, la meilleure est sans doute celle de Leopold Staff, que le poète a beaucoup travaillée. Il en a d'abord donné une première version en 1902, tandis que la deuxième date de 1924.

Il a fait disparaître, entre-temps, toutes les complications qui résultaient de la forme de versification adoptée, et finalement il a trouvé une solution idéale : c'est un chef-d'œuvre de traduction, comparable probablement à celui de James Joyce, qui a remarquablement traduit ce poème en anglais. Stefan George a-t-il fait mieux ? De toute façon, la confrontation des résultats du travail des grands poètes-traducteurs en diverses langues du même poème nous autorise au moins à nous demander si la traduction poétique idéale est possible. N'est-ce pas plutôt de l'utopie ? Il existe d'excellentes traductions, mais même là on constate que de très bons traducteurs se sont toujours heurtés à des difficultés insurmontables. Kazimiera Zawistowska et

Wincenty Korab-Brzozowski ont remarquablement traduit « Un grand sommeil noir » mais leurs victoires ne sont que partielles. Peut-on traduire « L'échelonnement des haies »? Deux versions polonaises de ce poème sont d'une trivialité effarante.

Même les titres sont très souvent traduits incorrectement. Ceux comme *Nevermore, Spleen* ou *Il Bacio* semblent ne pas poser trop de problèmes. On les laisse tels quels. Pourtant un de nos traducteurs de *Nevermore* a cru utile de traduire le « nevermore » en « jamais plus » (Stodor, 1907); un autre a donné à sa traduction le titre *À la mémoire* (Dej, 1958).

Mon rêve familier a aussi posé des problèmes. J'ai noté: mon rêve ordinaire ou normal (Cehak, 1896), mon rêve quotidien (Zawistowska, morte en 1902) – sans doute « mon rêve quotidien » est une meilleure solution que « mon rêve ordinaire » ou « normal ». Une autre traduction de ce poème, l'un des plus difficiles à traduire, porte comme titre « Vision » (Bandrowska, 1902).

Promenade sentimentale c'est « Le Soir » (M. D., 1896), « Le Rayon » (Brandrowska, 1902), ou même « Pérégrination solitaire » (Kramsztyk, 1914).

Soleils couchants devient presque toujours « Un coucher de soleil ». Deux traducteurs ont textuellernent et bien traduit le titre par « soleils couchants », au pluriel, tout à fait acceptable en polonais.

Effet de nuit reste le plus souvent « effet de nuit » au singulier ou au pluriel; un traducteur a donné « Spectacle de la nuit » (Slobodnik, 1946).

Chanson d'automne s'est transformé, au moins sept fois, en *Chant d'automne,* deux fois en *Automne,* une fois en *Les Sons d'automne.*

L'Heure du berger a été deux fois traduit textuellement comme « L'heure berger » (1900, 1906), mais ce poème porte aussi les titres suivants: « L'heure des amants », « L'heure du soir », « Le soir », « L'heure grise ».

Dans les bois a donné un titre très hugolien: « Dans les vieilles forêts » (Napierski, 1937).

Sur cinq traductions de *Clair de lune,* une seule reproduit bien le sens du titre, d'autres insistent sur l'image de la pleine lune.

Le très simple complément circonstanciel de lieu *Sur l'herbe* (quatre traductions) s'est changé une fois en « Idylle » (Lew, 1910).

Pour traduire *Cortège,* l'un des deux traducteurs a choisi un substantif polonais qui veut dire plutôt « suite » et qui n'est pas bon car il signifie aussi, à ne lire que le titre, la troisième personne du singulier de l'infinitif polonais, ce qui donne: il se fait jour.

En sourdine est devenu, dans la traduction de Barbara Beaupré, « Dans la profonde forêt » ou « Dans un lieu solitaire, très isolé ». Un autre traducteur a utilisé le terme de musique, sourdine ou étouffoir. Ni l'un ni l'autre n'ont vu d'autres possibilités : en secret ou à voix basse.

Dans sa traduction de « Il pleure dans mon cœur », Miriam (1897) a utilisé le mot *larmes* associé au verbe *bruiner*: donc ce n'est pas une pluie fine et froide qui tombe lentement mais les larmes au fond du cœur qui « bruinent » comme il bruine sur la ville. Ostrowska parle des larmes qui tombent dans son cœur.

« Ô triste était mon âme » dans la traduction la plus récente (Koloniecki, 1980), s'est changé en « Les regrets, regrets en empoissaient secrètement mon âme ».

« Écoutez la chanson bien douce » est devenu « Chanson calme » ou « Chanson sereine ». La dernière traduction en date, celle de Drzewicka (1980), a très justement changé le pluriel d'« écoutez » en singulier « écoute », ce qui a apporté, en polonais, plus d'intimité au message.

Dans « Voix de l'Orgueil », le « cor » (« un cri puissant comme un cor ») devient une flûte, ou plutôt un chalumeau.

Au poème de *Sagesse*, « Ô mon Dieu, vous m'avez blessé d'amour », Antoni Lange a donné le titre de *Psaume*.

Un des traducteurs d'« Un grand sommeil noir » a donné à ce poème le titre de *Berceuse* (Baracz, 1911).

« Le ciel est par-dessus le toit », avec ses neuf traductions, constitue à lui seul un beau problème qui a été très finément étudié par Anna Drzewicka dans son article intitulé « Quatre syllabes ou sur la difficulté des choses les plus simples[6] ».

Une des traductrices de ce poème a introduit le pronom féminin dans la 4e strophe. Là où Verlaine dit : « Qu'as-tu fait, ô toi que voilà/Pleurant sans cesse,/Dis, qu'as-tu fait, toi que voilà/De ta jeunesse ? », la traductrice écrit : « Qu'as-tu fait, ô toi qui murmures/Ta plainte triste,/Qu'as-tu fait, toi, la pauvre, toute en pleurs,/Du printemps de ta vie ? » Anna Drzewicka observe très justement que la complexité, dans une traduction, n'est pas seulement de trouver le mot juste, mais de placer ce mot dans le contexte, de le mettre en rapport avec d'autres mots. Aucun des traducteurs, pour « Le ciel est, par-dessus le toit/si bleu, si calme », n'a dit tout simplement « le ciel est bleu et calme » ; aucun d'eux n'a pensé à « paisible », « serein » ou « tranquille », tous ont choisi « silence » ou « silencieux » Aucun d'eux n'a pensé à des adjectifs

6. A. Drzewicka, « Cztery sylaby, czyli o trudnosci rzeczy najprostszych », Teksty, 1976, 1 (25), p. 124-138.

synonymes de *bleu*, qui existent en polonais, puisqu'il y en a trois ou quatre. Tous ont changé les adjectifs verlainiens en substantifs ou en adverbes : nous avons donc affaire au bleu et au silence du ciel, ou alors au ciel qui s'ouvre sur les gouffres du bleu, ou bien à l'azur silencieux des cieux : ce qui est très simple devient très compliqué.

« La mer est plus belle/Que les cathédrales » a donné : « Les gouffres insondables des mers sont plus beaux que les cathédrales » où le mot « cathédrale » est rendu par un substantif polonais très rare, très vieux, poétique certes, mais qui est déplacé dans le contexte (*tum*, « temple »).

Pour ne pas en rester aux seuls titres, analysons les cinq traductions polonaise d'*Art poétique*. Celle de Lange (1890), en hendécasyllabes non rimés, est restée incomplète : les strophes 3, 5, 6 et 7 manquent. Miriam, en 1897, en conservant la disposition originale des rimes, a choisi un vers de 11 syllabes ou de 10 syllabes ; en utilisant archaïsmes et expressions excentriques, il n'a pas traduit certains mots ou bien a amplifié les images (« brumes de la Nuance », « gouffres insondables »). La traduction d'Anna Klopotowska, publiée en 1907 dans un article de Jan Szarota sur Verlaine (article et traduction repris en 1917 dans le livre du même auteur présentant la poésie française contemporaine), est peu fidèle. Les mots et les images s'éloignent trop souvent de l'original, on se trouve devant un grand nombre d'ornements et d'amplifications qui sont dus principalement aux exigences de la rime extravagante. Tandis que chez Verlaine nous lisons :

Car nous voulons la nuance encore
Pas la Couleur, rien que la nuance !
Oh ! La nuance seule fiance
Le rêve au rêve et la flûte au cor !,

dans la traduction de Klopotowska nous trouvons :

Nous ne voulons pas la Couleur, mais la Nuance
La Nuance dont les dents couleur de brume
Relient les sons de la flûte aux sons de la trompette
Le sommeil au sommeil dans une extase d'amour

My nie barwy chcemy, lecz Odcieniu,
Odcieniu, którego mglawe ząbki
Łą czą dźwęiki fletni z dźwiekiem trąbki
Sen ze snem w milosnym upojeniu.

« Chanson grise » devient sous la plume de la traductrice « chanson folle » et « enfant sourd » – « enfant bête ».

La traduction du poète Mieczyslaw Jastrun, malgré une grande fidélité au texte, rompt souvent le rythme du vers à cause de l'absence d'un système métrique unique : nous y trouvons des vers de 8 à 12 syllabes.

La traduction la plus récente, celle de Halina Maria Dabrowska (1989, 2e édition en 1992), commence mal :

Avant tout, quelque chose de la musique
Et c'est pourquoi il vaut mieux l'Impair
Moins précis et brumeux dans l'air
Sans rien qui aurait pu exercer une pression.

Przede wszystkim coś z muzyki
I dlatego lepiej Nieparzysty
Mniej wyraźny i w powietrzu mglisty,
Bez niczego, co by moglo być naciskiem.

Devant ce « quelque chose » barbare, devant cet « Impair » qui, pour avoir un sens, ne peut être substantivé devant ce vers de 9 syllabes de Verlaine changé en octo-, déca- et dodécasyllabe, dans la même strophe, on est saisi d'un étonnement mêlé d'horreur, quand la traductrice propose : « Prends la prononciation et dévisse-lui son cou » (« Weź wymowę i szyje jej odkręć ! »).

Mais, dans l'ensemble, à travers les meilleurs traductions polonaises, celles que nous devons aux poètes-traducteurs de la Jeune Pologne ainsi qu'à travers celles de Feliks Konopoka et Anna Drzewicka par exemple, venues s'ajouter un siècle plus tard aux traductions déjà existantes, le lecteur polonais a eu la possibilité de découvrir, d'aimer et de comprendre la poésie de Verlaine.

Yoshikazu Nakaji

Verlaine et la poésie japonaise

Vers le milieu du XIXe siècle, lorsque le Japon se décida enfin à se rouvrir aux étrangers après plus de deux cents ans d'isolement quasi total, le mot d'ordre qui s'imposait à chacun était la modernisation du pays dans tous les domaines, sur le modèle des pays avancés de l'Occident. La littérature ne faisait pas exception. La caractéristique de la littérature japonaise à l'aube de sa modernité fut la rencontre avec les littératures occidentales, qui agit comme une véritable secousse venue de l'extérieur et l'entraîna à sa métamorphose. Parallèlement, la traduction des œuvres littéraires rendit nécessaire l'invention d'une langue nouvelle. Ce fut notamment le cas de la poésie. Pendant un demi-siècle après la Restauration Meiji en 1868, point de départ institutionnel du Japon moderne, certaines anthologies de poèmes occidentaux traduits en japonais marquèrent notre conscience poétique et l'incitèrent à explorer les voies d'un langage poétique nouveau.

Je voudrais retracer ici le moment où Verlaine fut introduit pour la première fois au Japon, avec les poètes parnassiens et les poètes dits symbolistes, et parler de trois anthologies importantes en traduction, qui datent respectivement de 1905, de 1913 et de 1925. Je consacrerai le plus de temps à la première parce que c'est elle qui joua un rôle majeur dans la réception de Verlaine au Japon, et qui influença par ailleurs le sort de la poésie japonaise du début du siècle. L'irruption de Verlaine, parmi d'autres, dans le paysage littéraire japonais coïncide avec un profond désir de renouvellement des formes poétiques et, sans rompre avec une tradition bien ancrée, se situe cependant dans le prolongement naturel d'une sensibilité déjà tournée vers la modernité. Mais auparavant, il n'est peut-être pas inutile de rappeler brièvement le contexte historique dans lequel s'étaient déroulées les tentatives de rénovation de la langue poétique.

Dans la tradition poétique japonaise, il existait deux langues, qu'on pratiquait parallèlement : la poésie chinoise (le poème en chinois) et la poésie authentiquement japonaise, fondée sur les rythmes alternés de cinq et sept syllabes (le *waka* et le haiku[1]). Le mot shi (poésie ou poème) désignait la première langue, alors que *waka* signifiait littéralement « chant japonais ».

En 1810, plus d'un demi-siècle avant la réouverture du pays, on repère un prernier essai de traduction de poèmes occidentaux, hollandais plus précisément (les Pays-Bas étaient le seul pays, à part la Chine, avec lequel le Japon ait maintenu des relations commericales pendant la fermeture[2]). On les traduisit alors non pas en *waka* ni en *haiku* mais en poèmes chinois, ce qui prouve l'équivalence, pour la conscience poétique de l'époque, des vers occidentaux avec leurs mètres et leurs rimes et de la poésie chinoise avec ses quatre tons.

Plus tard, dans le dernier quart du siècle, alors que certains traducteurs recouraient toujours à la poésie chinoise, d'autres, plus conscients de l'écart entre les formes traditionnelles figées et leur sentiment poétique, s'efforcèrent de découvrir un vocabulaire et un rythme aptes à exprimer leur sensibilité renouvelée. En 1882 fut publiée une anthologie intitulée *Shintaishishô* (*Recueil de poèmes dans le style nouveau*)[3], ouvrage mixte composé de quatorze textes traduits et de cinq poèmes originaux. C'était un recueil extrêmement éclectique. On y trouve, à côté de poèmes de Tennyson (*The Charge of the Light Brigade*), de Gray (*Elegy Written in a Country Church Yard*), de Kingsley et de Longfellow, trois extraits de Shakespeare (deux de *Hamlet* et un d'*Henri IV*) ou encore une présentation sommaire de la sociologie évolutionniste d'Herbert Spencer. La valeur littéraire de l'ensemble de ces traductions était déplorable. Certains intellectuels caustiques de l'époque s'en moquèrent en y opposant une meilleure version de leur cru, d'une forme plus traditionnelle, plus « littéraire ». Cette première tentative plus que maladroite, déclen-

1. Les caractères chinois sont des idéogrammes dont chacun représente un mot monosyllabique, tandis que l'écriture japonaise est un système phonétique, syllabaire, dans lequel, d'ordinaire, plusieurs caractères réunis composent un mot. Depuis le VIIe siècle, les Japonais avaient élaboré une méthode qui leur permettait de lire la poésie et la prose chinoises à la japonaise : au moyen de deux sortes de « marques-guides », *kaeriten* et *okurigana*, ils les transformaient en des phrases japonaises pour les interpréter. En même temps, ils exprimaient leurs émotions en utilisant le *waka* poème japonais de trente syllabes (5-7-5-7-7) et, plus tard, le *haiku*, poème plus court, encore de dix-sept syllabes (5-7-5). Ce bilinguisme en littérature se maintint jusqu'à la Restauration Meiji. Pour plus d'explication sur ce point, voir Shûichi Katô, *Histoire de la littérature japonaise*, Fayard, t. I, 1985, p. 16-19.

2. *Ranshi yakubun* (*Poèmes hollandais traduits en japonais*), par Gentaku Otsuki.

3. Je me réfère à la réimpression publiée par la Kindaibungakukan (Maison de la Littérature moderne) en 1982.

chant cependant des discussions sur la forme poétique fit faire un pas capital à l'évolution de la poésie japonaise. « Le chant Meiji, disait l'un des trois rédacteurs-traducteurs du recueil, doit être un vrai chant Meiji et non un chant ancien, et la poésie japonaise une vraie poésie japonaise et non une poésie chinoise. C'est pourquoi que nous avons essayé des poèmes dans le style nouveau ». L'idéal que résumait le titre du recueil exprimait exactement le souhait général des poètes de l'époque.

Dès lors, la poésie japonaise ne cessa de procéder par tâtonnements pour rénover sa langue, pour acquérir une cadence nouvelle. Sept ans plus tard, en 1889, la parution d'une autre anthologie, *Omokage* (*Vestiges*), composée de dix-neuf poèmes européens et chinois traduits en poèmes japonais ou chinois par Ogai Mori (futur grand écrivain à l'égal de Soseki Natsumé) et ses amis, rassemble des essais expérimentaux de traduction en sens divers : de l'allemand au chinois, de l'allemand au japonais, de l'anglais au japonais en passant par une traduction allemande déjà existante, ou du chinois au japonais[4]. Ce fut là le premier recueil poétique qui, fût-ce sous la forme de traductions, ait révélé la possibilité de poèmes dans un style nouveau, noble et artistique. Ogai Mori y introduit avec succès des mètres peu communs de 10-10 ou de 8-6 syllabes par exemple, pour traduire les décasyllabes du *Manfred* de Byron ou la chanson d'Ophélie dans *Hamlet.* Mais il faut bien connaître que, d'une part, ces mètres n'étaient pas absents auparavent des recueil des chants destinés aux écoliers ni de la traduction des hymnes chrétiens et que, d'autre part, à quelques exceptions près, jusqu'aux alentours de 1920, la poésie japonaise n'arrivait pas vraiment à sortir du cadre de la métrique traditionnelle, ni à accommoder son lexique et ses tournures avec ceux de la langue courante. Le désir de renouvellement rencontrait tantôt le risque de tomber dans un prosaïsme trop sec, tantôt une vive réaction qui le ramenait sur la voie plus sage du mètre 7-5. L'introduction intensive du symbolisme français au tournant du siècle et la faveur, puis l'indifférence sinon la défaveur, qu'a subies tour à tour la poésie de Verlaine, ne sont pas sans rapport avec ces épreuves douloureuses que vivait depuis longtemps la poésie japonaise.

Verlaine est mort le 8 janvier 1896. Deux mois plus tard, dans le numéro du 10 mars de *Teikokubungaku* (*Littérature de l'Empire*), revue créée l'année précédente et s'ouvrant à la collaboration amicale entre professeurs, étudiants et anciens étudiants de l'Université Impériale de Tokyo, Bin Ueda, alors

4. Publié par leur cercle littéraire Shinseisha. Je me réfère à *Omokage/Fuyu no ô (Vestige/Le Roi de l'hiver)* ; Ogai Mori, *Œuvres complètes*, t. XII, Chikuma Bunko, 1996.

étudiant de vingt et un ans, publie dans la chronique « Bruits d'outremer » une oraison funèbre du poète qui vient de disparaître « Paul Verlaine est mort », et qui fut aussi la première présentation de Verlaine au Japon. Il essaie de situer Verlaine dans la lignée de Villon, en expliquant que la passion lyrique s'est affaiblie tout au long de l'époque classique mais qu'elle s'est ravivée grâce à l'impétuosité de Hugo, relayée ensuite par la rhétorique singulièrement belle du poète des *Fleurs du mal*. Mais c'est chez Verlaine, continue Ueda, qu'il faut entendre « le véritable cri lyrique provenant de la passion qui débordait de son être ». Dans le même article, il introduit le mot *symboliste*, sans le traduire. En effet, le mot existait alors à peine en japonais[5].

Bin Ueda avait publié dans la même revue un article sur « La littérature belge[6] » contemporaine, où il citait non seulement Verhaeren, Rodenbach et Maeterlinck mais aussi Théodore Hannon ou Georges Eekhoud. Il y avait publié également une première présentation de Huysmans[7]. Désormais cette revue deviendra l'organe principal de l'introduction du symbolisme franco-belge. En 1898, deux ans après l'article sur Verlaine, quand il écrira cette fois sur « Les voix nouvelles de la poésie française[8] », Ueda présentera l'école symboliste comme s'opposant à l'école parnassienne dans sa recherche d'un style nouveau qui, affranchi de contraintes formelles rigoureuses, serait assez fin et assez fluide pour capter les nuances subtiles de l'âme. Il mentionne le vers libre et l'enjambement en les superposant en quelque sorte à la propre recherche formelle de la poésie japonaise. Mais les deux poèmes qu'il cite comme étant les meilleures illustrations de la poésie symboliste, *Chanson d'automne* dans les *Poèmes saturniens* et un poème très verlainien de Fernand Gregh, *Menuet*, révèlent plutôt le goût personnel du traducteur. Et ce goût personnel ne tardera pas à déterminer le caractère du symbolisme tel qu'il va s'implanter au Japon.

Ainsi, dans *Teikokubungaku* et quelques autres revues littéraires telles que *Myôjô* (*L'Étoile du matin*), autour du personnage de Bin Ueda, se multiplient les essais d'initiation au courant nouveau de la poésie franco-belge et les discussions à son propos. Mais c'est l'anthologie *Kaichô'on* (*Le Bruit de la marée*)[9], préparée par Ueda et publiée en 1905, qui joua un rôle décisif pour

5. Le mot *shôchô* qui correspond au *symbole* en français fut inventé en 1883 pour traduire *L'Esthétique* d'Eugène Véron publiée en 1878.

6. *Teikokubungaku*, 10 janvier 1895.

7. *Ibid.*, 10 juin 1895.

8. *Ibid.*, 10 juillet 1898.

9. Publié par la Hongô Shoin. Je me réfère aux *Poésies complètes traduites par Bin Ueda*, Iwanami Bunko, 1962.

l'introduction du symbolisme. Ueda réunit cinquante-sept poèmes, traduits par lui-même, de vingt-neuf poètes européens en cinq langues. Verlaine y figure avec treize poètes de langue française : Leconte de liste, Heredia, Sully Prudhomme, Baudelaire, Hugo, Coppée, Verhaeren, Rodenbach, Régnier, Vielé-Griffin, Samain, Moréas et Mallarmé. Y figurent également trois poètes italiens (D'Annunzio, Arthuro Graf, et Dante !), quatre anglais, sept allemands et un provençal (Théodore Aubanel). À propos du choix des poèmes français recueillis dans cette anthologie, on a repréré deux éditions qui lui ont très probablement servi de base : les *Specimens of Modern French Verse* d'H. E. Berthou, (London, MacMillan and Co., 1899) et la vaste anthologie des *Poètes d'aujourd'hui* d'Adolphe Van Bever et Paul Léautaud (*Mercure de France*, 1900)[10]. Quoi qu'il en soit, c'est à partir de *Kaîchô'on* que la poésie française commence à remplacer les poésies anglaise et allemande jusqu'alors dominantes, pour exercer des influences fondamentales sur les poètes japonais.

Dans la préface de son anthologie, Ueda utilise pour la première fois le mot *shôchô* (symbole), voire *shôchô-ha* (école symboliste) et *shôchô-shi* (poésie symboliste). Voici son explication du symbole :

> L'utilité du symbole réside en ce qu'il permet au lecteur de vivre un état d'âme analogue mais pas nécessairement identique à celui du poète. C'est pourquoi ceux qui goûtent sereinement un poème symboliste peuvent apprécier, en se laissant aller à l'imaginaire, une saveur indicible dont le poète lui-même ne se doutait pas. D'un poème chacun peut avoir sa propre interprétation, l'essentiel est que le sentiment évoqué soit proche de celui du poète.

Le symbolisme tel qu'il l'entendait était avant tout l'art sublimé d'évoquer un état d'âme, une sorte d'impressionnisme à tendance individualiste. Or, c'est là l'un des traits typiques de la poésie de Verlaine. Il n'y a rien d'étonnant à ce que parmi les cinquante-sept poèmes réunis dans ce recueil, les traductions de trois poèmes de Verlaine, *Paraboles*, *Mon rêve familier* et *Chanson d'automne*, (traduit sous le titre de *Feuilles mortes*), soient des meilleures. *Chanson d'automne*, pour lequel le traducteur avait une prédilection et qu'il mentionnait chaque fois qu'il parlait du poète, est devenue

10. Le repérage des sources est dû à deux comparatistes japonais, respectivement à Kazuma Maruyama et à Kinji Shimada. Voir Yasuo Yasuda, *Ueda Bin Kenkyû* (*Études sur Bin Ueda*), édition revue etr augmentée, Yûseidô, 1969, p. 70-77.

célèbre à tel point qu'aujourd'hui encore, pour un amateur japonais de poésie, le nom de Verlaine est lié avant tout à ce poème. L'arrangement des vers 4-4-3-4-4-3 du texte original est admirablement transposé en des vers égaux de cinq syllabes d'une monotonie mélancolique et douce :

Les sanglots longs	a-ki-no-hi-no
Des violons	vi-o-ro-n'-no
De l'automne	ta-me-i-ki-no
Blessent mon cœur	mi-ni-si-mi-te
D'une langueur	hi-ta-bu-ru-ni
Monotone.	u-ra-ga-na-si

En revanche, Baudelaire et Mallarmé sont moins bien traduits. Pour cette anthologie, Ueda prétend avoir exploité toutes les possibilités de la langue japonaise, vocabulaires ancien et nouveau, mètres réguliers et irréguliers, tournures galantes et courantes, afin de rendre la tonalité propre à chaque poème. Il n'écarte pas le mètre 7-5. Au contraire, il le privilégie, tout comme le langage galant, pour traduire entre autres les poèmes parnassiens. Doué d'un sens exceptionnel des langues, étrangères ou maternelle, il restait foncièrement classique d'esprit. Il explique dans la préface son principe de traduction : « le mètre fixe 7-5 pour le style splendide des Parnassiens et les mètres moins réguliers pour les styles fins et subtils des symbolistes ». Or, *Harmonie du soir* de Baudelaire, par exemple, remarquable par sa structure musicale de « pantoum » et par l'idée de correspondances qui l'imprègne, est traduit au moyen du mètre traditionnel 7-5 lié a un vocabulaire quasiment précieux. L'image de la liturgie catholique est ainsi transformée en des splendeurs bouddhico-shintoïstes. De même, le poème *Soupir,* dans lequel Mallarmé développe à sa manière la poétique baudelairienne de la superposition de la femme aimée et du ciel d'automne (cf. *Causerie* et *L'Invitation au voyage),* devient le poème d'une mélancolie galante dans une atmosphère semi-japonaise, semi-chinoise. Ainsi, en ce qui concerne l'appréciation de l'ensemble, je pense, tout comme le poète-critique Han'ya Kubota, que la traduction des poèmes parnassiens et des poèmes plutôt « classiques » comme les *Stances* de Jean Moréas est réussie, tandis que celle des poèmes qui représentent certains aspects essentiels du symbolisme l'est moins[11]. Bref, le recours d'Ueda à la cadence traditionnelle, comme sa prédilection pour les

11. Han'ya Kubora, *Nihon no shôchôshijin (Les Poètes symbolistes japonais),* Kinokuniyashoten, 1963; réimpression, 1994, p. 20-23.

vieux mots élégants, réinstallent de force la poésie occidentale dans le cadre de l'esthétique traditionnelle japonaise.

Mais, au fond, ce pionnier génial s'était donné la tache redoutable d'introduire à la fois le Parnasse et le symbolisme en créant deux types de style, dans un climat fondamentalement différent de sensibilité et de langage. Il concentre en lui, pour ainsi dire, le destin du Japon moderne qui fut obligé d'assimiler, en un laps de temps très court, tout ce qui constituait la civilisation occidentale. Là, naturellement, il n'a pas échappé aux malentendus ni aux compréhensions partiales. Lorsqu'il parle de la musique, par exemple, dans l'article déjà mentionné de 1898 (« Les voix nouvelles de la poésie française »), il ne pense guère à la relation entre la poésie et la musique comme Baudelaire l'avait fait à partir de la représentation wagnérienne, ni à la musique mallarméenne exprimée dans « Crise de vers » :

> Je dis : une fleur ! et, hors de l'oubli où ma voix relègue aucun contour, en tant que quelque chose d'autre que les calices sus, musicalement se lève, idée même et suave, l'absente de tous les bouquets.

Il s'agissait en effet de la musique que Verlaine avait professée dans *Art poétique*, musique liée à « la Nuance » et faite avant tout pour suggérer l'état d'âme, tout ce qui est fugace dans le sentiment humain.

Si Verlaine occupe une place privilégiée au moment même où le symbolisme français fut introduit pour la première fois au Japon, c'est qu'une forte affinité du traducteur avec le poète lui permit de réaliser une traduction d'une haute valeur artistique. Mais c'est aussi que le traducteur comprenait le symbolisme tel que l'incarnait Verlaine et non les autres grands poètes. Ainsi, la compréhension partiale du traducteur contribua-t-elle paradoxalement à la célébrité du poète traduit. Cette insuffisance sera compensée vingt ans plus tard, lors d'une seconde vague de réception intensive du symbolisme français qui se déroulera tant sous la forme d'études universitaires qu'à travers des traductions. Verlaine ne sera plus alors au premier rang. Il ne s'agira plus de l'art exquis d'évoquer l'état d'âme mais bien plutôt d'une expression du malaise, de la crise profonde de la conscience moderne, de la sensibilité aiguisée qui se sent ennuyée, désabusée et solitaire face à « la réalité rugueuse ». C'est tout d'abord Baudelaire qui fera l'objet d'une étude intensive, puis la lignée Mallarmé-Valéry d'un côté, Rimbaud de l'autre. Claudel, alors ambassadeur au Japon, fera également l'objet d'une étude favorisée par son amitié directe avec certains chercheurs.

D'autre part, il ne faut pas oublier qu'au Japon, le symbolisme n'a pas pris de caractère anti-naturaliste comme en France. Que ce soit le romantisme, le réalisme, le naturalisme ou le symbolisme, aucun mouvement littéraire ne se développait au Japon avec une éthique et une esthétique qui le fassent se distinguer nettement des autres. Au contraire, tout se mêlait dans un état de non différenciation. Le naturalisme était moins un déterminisme positiviste qu'un romantisme visant à libérer l'homme soumis aux conventions familiales et sociales. Poètes lyriques dans leur jeunesse, les romanciers naturalistes les plus importants tels que Katai Tayama (1871-1930), Tôson Shimazaki (1872-1943) ou Doppo Kunikida (1871-1908) présentaient des héros qu'on peut considérer comme leurs doubles et qui, attachant le plus d'importance à leur instinct et à leur réalité intérieure, ne cessaient de se confesser jusqu'à l'impudeur. Certains d'entre ces auteurs voyaient en la personne de Verlaine l'exemple d'une passion spontanée qui ne pense qu'à l'instant. C'est le cas, par exemple, de Hômei Iwano (1873-1920) qui professait un « symbolisme naturaliste » et dont la traduction, publiée en 1913, du *Symbolist Movement in Literature* d'Arthur Symons exercera une très grande influence sur la jeune génération littéraire.

L'introduction intensive du symbolisme français par Bin Ueda et surtout son anthologie *Kaichô'on* donneront naissance à une poésie symboliste au Japon, au cours d'une période relativement courte, quinze ans à peine, entre 1905 et 1920. Parmi les poètes de ce courant, il faut signaler le nom d'Ariaké Kambara (1876-1952), qui fit preuve d'un talent exceptionnel dans son *Shunchôshû (Poèmes d'un oiseau de printemps)* publié la même année que *Kaichô'on*, puis dans son *Ariakeshû (Poèmes de l'aube à la lune pâle*, 1908)[12] Le premier recueil comporte trente-quatre poèmes suivis de trois poèmes de Verlaine traduits à partir d'une traduction anglaise. La préface en est considérée comme un manifeste de la poésie symboliste au Japon. Mais la veine poétique qui s'y discerne est plutôt impressionniste ou allégorique, tandis que dans le second recueil, ouvrage de la pleine maturité du poète, sont réunis des poèmes d'une forte tendance idéaliste, avec un langage hautement élaboré, évoquant ainsi certains poèmes mallarméens.

En 1913 paraît une seconde importante anthologie de poésie traduite, préparée par l'écrivain Kafû Nagai (1879-1959), intitulée *Songoshû* (*Corail*)[13], et concentrée cette fois sur la poésie française. On y compte trente-huit

12. Ariake Kambara, *Poésies complètes*, édition définitive, Kawadeshobô, 1957.

13. *Songoshu (Corail), choix de poèmes lyriques français modernes*, traduits par Kafû Nagai, Iwanami Bunko, 1991.

poèmes de quinze poètes franco-belges : Verlaine y figure avec sept poèmes. L'im-portance historique de ce recueil consiste dans le fait qu'il a largement délivré la langue poétique des traditions métriques, bien que l'expression en reste le plus souvent archaïque. Sous l'influence de cette nouvelle anthologie apparaissent de jeunes poètes soi-disant symbolistes, Hakushû Kitahara (1885-1942) et Rofû Miki (1889-1964), entre autres. Kitahara était avant tout un poète d'une sensualité hédoniste qui, grâce à sa maîtrise remarquable de la langue, réussit à transformer de douces sensations en des émotions exquises :

Un jour, dans la cour de mon temple,
Au doux soleil couchant de l'arrière-saison,
À travers le soupir du jet d'eau jaune clair,
Pleure faiblement, ah ! très faiblement,
Le violon, ses cordes, son rêve, sa mélancolie.

Muhon (*Resolte*)

Hitohi, waga shôjano niwani,
Oso'akino shizukanaru irihinonakani,
Aware, mata, usuginaru fun'suino to'ikinonakani
Itohononi vioron'no, sono'itono,
Sonoyumeno, kanashimino, itohononi urehinaku[14].

Très verlainien de sentiment, ce poème l'est aussi de musique, car les mesures dominantes de cinq syllabes (soulignées) du texte original suivent celles de *Chanson d'automne*, telle qu'elle a été traduite par Bin Ueda et citée plus haut. C'est là une preuve de plus du rôle décisif que Ueda joua dans l'introduction de Verlaine au Japon. Quant à Miki, il part lui aussi de la veine verlainienne :

Pâle et contemplatif,
Qu'écoute-t-il, mon cœur,
De la fenêtre par où se glisse doucement,
Doucement le crépuscule du soir ?

Naishin (*En mon for intérieur*)

14. Transcription phonétique du texte japonais. *Nihon no sh!iika* (*Poésies japonaises*) 9 : Kitahara Hakushu, Chûkô Bunko, 1974, p. 19.

« Prions pour son âme ! »–ainsi murmurèrent
Un soir les feuilles mortes en chantant,
Dans la forêt d'un pays étranger,
Contemplant le visage triste
Du voyageur livide.

Sasurahi, I. Konoha to tabibito to
(*Errance, 1, Le voyageur et les feuilles mortes*)[15].

Puis il se dépouille de plus en plus de son lyrisme savoureux pour se diriger vers un idéalisme hermétique. À la suite de sa conversion au catholicisme, il produit toujours beaucoup en tant que poète religieux, chose très rare dans le Japon moderne, mais sa poésie tombe souvent dans un conceptualisme sec et abstrait. Prétendant que le symbole et la poésie symboliste ne sont pas des inventions occidentales mais qu'au contraire ils existaient bien dans la tradition littéraire japonaise, il réduisait le symbolisme français de la fin du XIXe siècle à un élément de l'art traditionnel de son propre pays. Une attitude similaire se repère auparavant chez Bien Ueda ou Ariake Kambara[16]. Mais, comme le signale Han'ya Kubota[17], à la différence de ces derniers qui ne cessaient

15. Insérés tous les deux dans *Haien (Le Jardin abandonné)*, le second recueil du poète, publié en 1909. Je me réfère à ses *Œuvres complètes*, Association pour la publication des *Œuvres complètes* de Rofû Miki, tome I, 1972, p. 34-36. Le premier poème est fondé exclusivement sur la mesure pentasyllabique :

Wa-ga-ko-ko-ro, a-o-za-me-te
Mi-tu-me-tu-tu na-ni-ka-ki-ku,
Ta-so-ga-re-no u-su-a-ka-ri Hi-so-ya-ka-ni,
Hi-so-ya-ka-ni shi-no-bi-i-ru ma-do-be-yo-ri.

Par ailleurs, dans sa lettre du 9 septembre 1909 adressée au poète, Kafû Nagai admire *Le Jardin abandonné* en citant surtout les deux courts poèmes que nous présentons et ajoutant la remarque suivante : « Je crois qu'on peut dire sans exagération que vos poèmes, mieux que ceux de n'importe qui, font penser à Verlaine [...]». (*Ibid.*, p. 71).

16. Bin Ueda dans la préface de *Kaichô'on* : « L'usage de symboles en poésie n'est pas nécessairement une invention de l'époque moderne. Cela remonte sans doute aussi loin que la naissance de nos montagnes » ; et Ariake Kambara dans la préface de *Shunchôshû* : « Dans notre littérature, il y avait la femme essayiste Seishônagon dans la Cour Impériale de Heian. Excellente dans l'art de capter les sensations toutes fraîches, elle a sublimé l'expression du charme profond des choses. [...] À l'époque de Genroku, il y avait Bashô [...] Son œuvre est la plus symboliste de notre littérature ».

17. Han'ya Kubota, *op. cit.*, p. 96-97.

d'être émerveillés par la poésie moderne occidentale et d'entretenir l'ambition de profiter des richesses de celle-ci pour établir un « style nouveau » dans la poésie japonaise, Miki s'enfermait dans une sorte de traditionalisme, récupérant l'inconnu dans le connu :

> En principe, je ne contredis pas l'opinion selon laquelle le symbole a été importé de France. Mais ce n'est pas nécessairement vrai s'il s'agit bien de l'esprit de symbole. Car, ce n'est pas seulement la poésie de Verlaine ou celle de Mallarmé qui fut conçue par cet esprit de symbole : les arts anciens du Japon l'étaient dans leur ensemble. Même, nous sommes plus avancés qu'eux sur la voie de l'approfondissement de la poésie. Je me réjouis d'être au sein de cet esprit traditionnel du Japon[18].

C'est de 1915 et de 1921 que datent les deux premiers *Choix de poèmes* de Verlaine en japonais[19]. Mais la poésie verlainienne ne s'enracine véritablement dans la langue moderne qu'un peu plus tard, grâce au poète Daigaku Horiguchi (1892-1981). Son importante anthologie publiée en 1925 sous le titre *Gekka no ichigun (Un troupeau au clair de lune*, trois cent quarante poèmes de soixante-six poètes français) comporte non seulement des œuvres des poètes déjà présentés, mais aussi celles de poètes contemporains comme Valéry, Apollinaire, Max Jacob, Jean Cocteau ou Raymond Radiguet. Le même Horiguchi publie l'année suivante une première biographie de Verlaine et, en 1927, *Les Poésies de Verlaine*[20]. Celles-ci jouissent d'une telle popularité qu'au cours du demi-siècle suivant, quatorze éditions en furent publiées par différents éditeurs.

Ainsi, inséparable de l'introduction du symbolisme, voire de la poésie occidentale en général, la réception de Verlaine par l'entremise de trois poètes-traducteurs, Ueda, Nagai et Horiguchi, s'accomplit en parallèle avec les efforts ardus pour rénover la poésie japonaise. Dans une perspective historique, ces efforts sont d'autant plus paradoxaux qu'en vue de créer une langue

18. Rofû Miki, Préface à *La Campagne en mirage* (son cinquième recueil de poèmes, publié en 1915), *Œuvres complètes*, t. I, p. 135.
19. *Choix de poèmes de Verlaine*, traduits par Ryûkô Kawaji (à partir d'une édition préparée par Francois Coppée), Shinchôsha, 1915 ; *Choix de poèmes de Verlaine*, traduit par Sôfû Taketomo, 1921.
20. Publiées par la Daiichishobô. Je me réfère au tome 11 des *Œuvres complètes* de Daigaku Horiguchi, Ozawa shoten, 1982. Il s'agit du recueil le plus important de poèmes de Verlaine en japonais mais il est encore loin d'être complet : la partie « érotique » des œuvres de Verlaine y manque totalement ; même certains poèmes de ses principaux recueils comme les *Poèmes saturniens* et les *Romances sans paroles* ne sont pas traduits.

fraîche et souple qui conviendrait au nouveau départ de leur poésie qui se voulait moderne, les poètes japonais prenaient pour modèle quelque chose de crépusculaire, une sensibilité poétique dominée par la conscience de la fin de toute une époque, de tout un système de valeurs[21]. Il n'en est pas moins vrai que les trois anthologies que je viens de présenter stimulèrent et accélérèrent ce processus d'autorénovation. Elles correspondent chacune à l'une des phases capitales de celui-ci : Ueda donne l'exemple aux « poèmes dans le style nouveau » ; l'anthologie de Nagai aide la poésie à s'affranchir des contraintes formelles ; Horiguchi enfin, bénéficiant de la contemporanéité des poètes qu'il traduit et au moyen d'une langue de traducteur pleine d'esprit et d'allégresse, arrive quasiment à résoudre l'hiatus entre le fond et la forme, dont la poésie japonaise avait longtemps souffert.

Verlaine, qui fascinait par son art de suggérer les états d'âme et qui contribuait à l'invention d'un langage nouveau de la poésie japonaise, perd peu à peu aujourd'hui son ascendant sur la création poétique. Alors que sa renommée s'est raffermie au cours de ce dernier demi-siècle, grâce surtout à la traduction moderne de Horiguchi, son impact et son influence demeurent diffus. De nos jours, Verlaine semble un peu délaissé du public. Mais ses poèmes, ceux au moins qui vont des *Poèmes saturniens* aux *Romances sans paroles*, ne perdent pas leur crédit poétique. Même s'ils sont dépouillés de l'acuité de Baudelaire, de la fureur de Rimbaud ou de la métaphysique de Mallarmé, ils continuent de séduire les jeunes lecteurs d'aujourd'hui (comme je le constate chez mes étudiants), qui, s'ils les abordent sans préjugé et en toute sincérité, sont sans doute sensibles à cette mélancolie douce, à ce langage si musical et si subtil malgré son apparence d'une extrême simplicité.

L'auteur exprime sa reconnaissance à la Fondation du Japon.

21. Voir, à ce sujet, la remarque suivante du poète contemporain Takasuke Shibusawa (1930-1999) à propos d'Ariake Kambara: « Alors que les artistes européens de l'époque avaient une conscience aiguë du fait qu'ils étaient dans "l'arrière-saison" concernant non seulement la réalité historique mais aussi leur propre art, renonçant ainsi au "suffrage universel" (une expression de Valéry dans son célèbre article « L'existence du symbolisme »), Kambara, lui, était au contraire sur un chemin montant en espérant vivement un essor prodigieux (de la poésie symboliste japonaise) [...]. Et c'est là l'une des raisons de sa confusion, de son immaturité. » (Takasuke Shibusawa, *Kambara Ariake ron [Essai surAriake Kambara]*), Chûôkôronsha, 1980, p. 117.

Marie-Noëlle Masson
François Mouret

Verlaine – Fauré – Debussy

Clair(s) de lune [1]

Notre sous-titre demande sans doute quelques éclaircissements. Les voici. Le précepte verlainien : « De la musique avant toute chose [2] », incite à rénover l'« *Ut pictura poesis* » horatien[3], par substitution : « ut musica poesis ». Première variation qui, compte tenu du titre même du colloque : « Verlaine traduit », ainsi que du corpus mélodique choisi, en appelle une seconde : « *ut musica translatio* ».

1. Ce poème avait été prépublié dans *La Gazette rimée* (20 février 1867) sous le titre *Fêtes galantes*, titre qui, en 1869, devait être transféré à l'ensemble du recueil (voir Verlaine, *Œuvres poétiques complètes*, texte établi et annoté par Y.-G. Le Dantec, édition révisée, complétée et présentée par Jacques Borel, Gallimard, coll. Bibliothèque de la Pléiade, rééd. 1962, 1992, p. 101-102, 1087 ; toutes les citations de Verlaine seront tirées de cette édition).

La mélodie *Clair de lune* op. 46 n° 2, composée durant l'automne 1887 et publiée l'année suivante chez Hamelle, est la première que Fauré a écrite sur un poème de Verlaine. Il en donna une version avec orchestre en 1888 qu'il intégra, sous le même titre, en 1919, à sa comédie musicale *Masques et bergamasques* (voir Jean-Michel Nectoux, *Gabriel Fauré. Les Voix du clair-obscur*, Flammarion, 1990). Toutes les citations de cette mélodie seront tirées de la partition éditée dans le ton original, à Paris, par J. Hamelle, [1888] (2e recueil, p. 77-81).

Sous le titre verlainien : *Fêtes galantes*, Debussy a réuni deux recueils de mélodies composées sur des poèmes de Verlaine, publiés respectivement en 1903 et 1904 (sur ces deux recueils, voir Alfred J. Wright, « Verlaine and Debussy : *Fêtes galantes* », *The French Review*, Vol. 40, N. 5, April 1967, p. 627-635). *Clair de lune* fait partie du premier de ces recueils, écrit en 1882 et remanié neuf ans plus tard (1891). Les mélodies du premier recueil ne furent jamais publiées dans leur version de 1882, à l'exception de *Clair de lune*, qui figure, avec sa deuxième version, dans la réédition de *Fêtes galantes* que donne Jobert en 1924 (voir Christian Goubault, *Claude Debussy*, Champion, 1986). Nous avons retenu la deuxième version de *Clair de lune*, qui nous semble prolonger la précédente et proposer une lecture beaucoup plus verlainienne du texte (sur la comparaison de ces deux versions, voir Roger Nichols, « Debussy's Two Settings of *Clair de lune*, Music and Letters, Vol. 48, N. 3, July 1967, p. 229-235). Toutes les citations de cette mélodie seront tirées de l'édition Dover (*Claude Debussy, Songs, 1880-1904*. Edited with Translations of the Texts, by Rita Benton, New York, Dover Publications Inc., 1981, Vol. II, p. 85-88).

2. Verlaine, *Art poétique*, v. 1, *Œuvres poétiques complètes*, éd. cit., p. 326.

3. Horace, *Art poétique (Épitre aux Pisons)*, v. 361, *Épîtres*, livre II.

En effet, on dit communément que toute mise en musique d'un poème est une « traduction musicale ». Or ce syntagme usuel et analogique devient, en l'occurrence, particulier et pertinent dans la mesure où il s'agit de la musication d'une poésie verlainienne qui est déjà musique[4]. Se pose alors la question de savoir s'il y a *traduction*, au sens de *translation*, du latin *trans-latio*, action de « trans-porter[5] », et si ce passage[6] de la musique de la langue à l'autre musique relève soit de l'« identité » des deux musiques (la seconde reproduisant la première), soit d'une « re-création » de la musique de Verlaine par celle de Fauré ou de Debussy, soit d'une hétérogénéité des musiques (celle du poète, celles des compositeurs).

Pour répondre à cette question, on axera l'étude de l'élément sonore, commun à la langue et aux mélodies, sur le rythme principalement. Mais peut-on seulement étudier la réalité sonore commune aux deux systèmes de signes (langage et musique) en parlant de traduction ? Selon Jakobson, « la poésie, par définition, est intraduisible » et, « de l'art du langage à la musique » notamment, « seule est possible la transposition [...] intersémiotique – d'un système de signes à un autre[7] ». Or, dans le cas ici étudié, il est légitime de se demander s'il y a véritablement processus translatif. L'interrogation se justifie d'autant que, de la musique de Verlaine à celles de Debussy ou de Fauré, on demeure dans les signes sonores.

4. Outre les articles répertoriés par Ruth L. White dans la « Bibliographie » (p. 345- 353) de son ouvrage : *Verlaine et les musiciens* (Minard, 1992), et ceux que nous serons amenés à citer, on consultera notamment Alain Baudot, « Poésie et musique chez Verlaine : forme et signification », *Études françaises. Revue des lettres françaises et canadiennes-françaises*, vol. 4, n° 1, février 1968, p. 31-54 ; Nicolas Ruwet, « Musique et vision chez Paul Verlaine », *Langue française*, n° 49 « Analyses linguistiques de la poésie », février 1981, p. 92-112 ; In-Ryeong Choi-Diel, « Parole et musique » dans *L'ombre des arbres* ; « Verlaine et Debussy », *ibid.*, n° 110 « Linguistique et poétique : après Jakobson », mai 1996, p. 16-34 ; ainsi que le « Dossier phonético-métrico-lexicologique », *Revue Verlaine*, n° 1, 1993, p. 103-210.

5. « *Translatio*, de *translatum*, supin de *transferre*, de *trans-*, et *ferre* « porter » » (*Le Grand Robert de la langue française. Dictionnaire alphabétique et analogique de la langue française de Paul Robert*, deuxième édition entièrement revue et enrichie par Alain Rey, Le Robert, 1985, t. IX, « Translation », p. 441).

6. *Trans-* marque, en français, notamment « le passage ou le changement » (*ibid.*, p. 431).

7. Roman Jakobson, « Aspects linguistiques de la traduction », *Essais de linguistique générale*, traduit de l'anglais et préfacé par Nicolas Ruwet, t. 1 : *Les Fondations du langage* (Éditions de Minuit ; 1963 rééd), Collection Double, 1994, p. 86.

Interprétations

La musication du poème ne serait, dès lors, qu'une « interprétation » (au sens dramatique et musical de « manière de jouer[8] », d'exécuter) et non une traduction. Mais cette interprétation, souvent, fait difficulté. Le poème *Clair de lune*, comportant douze décasyllabes, ne présente effectivement que trois vers dont la scansion est conforme à la tradition séculaire du vers décasyllabique français, « césuré 4 + 6[9] » (suivant Jean-Pierre Bobillot, on les qualifiera de « métriques ») :

4		6	
Que vont charmant	+	masques et bergamasques	2
Tout en chantant	+	sur le mode mineur	5
L'amour vainqueur	+	et la vie opportune	6

Dans le vers 2, la césure coïncide avec la structure syntaxique : inversion des substantifs sujets (« masques et bergamasques »). De même dans le vers 5, le complément circonstanciel de manière pourrait être mis entre deux virgules : « Tout en chantant [,] sur le mode mineur [,] », de même encore dans le vers 6, l'articulation, 4 + 6, est renforcée par la coordination : « et la vie opportune ».
Les décasyllabes 4 + 6 sont tout aussi rares dans la mélodie de Fauré – un seul vers :

L'amour vainqueur + **et la vie opportune** **6**

que dans celle de Debussy – un seul vers également :

4 + 6

Tout en chantant + **sur le mode mineur** **5**

8. *Le Grand Robert, op. cit.*, t. V, « Interprétation », p. 687.
9. « [...] le 10-syll., césuré 4 + 6, fut pendant de longs siècles le mètre "dominant" (c'est-à-dire, selon l'interprétation la plus restrictive de notre hypothèse : peut-être l'unique mètre proprement dit) de toute la poésie versifiée, depuis disons, la *Chanson de Roland* jusqu'à l'avènement, à cette fonction, de l'"alexandrin" » (Bobillot, art. cit., p. 184).

ou peut-être deux si, dans le suivant, on ne tient pas compte de la cantilation du « e muet » à la rime, appuyé par un changement de hauteur qui ajoute une syllabe et tend, de la sorte, à transformer le décasyllabe en hendécasyllabe :

Hormis ces quelques vers chantés ou dits conformément à une métrique « historique » et, comme telle, allant de soi parce que dans l'oreille depuis des siècles, les désasyllabes verlainiens mettent, souvent et nécessairement, le locuteur en situation de les interpréter, du fait de l'ambiguïté inhérente à leur scansion[10] que caractérise selon Jean-Pierre Bobillot une « *métricité* pénétrée de *non-mètre*[11] ». Ainsi, le premier vers semble devoir rester acésuré, bien que logiquement, sinon oralement, on puisse distinguer ce dont on parle, ou sujet (« Votre âme »), de ce qu'on en affirme, ou prédicat (« est un paysage choisi ») :

Votre âme est un paysage choisi 1

De même le vers 8 ne semble admettre aucune scansion pour des raisons à la fois syntaxiques et sémantiques. L'articulation 4 + 6 séparerait le sujet du verbe à la forme pronominale « Et leur chanson + se mêle au clair de lune ». L'articulation quasi-métrique[12] 6//4 déferait la construction transitive indirecte « se mêle à » : « Et leur chanson se mê// le au clair de lune ». Reste donc un vers acésuré où, tout étant « mêlé », rien ne peut être dissocié :

Et leur chanson se mêle au clair de lune 8

Diction que conforte Fauré[13].

10. D'une manière générale, le texte, à la diffrence de la partition, ne comporte que de très partielles indications rythmiques.

11. Art. cit., p. 200.

12. On observe une « érosion » de la scansion « historique » 4 + 6, à laquelle a été progressivement substituée une scansion 6//4, qualifiée de « *quasi-métrique* » par Jean-Pierre Bobillot (art. cit., p. 194) et qui n'est autre que le renversement de la scansion originelle.

13. C'est le seul vers chanté sans césure dans la mélodie de Fauré (cf. *infra*, p. 18) ; dans celle de Debussy ce type de diction ne se rencontre pas.

Le plus souvent, il y a ambiguïté parce que plusieurs scansions sont virtuellement possibles. C'est alors le propre de l'interprétation d'en actualiser une. Ainsi des vers 9 et 11 que l'on peut scander soit 6//4, soit 7/3 :

6	//	4	
Au calme clair de lu	//	ne triste et beau	9
Et sangloter d'exta	//	se les jets d'eau	11

Le syntagme « clair de lune » où *clair* « fonctionne », d'après Émile Benveniste, « comme intégrant de[14] » lune, est de ce fait rythmiquement insécable, ce qui exclut la scansion « historique » 4 + 6 : « Au calme clair + de lune triste et beau ». En revanche, est substituable la scansion 6//4 qui isole les déterminants postposés « triste et beau », et, comme tels, dissociables du déterminé « clair de lune[15] ». Toutefois, pour être réalisée, cette articulation veut que, par suite de l'allongement de la voyelle accentuée *u*, on abrège la syllabe finale du mot à « e muet » non élidé devant consonne, jusqu'à la rattacher rythmiquement à la syllabe suivante : « ne tris- ». Même type de césure enjambante dans : « Et sangloter d'exta// se les jets d'eau[16] ».

On peut aussi dire ces vers en marquant le « e muet ». La coupe se place alors après à la 7ème syllabe, créant de la sorte un décassylabe « non-métrique[17] » :

14. Émile Benveniste, « Les niveaux de l'analyse linguistique », *Problème de linguistique générale*, I., 1966 rééd. Galimmard. coll. Tel, 1992), p. 125.

15. « […] lorsque la combinaison du nom et de l'adjectif n'est pas sentie comme une seule unité de pensée et que chacun de ces mots est frappé d'un accent d'intensité, l'adjectif épithète se place après le nom » (Maurice Grevisse, *Le Bon Usage*. Gembloux, Duculot, 7e éd., 1961, § 397, p. 325-326).

16. Le syntagme « sangloter d'extase » où *sangloter* « fonctionne comme intégrant de » Émile Benveniste, *op. cit*., p. 125) : — *d'extase*, est de ce fait rythmiquement insécable, ce qui exclut la scansion 4 + 6 : « Et sangloter + d'extase les jets d'eau ». L'insécabilité s'impose d'autant plus que le syntagme s'apparente à un oxymoron et rappelle les déterminants : « triste et beau » (v. 9), coordonnés, mais antithétiques — du moins dans une tradition apollinienne, selon Nietzsche (cf. *Die Geburt der Tragödie*, 1872). En revanche, est substituable la scansion « quasi-métrique » 6 + 4 qui marque la postposition du sujet (« les jets d'eau ») de l'infinitif (« sangloter »). Toutefois, pour être réalisée cette articulation veut que, par suite de l'allongement de la voyelle accentuée *a*, on abrège la syllabe finale du mot à « e muet » non élidé devant consonne, jusqu'à la rattacher rythmiquement au monosyllabe suivant : « se les ».

17. Jean-Pierre Bobillot, art. cit., p. 189.

Au calme clair de lune	//	triste et beau	9
Et sangloter d'extase	//	les jets d'eau	11

De l'interprétation à la traduction

Or une interprétation, notamment lorsqu'elle échappe ainsi à une métricité, c'est-à-dire à « l'automatisation », pour accéder à ce qu'Henri Meschonnic appelle « le rythme[18] », produit des effets de sens qui proviennent d'une mise en forme *musicale* de la substance sonore du langage (composantes phonétiques et rythmiques) [19]. Le vers 7, par exemple, se prête à trois scansions coexistant virtuellement. L'interprète en actualisera une, au choix. La syntaxe peut induire, d'abord, à faire de ce vers un décasyllabe acésuré :

Ils n'ont pas l'air de croire à leur bonheur 7

En effet, il est tout aussi difficile de dissocier le syntagme « ils n'ont pas l'air de » de l'infinitif qui le complète : « croire à », qu'il est difficile de dissocier cet infintif, transitif indirect, du complément d'objet « bonheur », avec lequel il est construit. Interprétation syntaxico-sémantique qui, néanmoins, peut être délaissée précisément au nom du sens qu'elle banalise et rend, par l'absence de toute espèce d'articulation, proprement prosaïque. D'où la prise en considération d'autres manières de dire.

La scansion 4 + 6 :

Ils n'ont pas l'air	-	de croire à leur bonheur	7

parce que syntaxiquement déstructurante, génère un sens insoupçonné – une « fadeur » typiquement verlainienne, dirait Jean-Pierre Richard[20] : peu importe de savoir de quoi « ils n'ont pas l'air », ce qui importe, c'est cette

18. Selon Henri Meschonnic (*Critique du rythme. Anthropologie historique du langage*, Lagrasse, Verdier, 1982), « la métrique appartient à l'automatisation » (p. 529), c'est pourquoi elle « désémantise » (p. 525), alors que « le rythme » qui « est non métrique en soi » (p. 224), « est en interaction avec le sens » (p. 82).

19. Parfois le sens reste le même quelle que soit la diction adoptée. Par exemple, qu'ils soient coupés 4/6 ou 7/3, les vers 9 et 11 ne présentent aucune différence quant à leur signification.

20. Jean-Pierre Richard, « Fadeur de Verlaine », dans *Poésie et profondeur*, Éditions du Seuil, 1955, p. 163-185.

façon d'être sans être vraiment, cette façon d'adopter « en face des choses [...] une attitude de passivité, d'attente[21] ».

Tout aussi sémantiquement créatrice, et donc étymologiquement poétique, est la scansion 6 + 4 :

Ils n'ont pas l'air de croi - re à leur bonheur 7

En laissant un instant dans l'incertitude de ce à quoi « ils » ne croient pas vraiment, cette articulation suscite, quant à elle, un doute, « un néant » qui, avec l'émission retardée de la fin du vers mentionnant « leur bonheur », ne fera qu'« abusivement [se] pare [r] de tous les attributs de l'être[22] ».

L'une ou l'autre scansion — ici inattendue, 4 + 6 ou 6 + 4 — produit des effets de « fadeur » qu'une polyrythmie, résultant de l'actualisation simultanée de l'une et l'autre scansions virtuellement co-présentes, pourrait peut-être cumuler. Dans un développement judicieusement intitulé « Votre vers est un brouillage choisi... », Jean-Pierre Bobillot émet effectivement l'hypothèse d'une « complémentarité » 4 + 6 *et* 6//4 (au lieu de la relation « concurrentielle » 4 + 6 *ou* 6//4) [23] :

[------ 4 ------]	+	[------------	6 ------------]		
Ils n'ont pas l'air	+	**de croi**	//	**re à leur bonheur**	**7**
[------------	6 ------------]		//	[------ 4 ------]	

Toutefois, cette polyrythmie, en combinant la scansion « historique » (4 + 6) et son renversement (6//4) qui donnent, séparément, une conscience nette du décasyllabe, entraîne aussi — surtout peut-être — la simple perception d'un « non-mètre » ternaire bicésuré :

4	—	2	—	4	
Ils n'ont pas l'air —		de croi	—	re a leur bonheur	7

et donc une perte de la conscience du décasyllabe qui, dès lors, est « fade », puisque étant sans être[24].

21. *Ibid.*, p. 165.
22. *Ibid.*, p. 170
23. Art. cit., p. 199-200.
24. Les vers 10 (« Qui fait rêver les oiseaux dans les arbres ») et 12 (« Les grands jets d'eau sveltes parmi les marbres ») se prêteraient, *mutatis mutandis*, à de semblables analyses. Quant aux vers

Ainsi, le passage de la lecture silencieuse des vers à leur diction amène-t-il bien à considérer l'*interprétation* comme une amorce de *translation.* En effet, l'habitude où nous sommes de lire silencieusement tend à réduire le langage à sa seule substance graphique, la substance sonore n'existant alors qu'à l'état virtuel. Or c'est précisément la déclamation qui manifestera à l'oreille cette existence précédemment latente. Le passage de la substance graphique à la substance sonore est donc une véritable translation, mais une translation qui reste intralinguistique.

Traduction

Translation intralinguistique, certes, mais qui s'apparente néanmoins à la *traduction.* À preuve le vers 7. Les scansions 4 + 6, ou 6 + 4, ou encore leur cumul, en actualisant la « fadeur » par divers processus de diction, font entendre ce qui était sous-entendu et, par une translation, font que l'implicite passe à l'explicite. On peut dire alors de chacune de ces scansions qu'elle opère une « transposition créatrice[25] ». Or n'est-ce pas ainsi que Jakobson définit la traduction de toute poésie? En l'occurrence, l'interprétation serait donc bien une traduction, ou plutôt, comme disait d'Alembert dans un autre contexte, « une espèce de traduction[26] », car on ne saurait soutenir qu'il y a *trans-lation* au sens strict du mot, puisqu'on n'est pas « porté au delà du » système de signes linguistiques.

Le passage à la mise en musique accroît, quant à lui, la distance inhérente à la translation, la musique du langage se combinant avec une musique extralinguistique. Dans la mélodie, la musication du poème crée, selon Roland Barthes, un « espace (genre) très précis ou *une langue rencontre une voix* », un

3-4, ils présentent un enjambement (« quasi triste ») qui, si l'on fait une lecture à haute voix, participe d'une polyrythmie musico-visuelle, dans la mesure où se combinent un rythme musical qui enjambe (« Jouant du luth et dansant et *quasi tristes* sous leurs déguisements fantasques ») et un rythme visuel qui, par la disposition unilinéaire figurant notamment une pause métrique marquant la fin du vers 3, nie tout enjambement:

Jouant du luth et dansant et quasi 3
Tristes sous leurs déguisements fantasques. 4

25. Roman Jakobson, *op. cit.*, p. 86.
26. D'Alembert, « Observations sur l'art de traduire en général, et sur cet essai de traduction [de Tacite] en particulier », *Mélanges de littérature, d'histoire et de philosophie.* Nouvelle édition revue, corrigée et augmentée très considérablement par l'auteur, Amsterdam, Zacharie Chatelain & fils, t. III, 1759, p. 9.

« signifiant » nouveau où la voix « est en double posture, en double production : de langue et de musique[27] ». À ce niveau de musicalité, des signifiés nouveaux sont générés par des formes strictement musicales. L'*interprétation musicale*, c'est-à-dire la mise en musique du poème, est donc bien, elle, une *traduction (musicale)* au sens de *translation.*

Si la spécificité de la musique accroît l'écart de traduction, c'est parce que la musique constitue un système de signes très différent du système phonetico-metrique d'une langue. En effet, alors que la langue, à tous les niveaux (phonétique, lexical ou syntagmatique), structure ses unités à partir d'oppositions distinctives – « fonction, de loin la plus importante, qui soit dévolue au matériel sonore dans le langage[28] » – la musique, dégagée du poids des signifiés, organise l'expression sonore d'une manière plus complexe, « par la mise en œuvre d'un système hiérarchisé de hauteurs, de durées, etc.[29] ». C'est précisément cette différence fondamentale qui rend possible la co-existence de la parole et de la musique dans l'œuvre vocale – leurs domaines respectifs sont suffisamment démarqués pour être simultanément compatibles – et c'est cette même différence qui autorise à parler d'une véritable *traduction* musicale.

La poésie offre d'emblée aux musiciens un matériau propice à une mise en scène musicale : le rythme, l'intonation et la sonorité des mots, trois niveaux de configurations prosodiques, dont le rôle n'est pas premier dans le langage, mais qui définissent ce que Jakobson appelle « la fonction poétique[30] » et que la musique est particulièrement apte à systématiser et à mettre en forme.

Dans une publication antérieur, nous avons montré de quelle manière Gabriel Fauré inscrivait le texte de *Clair de lune* dans le cadre apparemment autonome d'un menuet joué au piano, et par quels artifices musicaux l'expression aiguë d'une « fadeur » typiquement verlainienne émanait des conjonctions musico-littéraires propres à cette mélodie[31]. Nous voudrions, ici, considérer un autre aspect de cette mélodie que nous avions délibérément écarté : la confrontation du rythme musical du chant fauréen avec la

27. Roland Barthes, « Le grain de la voix », *L'Obvic et l'obtus. Essais critiques III*, Seuil 1982 rééd. 1992, p. 237-238.

28. Nicolas Ruwet, « Fonction de la parole dans la musique vocale », *Langage, musique, poésie*, Seuil, 1972, p. 50.

29. *Ibid.*

30. Roman Jakobson, « Linguistique et poétique », *op. cit.*, p. 220.

31. Marie-Noëlle Masson et François Mouret, « Verlaine/Fauré, *Clair de lune* : les interactions du texte et de la musique dans la segmentation de l'œuvre vocale, ou la problématique du sens », *Musurgia. Analyse et pratique musicale*, n° 1, [juillet] 1994, p. 24-38.

métrique et la rythmique strictement poétiques du texte verlainien. Nous élargirons la confrontation en observant parallèlement les « scansions musicales » de Claude Debussy dans son *Clair de lune*. Étant donné notre propos, nous ne nous arrêterons que sur les vers qui font l'objet d'une segmentation musicale originale, induisant des effets de sens particuliers.

C'est le cas, notamment, du vers 7, dont on vient de voir que la polyrythmie résulte de l'actualisation simultanée des scansions 4 — 6 et 6 — 4 et dont les deux mélodies offrent des réalisations comparables et cependant fort différentes.

La scansion debussyste de ce vers est ternaire et coïncide, pour la première fois dans la mélodie, avec l'accentuation traditionnelle de la mesure à 9/8 :

4	—	2	—	4	
Ils n'ont pas l'air	—	de croi	—	re a leur bonheur	7

Ce palindrome rythmique (4-2-4), qui fait entendre simultanément une « scansion[32] », est immédiatement répété dans le vers suivant :

La duplication de ce rythme est ici d'autant plus surprenante qu'elle est unique dans cette mélodie, où chaque décasyllabe est scandé différemment. En créant le rythme large d'une valse lente, elle provoque une rupture de la

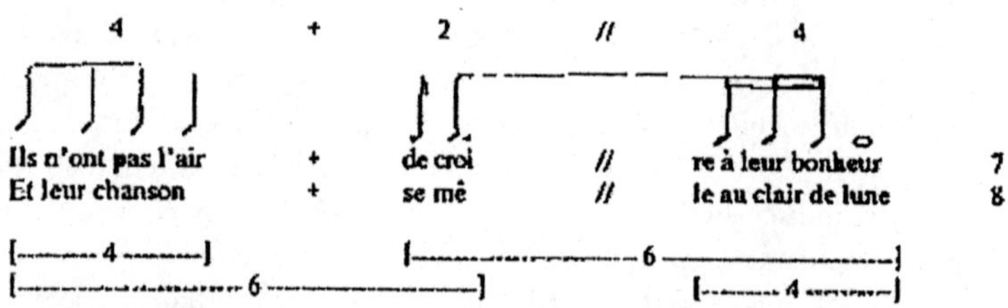

32. Thérèse Malengreau note que « cette coupe révèle de manière assez claire un parallélisme syntaxique entre les deux vers :

v. 7	Ils n'ont pas l'air	+	de croire	=	à leur bonheur
v. 8	et leur chanson	+	se mêle	=	au clair de lune

Les possibilités alors conjointes de mesure 4 + 6 et v6 + 4 créent une ambiguïté dans l'interprétation des deux phrases » (« *Fêtes galantes* de Verlaine. Microscopie de *Clair de lune* », dans *Des apparences, Neuf études de poétique et de métrique* rassemblées par Marc Dominicy, Éditions de l'Université de Bruxelles, 1989, p. 173).

grande flexibilité rythmique de l'ensemble, qui ne peut qu'être sémantiquement pertinente.

En outre, le rythme musical de ces vers regroupe, sous l'accent, certaines sonorités qui prennent un relief inattendu : il invite à entendre conjointement la récurrence des phonèmes *è* — *l* dans le vers 8 (« m*êle* ») comme la duplication renversée *l-è* — *è-l* de leur apparition dans le vers précédent (« *l'ai* r ») :

<table>
<tr><td></td><td>4</td><td>+</td><td>2</td><td></td></tr>
<tr><td>Ils n'ont pas | l'ai | r +</td><td></td><td></td><td></td><td>7</td></tr>
<tr><td>Et leur chanson</td><td></td><td>+</td><td>se m|êl|e</td><td>8</td></tr>
</table>

Au delà de l'accentuation métrique, le détail des harmonies, des motifs et des figures rythmiques du piano, souligne systématiquement le phonème *l* et provoque l'émergence d'une paronomase sous-jacente qu'au terme de la strophe, la mélodie, « fondant dans sa forme les modulations phonétiques du vers[33] », rassemble et condense sur l'accentuation forte et prolongée du phonème *l* qui caractérise « lune », l'un des lexèmes essentiels du texte :

<table>
<tr><td>I</td><td>| l |</td><td>| s</td></tr>
<tr><td>n'ont pas | l'ai</td><td>| r de croire à</td><td></td></tr>
<tr><td></td><td>| l |</td><td>leur bonheur</td></tr>
<tr><td>et</td><td>| l |</td><td>leur chanson</td></tr>
<tr><td>se mê</td><td>|> < l |</td><td>| e</td></tr>
<tr><td>au c</td><td>| l | ai</td><td>| r</td></tr>
<tr><td>de</td><td>| l |</td><td>une</td></tr>
</table>

Le *l* de « i*l* s » est placé sur le premier temps fort de la mesure. Le *l* de « *l* eur bonheur », de « *l* eur chanson » et de « c*l* air de lune », non accentué métriquement dans le chant, est en réalité marqué par un traitement très subtil des hauteurs. Au piano, la duplication de la figure mélodique interne sur laquelle « *l* eur bonheur » est prononcé, fait l'objet d'une variante que l'harmonie ne justifie pas ; cette variante provoque la réitération du couplage *ré bérarre-l* qui caractérise « *l*'air ». Dans « *l* eur chanson », *l* est marqué par la duplication décalée et transposée de la basse et par la couleur de sixte majeure ajoutée à l'accord de neuvième majeure sur *do*, que l'on réentend immédiatement sur « c*l* air de lune » :

33. Stephan Jarocinski, *Debussy. Impressionisme et symbolisme*, traduit du polonais par Thérèse Douchy, préface de Vladimir Jankelevitch, 1970 ; rééd., Éditions du Seuil 1971, p. 137.

Ainsi, par réduction phonique et précipitation sur l'accent ultime du vers 8, le « clair de lune » devient-il cette lumière irréelle où tout se « mêle » dans une sonorité liquide et douce :

Et leur chanson se mê l l l e
au clair de l l l une

En instaurant, dans ces deux vers, une répétition de nature strictement musicale, Debussy crée l'attente d'une ampliation rythmique que le morcellement du vers suivant déçoit :

1 — 1 — 2 — 2 — 1 — 1 — 2

Au — cal — me clair — de lu — ne — tris — te et beau 9

tout en laissant percevoir le palindrome dupliqué des vers précédents, mais dans un ralentissement tel que la polymétrie sous-jacente y devient le chiffre d'une temporalité quasi suspendue[34] :

34. Les figures en palindromes ou, dans les termes d'Olivier Messiaen, les « rythmes non-rétrogradables [...] où commencement et fin se confondent parce qu'identiques », ont cette propriété de rompre la linéarité irréversible du temps en substituant, au perçu successif, une figure close sur elle-même (*Technique de mon langage musical*, Alphonse Leduc, 1944, p. 34).

```
1 - 1 - 2    +    2   //   1 - 1 - 2
[------ 4 ------]   [-- 2 --]   [------ 4 ------]
[------ 4 ------]   [------------ 6 ------------]
[------------ 6 ------------]   [------ 4 ------]
[---------------------- 10 ---------------------]
```

À l'intérieur de ce vers « clos » par l'allongement initial et terminal du phonème *o*, résonnent, dans les accents modulés de la voix, tous les lexèmes essentiels qui, dès les premiers vers, ont fait l'objet d'un traitement rythmique particulier : la paronomase de « mas*qu* es et bergamas*qu* es » et de « fantas*qu* es » (« *c* alme *c* lair ») ; l'amplification phonique du « *lut* h » (« *lu* ne *t* ris*te* ») et la récurrence de la « *qua* si tristesse » (« *ca* lme ») : cependant que le contour mélodique de « triste et beau » donne à réentendre clairement celui par lequel le piano et le chant introduisaient le syntagme initial « votre âme » (mes. 5-6) et que le piano répétait sous « tout en chantant » (mes. 13-14).

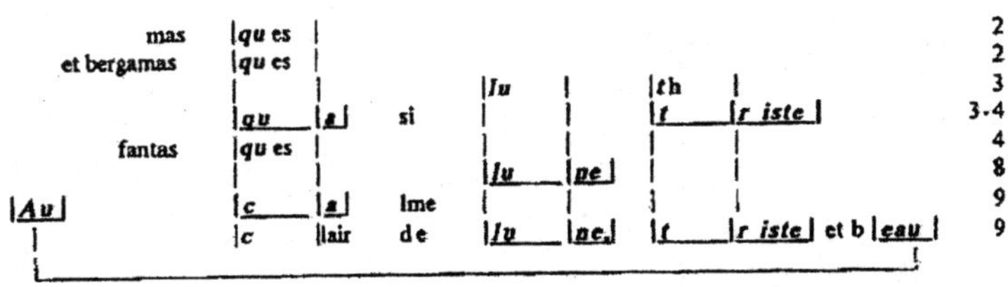

Faisant écho au sens de ce vers, le piano réunit alors, en les superposant, les deux figures emblématiques présentées successivement dans l'introduction, celle du rythme légèrement tambouriné de la danse et du chant, et celle de l'arpège où se déploie lentement la couleur harmonique :
suggérant ainsi l'évanescence d'une chorégraphie « rêvée » :

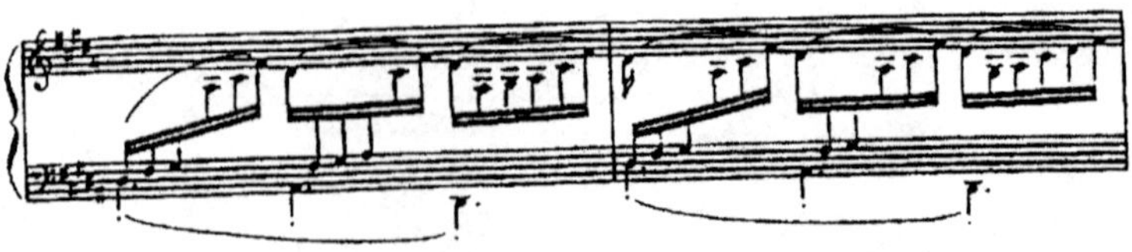

Par un travail d'une très grande finesse sur le rythme des vers, la musique de Debussy explore et actualise les possibles du poème : elle transforme ici la linéarité sonore de ce vers central en une figure musicale close sur elle-même où résonne l'écho phonique des vers précédents. La création de l'image sonore d'une valse suspendue dans des sonorités mêlées est sémantiquement liée à l'intemporalité cosmique et aux couleurs incertaines du « clair de lune » ; il s'agit là d'une réelle « traduction intersémiotique ou transmutation consist [ant] », selon Jakobson, « en l'interprétation des signes linguistiques au moyen [...] de signes non-linguistique[35] ».

Dans la mélodie de Fauré, le vers 7 fait l'objet d'une segmentation inhabituelle :

35. Roman Jakobson, « Aspects linguistiques de la traduction », art. cit., p. 79.

[——4——] + [—3—] - [——5——]

Jouant du luth + et dansant - et quasi tristes 3

Cet écart métrique est d'autant plus grand qu'il rompt, de façon inattendue, la césure régulière (4 + 6) des vers précédents :

4 + 6

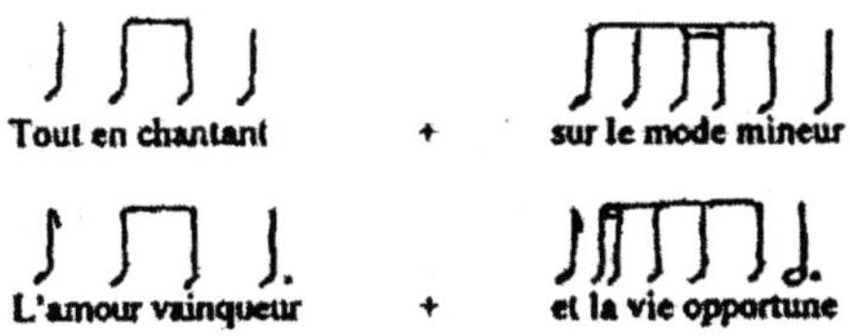

tout en conservant le profil rythmique et les contours mélodiques ascendant et descendant distribués respectivement aux premier et deuxième segments métriques de ces vers 5 et 6 :

Tout en chantant | sur le mode mineur | 5
L'amour vainqueur | et la vie opportune | 6
Ils n'ont pas | l'air de croire à leur bonheur | 7

Cette segmentation incongrue qui défait le syntagme « avoir l'air » en isolant « ils n'ont pas » de « air », constitue le dernier terme d'une construction mélodique mise en place dès l'enjambement des vers 3 et 4 que Fauré réalise comme l'enchaînement d'un alexandrin et d'un octosyllabe [36] :

[————————12————————]

[——4——] + [—3—] - [——5——]

Jouant du luth + et dansant - et quasi tristes 3

[————8————]

Sous leurs déguisements fantasques 4

36. Sur l'ambiguïté métrique de ces deux vers, voir Masson et Mouret, art. cit., p. 30, n. 13.

Les syllabes initiales de ces « quasi-vers » sont marqués par un allongement qui crée une sorte d'anaphore phonique. Cette redondance sonore établit un rapprochement sémantique entre, d'une part, le jeu (« jouant »), et d'autre part, le rapport du caché à l'apparence, de l'intériorité à l'extériorité, introduit par la préposition sous (« sous leurs déguisements fantasques ») :

Jou	-	ant du luth [. . .]	3
Sous	-	leur déguisements [...]	4

Or, la reprise variée des deux figures mélodiques opposées, respectivement indexées à « et quasi tristes » et « sous leurs déguisements fantasques », engendre, aux vers suivants, une série de césures syntaxiques qui, sémantiquement apparentées à celles des vers 3 et 4, élargissent l'opposition de l'être au paraître (« et quasi tristes sous/leurs déguisements fantasques ») à celles de la gaîté à la mélancolie (« tout[37] en chantant/sur le mode mineur ») et de la volonté agissante à la passivité[38] (« l'amour vainqueur/et la vie opportune »).

Au terme de ces répétitions couplées, la séparation métrique de « ils n'ont pas », en reprenant le contour mélodique presque exact de « et quasi tristes sous [...] », exprime, plus que ne le ferait la locution verbale « ils n'ont pas l'air », la négation même des attributs de l'apparence et brouille la frontière entre l'être et le paraître. Si les « déguisements fantasques » ne cachent qu'une « quasi-tristesse », les chansons ne sont que de « quasi-travestis » du bonheur[39].

37. En allongeant la diction de cet adverbe, Fauré élargit le processus anaphorique engagé aux vers 3 et 4 et rend plus perceptible la nuance concessive implicitement contenue dans l'articulation syntaxique de la deuxième strophe : « *tout* en chantant [...] » *(bien que* chantant), « ils n'ont pas l'air de croire à leur bonheur », et provoque, à rebours, une relecture de la strophe précédente : « [*bien que*] *jou* ant du luth et dansant », « masques et bergamasques » sont « quasi tristes *sous* leurs déguisements fantasques ».

38. Voir Masson et Mouret, art. cit., p. 33.

39. Fauré semble particulièrement sensible à l'ambiguïté profonde du vers 7. Si l'ambiguïté est, par nature, inaccessible à l'explicite, on peut tenter d'en approcher l'équivoque par certaines substitutions : « avoir l'air » renvoie à deux signifiés sensiblement différents selon qu'on le remplace par « sembler » (paraître) ou par « faire semblant de » (feindre). À cette bissémie, s'ajoute l'incertitude du verbe « croire » : il s'agit non pas de « ne pas avoir l'air d'*être* heureux », mais de « ne pas avoir l'air de *croire* à son bonheur », ce qui renvoie la réalité du bonheur à un niveau de virtualité encore plus éloigné. Partant, si le vers 7 était affirmatif, il offrirait déjà une première ambivalence : « Ils ont l'air de croire à leur bonheur » : a- Ils *semblent* croire à leur bonheur (ils paraissent convaincus d'être heureux) ; b- Ils *feignent de* croire à leur bonheur (bien qu'ils ne le soient pas, ils se montrent convaincus d'être heureux), ambivalence que la négation multiplie : « ils n'ont pas l'air de croire à leur bonheur » : a- Ils ne *semblent* pas croire à leur

De ce manque à apparaître, de cette inanité du simulacre, de la fusion de l'être et du paraître, le vers suivant est le chiffre sonore : seul vers dans toute la mélodie à être chanté sans césure, il enchaîne, sans plus les disjoindre, les deux lignes mélodiques précédemment opposées :

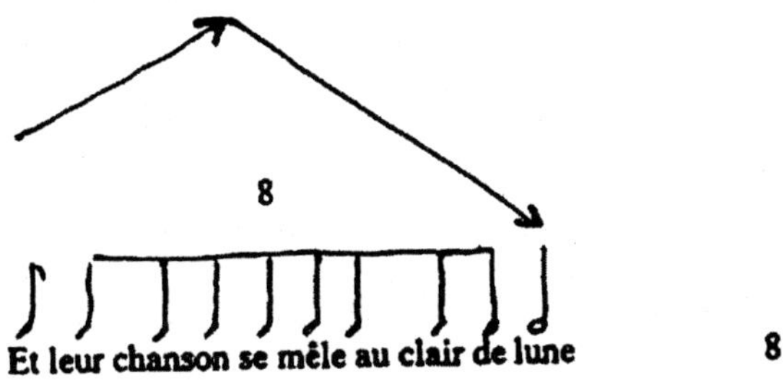

Au vers 9, la « chanson » du menuet, jusque là reprise inlassablement par le piano, se dissout en arpèges sous la formulation de la voix *seule* pour la première fois, et Fauré, comme Debussy, immobilise ce vers par une segmentation multipliée et l'enferme dans la récurrence accentuée du phonème *o* :

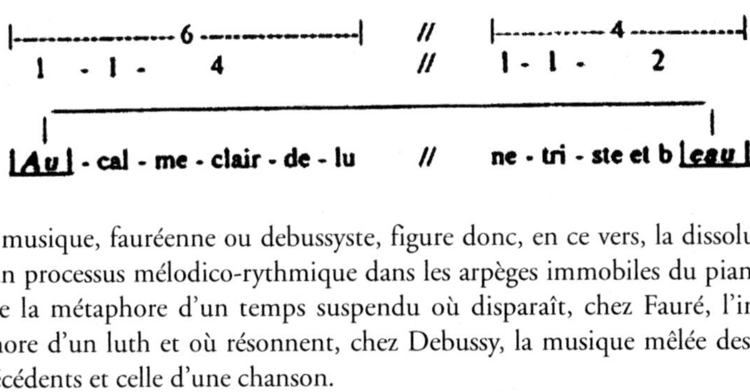

La musique, fauréenne ou debussyste, figure donc, en ce vers, la dissolution d'un processus mélodico-rythmique dans les arpèges immobiles du piano, et crée la métaphore d'un temps suspendu où disparaît, chez Fauré, l'image sonore d'un luth et où résonnent, chez Debussy, la musique mêlée des vers précédents et celle d'une chanson.

bonheur (1- ils ne sont pas convaincus d'être heureux ; 2- bien qu'ils ne le paraissent pas, ils sont convaincus dêtre heureux) ; b- Ils ne *feignent* pas de croire à leur bonheur (1- ils ne veulent pas montrer qu'ils sont convaincus d'être heureux ; 2- ils n'essaient pas de faire croire qu'ils sont convaincus d'être heureux puisqu'ils ne le sont pas). La segmentation fauréenne qui isole cette négation comme centre de diffraction polysémique est donc lourde de sens. Thérèse Malengreau a relevé l'ambiguïté de cette formulation. Son analyse, partant des effets sémantiques engendrés par les couples 4 + 6 et 6 + 4, propose deux sens à l'expression « avoir l'air » : « On ne dirait pas qu'ils croient à leur bonheur » (A) [scansion 4 + 6] ou « On dirait qu'ils ne croient pas à leur bonheur » (B) [scansion 6 + 4]. Art. cit., p. 174 et p. 193-194, note 12).

« *Écriture chantée* »

Simulacres sonores de l'idée poétique, ces *Clair(s) de lune* sont bien des *traductions musicales* du monde verlainien qu'Albert Béguin décrivait déjà comme celui de « l'imprécision », comme « ce vague, ce suspens où paraît s'évanouir toute chose[40] ». Le message poétique est ici reformulé sous la forme de *métaphores* musicales, qui, par définition, sont tout autre chose que les parures d'un texte. De même que « la poésie ne consiste pas à ajouter au discours des ornements rhétoriques » et « implique une réévaluation totale du discours et de toutes ses composantes quelles qu'elle soient[41] », de même, la mélodie n'est pas un simple ajout de sons et de rythmes à la rhétorique des vers. Elle est, en réalité, *métaphore d'une métaphore*, étymologiquement *métaphora*, c'est-à-dire *transport* des signifiants sonores du poème dans un *autre*-système de signes, qui situe les symboles poétiques dans une chaîne nouvelle et élargie de symbolisation. Par delà la simple conjonction des sonorités de la langue et de la musique, la mélodie réalise « cette écriture chantée » que Roland Barthes définit en ces termes : « Cette écriture chantée de la langue, c'est [...] ce que la mélodie française a essayé quelquefois d'accomplir » ; son « sens historique » [...], c'est une certaine culture de la langue française. [...] Ce qui est engagé dans ces œuvres, c'est bien plus qu'un style musical, c'est une réflexion pratique (si l'on peut dire) sur la langue ; il y a assomption progressive de la langue au poème, du poème à la mélodie et de la mélodie à sa performance[42] ».

40. Albert Béguin, « Retour à Verlaine », dans *Poésie de la présence, de Chrétien de Troyes à Pierre Emmanuel, Les Cahiers du Rhône*, n° 95 (« série Blanche », n° 29), 1957, p. 209.
41. Roman Jakobson, « Linguistique et poétique », art. cit., p. 248.
42. Roland Barthes, « Le grain de la voix », art. cit., p. 242.

A Mr Emmanuel Jadin.

Clair de Lune.

(Menuet.)

Poésie de Paul Verlaine.

Gabriel Fauré. Op. 46, N° 2.

p
Vo -
- tre â - me est un pa - y - sa - ge choi - si,
Que vont char - mant
pp
mas - ques et ber - ga - mas - ques
Jou - ant du
sempre cantabile
luth et dan - sant,
Et qua - si Tris - tes sous

leurs dé - gui - se - ments fan - tas - - - ques!
dolce
Tout en chan-tant, sur le mo-de mi-neur,
L'a-mour vain - queur et la vie op-por-tu - - - ne,
Ils n'ont pas l'air de croire à leur bon-

heur, Et leur chan - son se mêle au clair de lu - - - ne!
espressivo e dolce
Au
pp
Ped.
cal - - me clair de lu - - - ne, tris - - te et beau,
Ped.
dolce
Qui fait rê - ver les oi - seaux dans les
Ped.
Ped.

meno p
ar - bres, Et san-glo-ter d'ex -
ta - se les jets d'eau,
poco più
Les grands jets d'eau
pp
sempre
svel - tes par - mi les mar - bres!
dolce

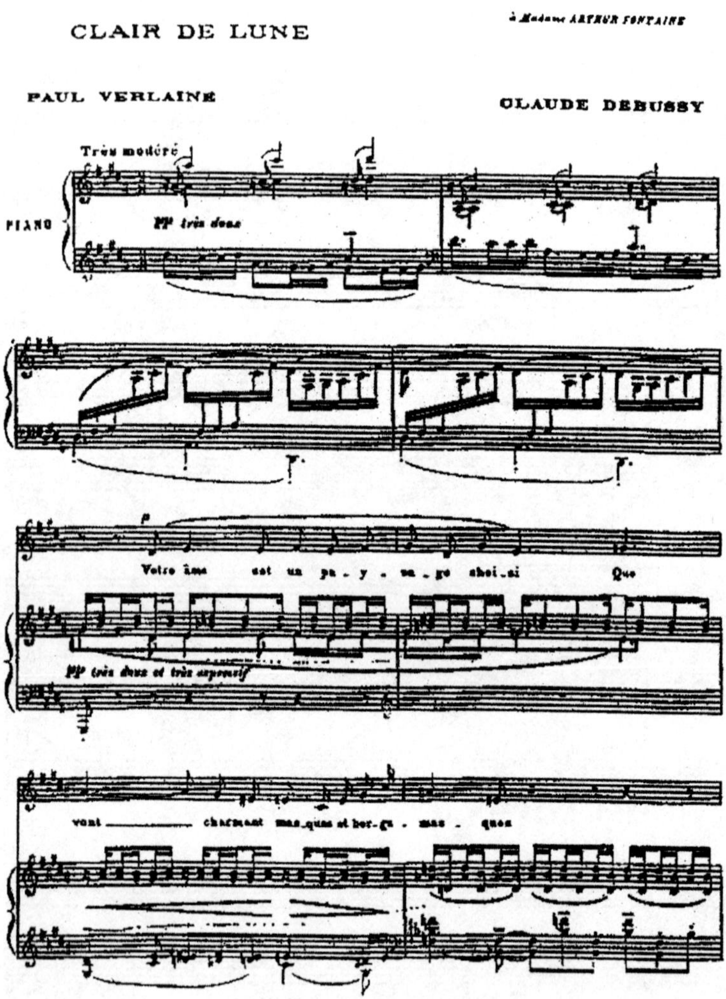
CLAIR DE LUNE
à Madame ARTHUR FONTAINE
PAUL VERLAINE
CLAUDE DEBUSSY
Très modéré
PIANO
pp très doux
Votre âme est un pa - y - sa - ge choi - si Que
pp très doux et très expressif
vont charmant mas - ques et ber - ga - mas - ques

Jou_ant du luth et dan_sant et qua_si
Tris_ tes sous leurs dégui_se_ments fantas_ ques.
p
Dim.
pp
Un peu animé
Tout en chantant sur le mo_de mi_neur L'a_mour vain_
_queur et la vie op_por_tu_ ne

mf
Ils n'ont pas l'air de croire à leur bon_heur,
mf
Dim.
Et leur chan_son se mêle au clair de lu - ne.
p e molto dim.
1° Tempo
p
Au cal - me clair de lu - ne triste et
pp
beau,
Qui fait rê - ver les oi - seaux dans les
pp
pp

pp
pp
pp
d'eau
Les grands jets d'eau svel - - - - tes par - mi les
più pp
mar - - - - - - bres.
Morendo
M.G.
M.G.

Prov 1978
84
93

Bibliographie

Établie par Olivier Bivort
(Le lieu d'édition n'est pas indiqué pour les ouvrages publiés à Paris)

Œuvres et œuvres complètes

Œuvres poétiques complètes, texte établi, présenté et annoté par Yves-Gérard Le Dantec, Gallimard, coll. Bibliothèque de la Pléiade, 1938 ; éd. augmentée, 1954.

Œuvres complètes, introduction d'Octave Nadal, études et notes de Jacques Borel, texte établi par Henry de Bouillane de Lacoste et Jacques Borel, Club du meilleur livre, 2 t., 1959 et 1960.

Œuvres poétiques complètes, texte établi et annoté par Yves-Gérard Le Dantec, édition revue, complétée et présentée par Jacques Borel, Gallimard, coll. Bibliothèque de la Pléiade, 1962 ; éd. augmentée, 1989.

Œuvres poétiques, texte établi avec chronologie, introductions, notes, choix de variantes et bibliographie par Jacques Robichez, Classiques Garnier, 1969, éd. revue, Dunod, coll. Classiques Garnier, 1995.

Œuvres en prose complètes, texte établi, présenté et annoté par Jacques Borel, Gallimard, coll. Bibliothèque de la Pléiade, 1972.

Poésies (1866-1880), texte présenté et commenté par Michel Décaudin, Imprimerie nationale, coll. Lettres françaises, 1980.

Œuvres poétiques complètes, édition présentée et établie par Yves-Alain Favre, Laffont, coll. Bouquins, 1992.

Recueils isolés

Fêtes galantes, La Bonne Chanson, Romances sans paroles, avec une introduction et notes de V. P. Underwood, Manchester, Éditions de l'Université, 1942, 2e éd. revue, 1963.

Sagesse, texte établi et annoté par V. Ph. Underwood, London, Zwenner, 1944.

Bonheur, édition critique par Henry de Bouillane de Lacoste, Mercure de France, 1949.

BORNECQUE, Jacques-Henry, Les « *Poèmes saturniens* » *de Paul Verlaine*, Nizet, 1952, 2e éd. augmentée [du texte des poèmes], 1967.

— *Lumières sur les « Fêtes galantes » de Paul Verlaine*, Nizet, 1959 ; éd. augmentée, 1969.

Sagesse, édition critique commentée par Louis Morice, Nizet, 1964.

Mes prisons, introduction et notes de Claude Cuénot, Le Livre de poche, 1973.

CHAUSSIVERT, J.-S., *L'Art verlainien dans « La Bonne Chanson »*, Nizet, 1973.

Fêtes galantes, Romances sans paroles, précédé de *Poèmes saturniens*, préface et notes de Jacques Borel, Gallimard, coll. Poésie, 1973.

Fêtes galantes, La Bonne Chanson, Romances sans paroles, Écrits sur Rimbaud, chronologie, préface, notes et archives de l'œuvre par Jean Gaudon, Garnier-Flammarion, coll. GF, 1976.

Poèmes saturniens, Confessions, chronologie, préface, notes et archives de l'œuvre par Jean Gaudon, Garnier-Flammarion, coll. GF, 1977.

Sagesse, Parallèlement, Mémoires d'un veuf, chronologie, préface, notes et archives de l'œuvre par Jean Gaudon, Garnier-Flammarion, coll. GF, 1977.

La Bonne Chanson, Jadis et naguère, Parallèlement, édition présentée et établie par Louis Forestier, Gallimard, coll. Poésie-Gallimard, 1979.

Les Poètes maudits, introduction et notes par Michel Décaudin, SEDES-CDU, 1982.

Sagesse, texte établi, présenté et commenté par Pierre-Henri Simon, avec une étude sur Pierre-Henry Simon et des notes complémentaires par Alain Faudemay, Fribourg, Éditions universitaires, 1982.

Femmes, Hombres, édition établie, présentée et annotée par Jean-Paul Corsetti et Jean-Pierre Giusto, Le livre à venir, 1985 ; 2e éd., Terrain vague, coll. Le Bleu du ciel, 1990.

Cellulairement, édition présentée par Jean-Luc Steinmetz, s.l., Le Castor astral, coll. Les Inattendus, 1992.

Poèmes saturniens, introduction et notes de Martine Bercot, Le Livre de poche, coll. Classiques de poche, 1996.

Nos murailles littéraires, textes retrouvés, présentés et annotés par Mickaël Pakenham, L'Échoppe, 1997.

Fêtes galantes, Les Amies, La Bonne Chanson, édition critique établie, annotée et présentée par Olivier Bivort, Le Livre de poche, coll. Classiques de poche, 2000.

Romances sans paroles, Cellulairement, édition critique établie, annotée et présentée par Olivier Bivort, Le Livre de poche, coll. Classiques de poche, 2002.

Sagesse, Jadis et naguère, édition critique établie, annotée et présentée par Olivier Bivort, Le Livre de poche, coll. Classiques de poche, 2003.

Correspondance

Correspondance de Paul Verlaine, éd. Adolphe Van Bever, Messein, t. I, 1922, t. II, 1923, t. III, 1929; Genève, Reprint Slatkine, 1983.

ZAYED, Georges, *Lettres inédites de Verlaine à Cazals*, avec une introduction, des notes et de nombreux documents inédits, Genève, Droz, 1957.

VERLAINE Paul, *Œuvres complètes*, introduction d'Octave Nadal, études et notes de Jacques Borel, texte établi par Henry de Bouillane de Lacoste, Club du meilleur livre, 2 t., 1959 et 1960 [éd. revue de la plupart des lettres de l'éd. Van Bever].

VERLAINE, Paul, *Lettres inédites à Charles Morice*, publiées et annotées par Georges Zayed, Genève-Paris, Droz-Minard, 1964; 2e éd. Nizet, 1969.

VERLAINE, Paul, *Lettres inédites à divers correspondants*, publiées et annotées par Georges Zayed, Genève, Droz, 1976.

PAKENHAM, Michael, « Répertoire de la correspondance datée de Verlaine » *Revue Verlaine*, n° 3-4, février 1997, p. 3-74.

Fac-similés

Fêtes galantes, portrait d'après Fantin-Latour, avertissement d'Ernest Delahaye, Messein, coll. Les Manuscrits des maîtres, 1920; Bibliothèque de l'image, 1997.

Sagesse, manuscrit remis en 1880 à la Société de Librairie catholique pour l'impression de la première édition, avertissement d'Ernest Delahaye, Messein, coll. Les Manuscrits des maîtres, 1913; Genève, Reprint Slatkine, 1983.

Odes en son honneur, édition fac-similaire du manuscrit original, Excelsior, 1925.

Biographies et documents

Régamey, Félix, *Verlaine dessinateur*, Floury, 1896 ; Genève, Reprint Slatkine, 1983.

Donos, Charles, *Verlaine intime*, rédigé d'après les documents recueillis sur le roi des poètes par son ami et éditeur Léon Vanier, Vanier, 1898 ; Genève, Reprint Slatkine, 1983.

Lepelletier, Edmond, *Paul Verlaine*: *sa vie, son œuvre*, Mercure de France, 1907 ; 2e éd., 1923 ; Genève, Reprint Slatkine, 1982.

Séché, Alphonse et Bertaut, Paul, *Paul Verlaine*, Michaud, 1910.

Cazals, F.-A. et Le Rouge, Gustave, *Les Derniers Jours de Paul Verlaine*, nombreux documents et dessins, avec une préface de Maurice Barrès, Mercure de France, 1911 ; nouvelle éd. revue et complétée, 1923 ; Genève, Reprint Slatkine, 1983.

Delahaye, Ernest, *Documents relatifs à Paul Verlaine*, lettres, dessins, pages inédites recueillis et décrits par Ernest Delahaye, Maison du livre, 1919 ; New York, AMS Press, 1980 ; Genève, Reprint Slatkine, 1982.

— *Verlaine*, Messein, 1923 ; Genève, Reprint Slatkine, 1982 ; Monaco, Sauret, 1993.

— *Souvenirs familiers à propos de Verlaine, Rimbaud et Germain Nouveau*, Messein, 1925.

Le Febve de Vivy, Léon, *Les Verlaine*, illustrations d'Alfred Martin, préface de Thomas Braun, Bruxelles, Miette, 1928.

Dullaert, Maurice, « L'affaire Verlaine » *Nord*, novembre 1930, p. 303-355 et Messein, 1930.

Porché, François, *Verlaine tel qu'il fut*, Flammarion, 1933.

Ex-Mme Paul Verlaine, *Mémoires de ma vie*, précédées d'une introduction par François Porché, Flammarion, 1935 ; préface [et notes] par Michael Pakenham, Seyssel, Champ Vallon, coll. Dix-neuvième, 1992.

Vanwelkenhuyzen, Gustave, *Verlaine en Belgique*, Bruxelles, La Renaissance du livre, 1945.

Underwood, Vernon Ph., *Verlaine et l'Angleterre*, Nizet, 1956 [Thèse, Lille, 1950].

Vial, André, *Verlaine et les siens : heures retrouvées, poèmes et documents inédits*, Nizet, 1975.

Petitfils, Pierre, *Verlaine*, Julliard, coll. Les Vivants, 1981.

Buisine, Alain, *Verlaine : histoire d'un corps*, Tallandier, coll. Figures de proue, 1995.

Iconographie

CAZALS, F.-A., *Paul Verlaine, ses portraits*, préface de J.-K. Huysmans, lettres de Félicien Rops, Ernest Delahaye, H.-A. Cornuty, Bibliothèque de l'Association, coll. Iconographies de certains poètes présents, 1896.

Verlaine : documents iconographiques, avec une introduction et des notes par François Ruchon, Genève, Cailler, coll. Visages d'hommes célèbres, 1947.

Autour de Verlaine et de Rimbaud, dessins inédits de Paul Verlaine, de Germain Nouveau et d'Ernest Delahaye classés et présentés par Jean-Marie Carré, Gallimard-Société des Amis de la Bibliothèque littéraire Jacques Doucet, 1949.

Iconographie complémentaire de Paul Verlaine, réunie et annotée par Yvon Boureau et publiée par Maurice Pernette, Librairie Antiquariat, 1975.

Album Verlaine, iconographie choisie et commentée par Pierre Petitfils, Gallimard, coll. Bibliothèque de la Pléiade, 1981.

Paul Verlaine : portraits (peintures, dessins, photographies), Librairies Giraud-Badin et Jean-Claude Vrain, [1994].

Dédicaces à Paul Verlaine, [catalogue de l'exposition de Metz], Bibliothèque de la ville de Metz-Éditions Serpenoise, 1996.

Bibliographies

TOURNOUX, Georges, *Bibliographie verlainienne*, contribution critique à l'étude des littératures étrangères et comparées, Leipzig, Rowohlt, 1912.

TALVART, H. et PLACE, J., *Bibliographie des auteurs modernes de langue française : Paul Verlaine* [en fiches], Henry Goulet, 1926.

MONTEL, François, *Bibliographie de Paul Verlaine*, Giraud-Badin, 1924 et Leclerc, 1925.

VAN BEVER, Adolphe et MONDA, Maurice, *Bibliographie et iconographie de Paul Verlaine publiées d'après des documents inédits*, Messein, 1926 ; Genève, Reprint Slatkine, 1991.

FONGARO, Antoine, *Bibliographie de Verlaine en Italie*, Florence, Institut français, coll. Essais bibliographiques, 1957 ; 2e éd. entièrement refaite, Firenze-Paris, Sansoni-Didier, 1976.

Index, tables de concordance, répertoires

GUIRAUD, Pierre, *Index du vocabulaire du symbolisme*, fasc. IV : *Index des mots des « Fêtes galantes », de « La Bonne Chanson » et des « Romances sans Paroles » de Verlaine*, Klincksieck, 1954.

Paul Verlaine, *Poèmes saturniens, Fêtes galantes, La Bonne Chanson, Romances sans paroles, Sagesse*: *Concordances, index et relevés statistiques*, Larousse, coll. Documents pour l'étude de la langue littéraire, 1973.

EIGELDINGER, Frédéric S., GODET, Dominique et WEHRLI, Éric, *Table de concordance rythmique et syntaxique des poésies de Verlaine : Poèmes saturniens, Fêtes galantes, La Bonne Chanson, Romances sans paroles*, Genève, Slatkine, coll. Centre d'études Arthur Rimbaud [de l']Université de Neuchâtel, 1985.

AROUI, Jean-Louis, *Répertoire métrique des Œuvres poétiques complètes de Paul Verlaine*, base de données, Université de Nantes, Centre d'études métriques, 1993.

Base textuelle Frantext, CNRS, Institut national de la langue française.

Catalogues (collections et ventes)

L'Agonie de Paul Verlaine (1890-1896), n° 605 de la bibliothèque Robert de Montesquiou, Librairie M. Escoffier, vente du 26 avril 1923.

Bibliothèque de M. Louis Barthou, seconde et quatrième parties, Blaizot et Fils, 1935 et 1936.

Éditions originales et autographes de Charles Baudelaire, Paul Verlaine, Arthur Rimbaud, Maggs, 1937.

Verlaine, Librairie Georges Heilbrun, catalogue n° 2, nouvelle série, [1948].

Bibliothèque du docteur Lucien-Graux, manuscrits et livres romantiques et modernes, quatrième partie, préface de Henri Mondor, Galerie Charpentier, vente du 4 juin 1957.

Écrivains des XIXe et XXe siècles : éditions originales, manuscrits et lettres autographes, Pierre Berès, catalogue n° 56, [1956].

Paul Verlaine et son œuvre, préface et commentaire de F. Chapon, Rousseau-Girard, [1961].

Bibliothèque du Chateau de Prye, succession du marquis Emmanuel du Bourg de Bozas, Drouot-Montaigne, première vente, 27 et 28 juin 1990.

Arthur Rimbaud, Paul Verlaine, poèmes et lettres autographes, dessins, provenant de la collection de M. Henri Matarasso, première partie, Drouot, vente du 3 mai 1972.

Arthur Rimbaud, Paul Verlaine, manuscrits et lettres autographes, documents, éditions originales, succession Jean Hugues, Drouot, vente du 20 mars 1998.

GALANTARIS, Christian, *Verlaine, Rimbaud, Mallarmé*, catalogue raisonné d'une collection [Édouard-Henri Fischer], Paris-Genève, 2000.

Études d'ensemble sur Verlaine

LEMAITRE, Jules, « M. Paul Verlaine et les poètes "symbolistes" et "décadents", *Revue bleue*, 7 janvier 1888, p. 2-14. Recueilli dans J. L., *Les Contemporains*, quatrième série, Lecène et Oudin, 1890, p. 63-111 et reproduit dans *Verlaine*, Presses de l'Université de Paris-Sorbonne, coll. Mémoire de la critique, 1997, p. 127-155.

MORICE, Charles, *Paul Verlaine*, Vanier, 1888. Reproduit dans *Verlaine*, Presses de l'Université de Paris-Sorbonne, coll. Mémoire de la critique, 1997, p. 219-273.

MAURRAS, Charles, « Paul Verlaine: les époques de sa poésie », *Revue encyclopédique*, 1er janvier 1895, p. 1-8. Recueilli dans *Poètes*, Le Divan, 1924, p. 7-43 et reproduit dans *Verlaine*, Presses de l'Université de Paris-Sorbonne, coll. Mémoire de la critique, 1997, p. 425-445.

ZWEIG, Stefan, *Verlaine*, Berlin-Leipzig, Schuster & Loeffler, 1905.

MARTINO, Pierre, *Verlaine*, Boivin, 1924; nouvelle éd. revue et augmentée, 1944.

COULON, Marcel, *Verlaine poète saturnien*, Grasset, 1929.

ADAM, Antoine, *Le Vrai Verlaine*, Genève, Droz, 1936; Genève, Reprint Slatkine, 1972.

CARCO, Francis, *Verlaine*, Éditions de la Nouvelle Revue critique, 1939 et sous le titre *Verlaine, poète maudit*, Albin Michel, 1940.

ADAM, Antoine, *Verlaine*, Hatier-Boivin, coll. Connaissance des lettres, 1953.

RICHER, Jean, *Paul Verlaine*, Seghers, coll. Poètes d'aujourd'hui, 1953; nouvelle éd., 1975.

RICHARD, Jean-Pierre, « L'expérience sensible de Verlaine », *French Studies*, Vol. VII, No. 4, 1953, p. 293-309, repris sous le titre « La « fadeur » de Verlaine » dans *Les Lettres nouvelles*, juillet-août 1955, p. 53-66 et sous celui de « Fadeur de Verlaine » dans *Poésie et profondeur*, Le Seuil, 1955, p. 163-185 (rééd., coll. Points, 1976).

NADAL, Octave, *Paul Verlaine*, Mercure de France, 1961 [Synthèse de « L'impressionnisme verlainien », *Mercure de France*, 1er mai 1952 et des introductions aux *Œuvres complètes*, Club du meilleur livre, 1959 et 1960].

BORNECQUE, Jacques-Henry, *Verlaine par lui-même*, Le Seuil, coll. Écrivains de toujours, 1966.

ZIMMERMANN, Éléonore M., *Magies de Verlaine*, Corti, 1967; Genève, Reprint Slatkine, 1981, 2000.

CARTER, A. E., *Verlaine: A Study in Parallels*, Toronto, University of Toronto Press, coll. Romance Series, 1969.

RICHARDSON, Joanna, *Verlaine*, London, Weidenfeld & Nicholson et New-York, Viking, 1971.

CHADWICK, Charles, *Verlaine*, London, University of London-The Athlone Press, coll. Athlone French Poets, 1973.

SOULIÉ-LAPEYRE, Paule, *Le Vague et l'aigu dans la perception verlainienne*, Les Belles Lettres, coll. Annales de la Faculté des lettres et sciences humaines de Nice, 1975.

AGUETTANT, Louis, *Verlaine*: *Poèmes saturniens, Fêtes galantes, La Bonne Chanson, L'Art poétique, Romances sans paroles, Sagesse*, Éditions du Cerf, coll. Le Bonheur de lire, 1978 (posth.) ; rééd. L'Harmattan, coll. Les Introuvables, 1995.

HILLERY, David, *Verlaine : Fixing an Image*, Durham, University of Durham, coll. Durham Modern Language Series, 1988.

MOUROT, Jean, *Verlaine*, Nancy, Presses universitaires, coll. Phares, 1988.

VANNIER, Gilles, *Paul Verlaine ou l'enfance de l'art*, Seyssel, Champ Vallon, coll. Champ poétique, 1993.

Histoire littéraire

KAHN, Gustave, *Symbolistes et décadents*, Messein, 1902; Genève, Reprint Slatkine, 1977.

FONTAINE, André, *Verlaine homme de lettres*, Delagrave, 1937.

MONDOR, Henri, *L'Amitié de Verlaine et Mallarmé*, Gallimard, 1940.

MICHAUD, Guy, *Message poétique du symbolisme*, t. I: *L'Aventure poétique*, Nizet, 1954 [«Verlaine ou le lyrisme pur » p. 101-125]; nouvelle éd. abrégée, *Le Symbolisme tel qu'en lui-même*, Nizet, 1995 [«Verlaine ou la musique pure », p. 45-53].

RICHARD, Noël, *À l'aube du symbolisme*, Nizet, 1961 et *Le Mouvement décadent*, Nizet, 1968, *passim.*

ZAYED, Georges, *La Formation littéraire de Verlaine*, avec des documents inédits, Genève-Paris, Droz-Minard, 1962; 2e éd., Nizet, 1970 [Thèse, Paris, 1956].

STEPHAN, Philip, *Paul Verlaine and Decadence* (1882-1890), Manchester-Totowa, Manchester University Press-Rowman & Littlefield, 1974.

Formes

VOGLER, Marta, *Die schöpferischen Werte der Verlainschen Lyrik*, Zürich, Orell-Füssli, 1927.

BRUNEAU, Charles, *Verlaine*, CDU, coll. Les Cours de Sorbonne, 1950.

CUÉNOT, Claude, *Le Style de Paul Verlaine*, CDU, 2 vol., 1963.

FÓNAGY, I., « À propos de la transparence verlainienne: forme du contenu, contenu de la forme », *Langages*, n° 31, septembre 1973, p. 90-102.

GENETTE, Gérard, *Palimpsestes: la littérature au second degré*, Le Seuil, coll. Poétique, 1982, p. 138-146.

MALHERBE, Michel, *L'Euphonie des* Romances sans paroles *de Paul Verlaine*, Amsterdam, Rodopi, 1994.

Métrique et prosodie

SOUZA, Robert de, *Le Rythme poétique*, Perrin, 1892 [«Paul Verlaine » et « Après Verlaine », p. 155-187 et *passim*]. Reproduit en partie dans Verlaine, Presses de l'Université de Paris-Sorbonne, coll. Mémoire de la critique, 1997, p. 335-354.

MATHIEU, Pierre, « Essai sur la métrique de Verlaine », *Revue d'histoire littéraire de la France*, octobre-décembre 1931, p. 561-592 et janvier-mars 1932, p. 537-559.

CORNULIER, Benoît de, *Théorie du vers: Rimbaud, Verlaine, Mallarmé*, Le Seuil, coll. Poétique, 1982.

DEGUY, Michel, « Notes sur le rythme ou comment faire un impair », *Langue française*, n° 56, décembre 1982, p. 50-62.

VICTOR, Lucien, « À propos de vers: l'impair de onze syllabes et le statut de l'impair dans la poésie de Verlaine », *Le Français moderne*, octobre 1985, p. 217-230.

AMMIRATI, Charles, « La poursuite des recherches métriques chez le dernier Verlaine : vers de onze, treize et quatorze syllabes, quatre lectures de poèmes (1885-1890) », *Studi francesi*, maggio-agosto 1993, p. 312-330.
GOUVARD, Jean-Michel, « Frontière de mot, frontière de morphème : du vers classique au 12-syllabes de Verlaine », *Langue française*, n° 99, septembre 1993, p. 45-62.
BILLY, Dominique, « L'expérience de l'assonance chez Verlaine », *Poétique de la rime*, actes du colloque de la Sorbonne (8-9 décembre 2000), Champion, coll. Métrique française et comparée, 2001.
AROUI, Jean-Louis, « Métrique des sonnets verlainiens », *Revue Verlaine*, n°7-8, mai 2002, p. 149-268.

Spiritualité

BLOY, Léon, *Un brelan d'excommuniés*, Savine, 1889 [« Le lépreux », p. 91-128]. Recueilli dans *Œuvres*, éd. Joseph Bollery et J. Petit, Mercure de France, t. II, 1964 et reproduit dans *Verlaine*, Presses de l'Université de Paris-Sorbonne, coll. Mémoire de la critique, 1997, p. 275-287.
MITHOUARD, Adrien, « Les poètes mystiques : Verlaine, ou le scrupule de la beauté », *Le Spectateur catholique*, mai 1897, p. 247-259.
BERSAUCOURT, A. de, *Paul Verlaine poète catholique*, Folque, 1909.
BRIKA, Yvonne, *L'Évolution religieuse de Verlaine, La Nervie*, 1929, VIII et 1930, III.
CLAUDEL, Paul, « Paul Verlaine, poète de la nature et poète chrétien », *Revue de Paris*, 1er février 1937, p. 481-501. Recueilli dans *Œuvres en prose*, éd. J. Petit et Ch. Galpérine, Gallimard, coll. Bibliothèque de la Pléiade, 1965.
MORICE, Louis, *Verlaine, le drame religieux*, Beauchesne, 1946.
ROBICHEZ, Jacques, *Verlaine entre Rimbaud et Dieu : des « Romances sans paroles » à « Sagesse »*, SEDES, 1982.

Musique

LECLERC, Tristan, « Les musiciens de Paul Verlaine », *Revue bleue*, t. XX, 1903, p. 633-635.
WRIGHT, Alfred J., « "Paroles et Musique" Verlaine's Composers », *Nineteenth-Century French Studies*, Vol. V, No. 3-4, Spring-Summer 1977, p. 308-327.

WHITE, Ruth L., *Verlaine et les musiciens*, avec une chronologie des mises en musique et un essai de répertoire biographique des compositeurs, Minard, coll. La Thésothèque, 1992 [Thèse, Paris, 1951].

Réception

HURET, Jules, *Enquête sur l'évolution littéraire*, Charpentier, 1891 ; rééd. Thot, 1984 et Corti, 1991 [notes et préface de Daniel Grojnowski].

DOCQUOIS, Georges, *Le Congrès des poètes – août 1894*, Bibliothèque de *La Plume*, 1894.

La Plume : Paul Verlaine, n° 163-164, 1er-28 février 1896.

[CLERGET, Fernand], *Paul Verlaine et ses contemporains par un témoin impartial*, Bibliothèque de l'Association, 1897 ; Genève, Reprint Slatkine, 1980.

MENDÈS, Catulle, *Le Mouvement poétique français de 1867 à 1900*, Imprimerie nationale-Fasquelle, 1903.

Tombeau de Verlaine, textes réunis par Jacques Drillon, Le Promeneur-Gallimard, 1995.

Verlaine, textes choisis et présentés par Olivier Bivort, Presses de l'Université de Paris-Sorbonne, coll. Mémoire de la critique, 1997.

États présents

CUÉNOT, Claude, *État présent des études verlainiennes*, Les Belles Lettres, coll. Études françaises, 1938.

LE DANTEC, Yves-Gérard, « Climat de Paul Verlaine : à propos du cinquantenaire de sa mort », *France-illustration*, n° 17, 26 janvier 1946, p. 99-100.

CUÉNOT, Claude, « Nouvel état présent des études verlainiennes », *L'Information littéraire*, septembre-octobre 1956, p. 127-132.

— « Situation de Paul Verlaine », *L'Information littéraire*, mai-juin 1957, p. 106-110.

Recueils collectifs, actes de colloques, numéros spéciaux de revues

La Grive: Le Centenaire de Verlaine, n° 46, juin 1945.
Eaux-Vives de Lutèce: cinquantenaire de Paul Verlaine, n° 1, mars 1946.
Europe: Verlaine, n° 545-546, septembre-octobre 1974.
La Petite Musique de Verlaine: « Romances sans paroles », « Sagesse », SEDES-CDU, 1982.
Cahiers de l'Association internationale des études françaises: Verlaine, actes du colloque de Paris (25 juillet 1990), n° 43, mai 1991.
Nord': Paul Verlaine, n° 18, décembre 1991.
L'École des lettres (second cycle): Paul Verlaine, études réunies par Steve Murphy, n° 14, juillet 1996.
Dix-neuf/vingt: Verlaine, dossier coordonné par Bertrand Marchal, n° 4, octobre 1997.
Spiritualité verlainienne, actes du colloque de Metz (14-16 novembre 1996), textes réunis et publiés par Jacques Duffetel, Klincksieck, coll. Actes et colloques, 1997.
Verlaine 1896-1996, actes du colloque de Dijon (6-8 juin 1996), textes réunis par Martine Bercot, Klincksieck, coll. Actes et colloques, 1998.
Verlaine e glai altri/Verlaine et les autres, actes du colloque de Florence et Pise (21-23 novembre 1996), a cura di Maria Luisa Premuda Perosa, Pisa, ETS, coll. Collana di memorie e atti di convegni, 1999.
Verlaine à la loupe, actes du colloque de Cerisy-la-salle (11-18 juillet 1996), dirigé par Jean-Michel Gouvard et Steve Murphy, Champion, 2000.

Revues verlainiennes

La Revue verlainienne d'art, d'esthétique et de piété verlainienne, n° 1, 1901 à n° 3, 1902; Genève, Reprint Slatkine.
La Grive, passim.
Les Cahiers Paul Verlaine, n° 1, janvier 1953.
Cahiers des amis de Paul Verlaine, n° 1, 1979 à n° 10, 1989.
Revue Verlaine, n° 1, 1993.

Table des matières

Achevé d'imprimer par Corlet Numérique - 14110 Condé-sur-Noireau
N° d'Imprimeur : 18520 - Dépôt légal : septembre 2004 - *Imprimé en France*